E.G. WHITE

DIE ENGEL

HELFER ZWISCHEN HIMMEL UND ERDE

ADVENT-VERLAG

Titel der amerikanischen Originalausgabe: The Truth About Engels
© 1996 by Pacific Press Publ. Assn., Boise, Idaho, USA

Projektleitung: Elí Diez
Übersetzung: Andrea Zöllner
Redaktionelle Bearbeitung: Friedhelm Klingeberg
Korrektorat: F. Wolfgang Andersch, Reinhard Thäder
Einbandgestaltung: Studio A Design GmbH, Hamburg
Titelfoto: Bavaria Bildagentur
Satz: DDP

🖫   Das Buch auf Diskette (Format Word für Windows 97):
Info beim Advent-Verlag anfordern.

© 1997 Advent-Verlag GmbH, Lüner Rennbahn 16, D-21339 Lüneburg
Gesamtherstellung: Grindeldruck GmbH, D-20144 Hamburg
ISBN 3-8150-1284-8

Inhalt

Vorwort

Dieses Buch behandelt ein Thema, das heute weltweit auf großes Interesse stößt. Nie zuvor wurden so viele Fernsehsendungen ausgestrahlt, die sich mit der scheinbaren Einmischung von Engeln in menschliche Angelegenheiten befassen. Die Regenbogenpresse veröffentlicht laufend Artikel, in denen von Außerirdischen berichtet wird. In den Regalen der Buchläden findet man reihenweise Bücher, die sich mit esoterischen Phänomenen befassen, und das Interesse der Kunden ist groß. Überall fragen sich die Menschen, ob Engel tatsächlich existieren und was Engel eigentlich sind. Sind es die Geister der Toten? Sind sie uns freundlich oder feindlich gesinnt? Können sie mit uns Verbindung aufnehmen?

Die meisten Antworten, die von sogenannten Fachleuten auf die Fragen gegeben werden, sind für Menschen, die ernsthaft nach der Wahrheit suchen, nicht befriedigend. Viele beruhen auf reiner Spekulation. Einige sind absichtlich sensationsheischend aufgebaut, andere haben ihre Grundlage in einem falschen Verständnis der Heiligen Schrift.

Im Gegensatz dazu ist dieses Buch auf geistlich inspirierter Information aufgebaut, und es gibt Antworten, die ausschließlich auf das Wort Gottes gegründet sind. Es vermittelt nicht nur die Wahrheit über die Engel, sondern kann jeden seiner Leser auch zu einer tiefen geistlichen Erfahrung führen.

Das erste Kapitel befaßt sich mit einem allgemeinen Überblick zur Frage der Existenz und Aktivität von Lebewesen in einer unsichtbaren Welt. Das zweite Kapitel beschreibt einige der unzähligen Möglichkeiten, wie Engel in das Leben von Menschen eingreifen können. Das dritte Kapitel beschreibt historische Ereignisse und Erfahrungen, an denen Engel entscheidend mitgewirkt haben. Es beginnt mit der Rebellion Luzifers im Himmel vor der Erschaffung der Erde und endet mit der Rolle, die Engel in der Ewigkeit spielen werden.

Dieses Buch ist ein wertvolles Nachschlagewerk, aber darüber hinaus viel mehr als das. Es ist ein Buch, das ein wenig den Schleier zwischen der sichtbaren und der unsichtbaren Welt lüften kann. Dadurch wird es für den Leser zu einer spannenden Lektüre!

Die Treuhänder des
Ellen G. White Estate, Inc.
Silver Spring, Maryland, USA

Kapitel 1

Die Engel und wir –
ein kurzer Überblick

Die Verbindung der sichtbaren mit der unsichtbaren Welt, der Dienst der Engel Gottes und die Wirksamkeit der bösen Geister werden in der Bibel deutlich offenbart und sind untrennbar mit der menschlichen Geschichte verwoben ...

Schon vor der Erschaffung des Menschen gab es Engel; denn als die Gründe der Erde gelegt wurden, lobten „mich [Gott] die Morgensterne miteinander ... und jauchzten alle Kinder Gottes" (Hi 38,7) ... Die Engel stehen von Natur aus höher als die Menschen; denn der Psalmist sagt, der Mensch sei „ein wenig unter die Engel erniedrigt" (Ps 8,6 EB).

Die Anzahl und die Macht der Engel

Die Schrift gibt uns Aufschluß über die Zahl, die Macht und die Herrlichkeit der himmlischen Wesen sowie über ihre Verbindung zur Regierung Gottes und auch über ihr Verhältnis zum Erlösungswerk. „Der Herr hat seinen Stuhl im Himmel bereitet, und sein Reich herrscht über alles." Und der Prophet sagt: „Ich ... hörte eine Stimme vieler Engel um den Stuhl." Sie stehen in der Gegenwart des Königs aller Könige, starke Helden, die seine Befehle ausrichten und auf die Stimme seines Wortes hören (Ps 103,19; Offb 5,11).

Tausendmal tausend und zehntausendmal zehntausend zählte die Schar der himmlischen Boten, die der Prophet Daniel sah. Der Apostel Paulus erklärte, ihrer seien „Myriaden", eine Unzahl (Da

9

7,10; Hbr 12,22). Sie ziehen dahin als Boten Gottes, verwirrend in ihrer Herrlichkeit und in ihrem Flug so schnell „wie der Blitz" (Hes 1,14). Beim Anblick des Engels, der am Grabe Christi erschien und dessen „Gestalt war wie der Blitz und sein Kleid weiß wie Schnee", erschraken die Wächter vor Furcht und „wurden, als wären sie tot" (Mt 28,3.4).

Als Sanherib, der hochmütige Assyrer, Gott schmähte und lästerte und Israel mit Verderben drohte, fuhr „in derselben Nacht ... aus der Engel des Herrn und schlug im Lager von Assyrien 185.000 Mann". „Der vertilgte alle Gewaltigen des Heeres und Fürsten und Obersten im Lager des Königs von Assyrien [Sanherib], daß er mit Schanden wieder in sein Land zog." (2 Kön 19,35; 2 Chr 32,21)

Engel helfen den Kindern Gottes

Es werden Engel mit Aufträgen der Barmherzigkeit zu den Kindern Gottes gesandt: zu Abraham mit Verheißungen des Segens; an die Tore Sodoms, um den gerechten Lot vor der Vernichtung der Stadt durch Feuer zu erretten; zu Elia, als er vor Ermattung und Hunger in der Wüste beinahe verschmachtete; zu Elisa mit feurigen Wagen und Rossen um die kleine Stadt herum, in der er von seinen Feinden eingeschlossen war; zu Daniel, als er am Hofe eines heidnischen Königs nach göttlicher Weisheit suchte und auch als er den Löwen vorgeworfen wurde; zu Petrus, als er zum Tode verurteilt in Herodes' Gefängnis lag; zu den Gefangenen in Philippi; zu Paulus und seinen Gefährten in der stürmischen Nacht auf dem Meer; zu Kornelius, um sein Gemüt für das Evangelium zu öffnen; zu Petrus, um ihn mit der Botschaft des Heils zu dem heidnischen Fremdling zu senden: auf diese Weise haben heilige Engel zu allen Zeiten dem Volke Gottes gedient.

So kann Gottes Volk, obwohl es der betrügerischen Macht und der nie erlahmenden Bosheit des Fürsten der Finsternis ausgesetzt ist und mit allen Gewalten des Bösen im Kampf steht, des immerwährenden Schutzes der himmlischen Engel sicher sein, und diese Gewißheit tut ihm auch not. Gott verhieß seinen Kindern darum Gnade und Schutz, weil sie mit mächtigen Werkzeugen des Bösen zusammentreffen würden, mit zahlreichen, entschlossenen und unermüdlichen Helfern Satans, vor deren Bosheit und Macht gewiß keiner unwissend oder verschont bleibt.

Satan und seine bösen Engel

Die ursprünglich sündlos erschaffenen bösen Geister waren ihrer Natur, ihrer Macht und Herrlichkeit nach den heiligen Wesen gleich, die jetzt Gottes Boten sind. Doch gefallen durch die Sünde, sind sie miteinander verbündet, Gott zu schmähen und die Menschen zu verderben. Mit Satan bei seiner Empörung vereint und mit ihm aus dem Himmel verstoßen, haben sie während der ganzen folgenden Zeit mit ihm in seinem Streit wider die göttliche Gewalt zusammengewirkt.

Die Heilige Schrift spricht von ihrem Bündnis, ihrer Führung und ihren verschiedenen Ordnungen, von ihren Fähigkeiten, ihrer Verschlagenheit und ihren heimtückischen Anschlägen gegen den Frieden und das Glück der Menschen ...

Keiner steht in größerer Gefahr, dem Einfluß böser Geister zu erliegen, als der, welcher ungeachtet des bestimmten und umfassenden Zeugnisses der Heiligen Schrift das Dasein und die Wirksamkeit des Teufels und seiner Engel leugnet. Solange wir ihrer List unkundig sind, haben sie einen fast unbegreiflichen Vorteil; viele achten auf ihre Einflüsterungen, während sie meinen, daß sie den Eingebungen ihrer eigenen Weisheit folgen. Weil wir uns dem Ende der Zeit nähern, da Satan mit größter Macht wirken wird, um zu betrügen und zu verderben, streut er überall die Meinung aus, daß es ihn überhaupt nicht gebe. Es ist seine listige Methode, sich und seine Wirkungsweise zu verbergen ...

Weil er sich mit großer Geschicklichkeit verstellt hat, erhebt sich so häufig die Frage: Ist solch ein Wesen wirklich vorhanden? Es ist ein Beweis seines Erfolges, daß man in der religiösen Welt Ansichten so allgemein annimmt, die von den deutlichsten Zeugnissen der Heiligen Schrift Lügen gestraft werden. Und weil Satan die Gemüter, die sich seines Einflusses unbewußt sind, so leicht beherrscht, gibt Gottes Wort viele Beispiele von seinem boshaften Wirken und enthüllt seine geheimen Kräfte, damit wir uns vor seinen Angriffen in acht nehmen.

Christi Nachfolger werden beschützt

Die Macht und Bosheit Satans und seiner Scharen könnten uns mit Recht beunruhigen, wenn wir nicht Zuflucht und Befreiung in der überlegenen Macht unseres Erlösers fänden. Unsere Häuser sichern wir sorgfältig mit Riegeln und Schlössern, um unser Eigentum und unser Leben vor bösen Menschen zu schützen, denken aber selten an die bösen Engel, die ständig Zugang zu uns suchen und gegen deren Angriffe wir uns aus eigener Kraft nicht verteidigen können. Falls es ihnen erlaubt wird, können sie unseren Geist verwirren, den Körper krank machen und quälen, unser Besitztum zerstören und unser Leben vernichten. Ihre einzige Freude ist Elend und Verderben.

Schrecklich ist er Zustand derer, die sich dem Einfluß Gottes entziehen und den Versuchungen Satans nachgeben, bis Gott sie der Herrschaft der bösen Geister überläßt. Die aber Christus nachfolgen, sind unter seiner Obhut stets sicher. Starke Engel werden vom Himmel gesandt, sie zu beschützen. Der Böse kann die Schutzwache nicht durchbrechen, die Gott um sein Volk gestellt hat. („Der große Kampf", S. 514-516.519.520)

Kapitel 2

Der Dienst der Engel in unserer Zeit

Jedem Nachfolger Christi ist ein Schutzengel zur Seite gestellt. Diese himmlischen Hüter beschirmen die Gerechten vor der Macht des Bösen. Dies erkannte selbst Satan; denn er sagte: „Meinst du, daß Hiob umsonst Gott fürchtet? Hast du ihn doch, sein Haus und alles, was er hat, ringsumher bewahrt." Der Psalmist schildert uns die Art und Weise, wie der Herr sein Volk beschützt: „Der Engel des Herrn lagert sich um die her, so ihn fürchten, und hilft ihnen aus." Als der Heiland von denen redete, die an ihn glauben, sagte er: „Sehet zu, daß ihr nicht jemand von diesen Kleinen verachtet. Denn ich sage euch: Ihre Engel im Himmel sehen allezeit das Angesicht meines Vaters im Himmel." Die zum Dienst für die Kinder Gottes bestimmten Engel haben allezeit Zugang zu ihm. („Der Große Kampf", S. 515.516)

Wir wissen nicht, welche Folgen ein Tag, eine Stunde, ein Augenblick haben kann. Deshalb wollen wir nie einen Tag beginnen, ohne uns dem himmlischen Vater zu unterstellen. Seine Engel sind beauftragt, über uns zu wachen, und unter ihrer Obhut können wir jederzeit mit ihrer Hilfe rechnen. Sie verhindern, daß wir unbewußt einen schlechten Einfluß ausüben, bringen uns auf bessere Wege, wählen unsere Worte aus und lenken unser Tun. („Bilder vom Reiche Gottes", S. 296)

Engel sind überall um uns her ... Wir sollten uns dies bewußt machen mit Angst und Zittern und vielmehr, als wir es bisher getan haben, über die Macht der Engel Gottes, die auf uns acht geben und über uns wachen, nachdenken ... Engel Gottes sind vom Himmel beauftragt, über die Menschen zu wachen, aber die entziehen sich ihrem Einfluß und gehen da hin, wo sie mit den bösen Engeln in Berührung kommen ... Wenn wir nur auf den Rat des Apostels Paulus hören würden! (Vgl. 2 Ko 6,17) („Manuskript Releases", Bd. 1)

Gott schickt seine Engel zu blinden gläubigen Menschen. Sie achten auf jeden ihrer Schritte und bewahren sie vor tausenderlei Gefahren, denen sie begegnen, ohne es zu wissen. („Welfare Ministry", S. 240)

Heute habe ich darüber geschrieben, wie Christus über das Wasser ging und wie er den Sturm stillte. Ich konnte mir das so gut vorstellen! ... Die Majestät Gottes und seine Werke beherrschten meine Gedanken. Wind und Wasser sind in seinen Händen. Aus der Sicht Gottes waren wir, sterbliche Lebewesen, nur kleine Tupfer auf den großen, tiefen Wassern des Pazifiks, aber in seiner unendlichen Gnade sandte er seine Engel, die unser kleines Segelboot sicher über die Wellen geleiteten. („This Day with God", S. 110)

Engel wachen über das Familienleben

Eine gläubige Hausfrau dient dem Herrn genauso, ja, vielleicht sogar mehr als jemand, der das Wort verkündigt. Väter und Mütter müssen sich bewußt machen, daß sie die Lehrer ihrer Kinder sind. Kinder werden uns von Gott anvertraut, und wir müssen sie so erziehen, daß sie einen Charakter entwickeln können, der dem Herrn gefällt. Wenn wir diese Aufgabe gewissenhaft, gläubig und unter beständigem Gebet ausführen, werden Engel die Familie beschützen, und unser Alltagsleben wird dadurch geheiligt. („Australien Union Conference Recorder", 6. September 1909)

Bevor alle aus dem Haus und an ihre Arbeit gehen, sollte die Familie zusammengerufen werden, und der Vater oder die Mutter, wenn der Vater nicht da ist, sollte mit großem Ernst um die Bewahrung der Familie an diesem Tag bitten. Wendet euch in Demut an

Gott, mit einem liebevollen Herzen und im Bewußtsein der Gefahren und Versuchungen, von denen eure Kinder umgeben sind. Stellt für sie eine Verbindung zu Gottes Altar her und unterstellt sie seiner Obhut. Dienende Engel werden sie begleiten, wenn sie auf diese Weise dem Herrn geweiht wurden. („Child Guidance", S. 519)

Tausende von Engeln Gottes ... bewahren uns vor Übel und halten die Mächte der Finsternis, die unsere Zerstörung anstreben, zurück. Haben wir da nicht allen Grund, dankbar zu sein? Wir können selbst dann dankbar sein, wenn sich uns vermeintliche Schwierigkeiten in den Weg stellen. („My Life Today", S. 171)

Engel Gottes wachen über uns. Auf dieser Erde befinden sich Tausende, sogar Zehntausende von himmlischen Boten, die vom Vater den Auftrag erhalten haben, Satan davon abzuhalten, Macht über Menschen zu gewinnen, die sich weigern, seine üblen Wege zu betreten. Und diese Engel, die über Gottes Kinder auf Erden wachen, stehen in ständiger Verbindung zu unserem himmlischen Vater. („In Heavenly Places", S. 99)

Wir sollten unbedingt den Dienst der Engel besser verstehen lernen und stets daran denken, daß jedem aufrichtigen Gotteskind der Beistand himmlischer Wesen zuteil wird. Unsichtbare Heere des Lichts und der Kraft begleiten die Sanftmütigen und Demütigen, die den Verheißungen Gottes glauben und sie auf sich beziehen. Cherubim und Seraphim, starke Helden, stehen zur rechten Gottes, „allzumal dienstbare Geister, ausgesandt zum Dienst um derer willen, die das Heil ererben sollen". („Das Wirken der Apostel", S. 153)

Engel schenken uns die richtigen Gedanken

Gott erwartet von seinen Geschöpfen, daß sie sich von der Verwirrung und den Irrtümern ihrer Umwelt abwenden und sich statt dessen an seiner Schöpfung freuen. Die himmlischen Geschöpfe sind es ebenfalls wert, daß wir über sie nachdenken. Gott hat sie zum Segen der Menschen geschaffen, und wenn wir uns mit der Schöpfung

Gottes befassen, stehen sie uns zur Seite, vermitteln uns die richtigen Gedanken und bewahren uns vor den Verführungen Satans. („Bibelkommentar", Bd. 4, S. 1145)

Himmlische Engel wachen über Menschen, die nach Erkenntnis suchen. Sie arbeiten mit denen zusammen, die versuchen, Menschen für Christus zu gewinnen. („Bible Echo and Signs of the Times", 10. Dezember 1900)

Dein ... Dienst an den Kranken ist eine sehr anstrengende Tätigkeit und würde deine Lebenskraft mit der Zeit erschöpfen, wenn du keine Abwechslung und keine Gelegenheit zur Erholung hättest, und wenn die Engel Gottes dich nicht behüten würden. Wenn du erkennen könntest, durch welche Schwierigkeiten sie dich täglich sicher begleiten, wärst du von ganzem Herzen dankbar und würdest auch darüber reden. Wenn du deine Kraft von Gott nimmst, kannst du unter den entmutigendsten Umständen eine Vollkommenheit in deinem Christenleben erreichen, die du kaum für möglich hältst. Deine Gedanken würden wertvoller, deine Ziele sinnvoller; du hättest eine klare Vorstellung von Wahrheit und eine Motivation, die dich Abstand gewinnen ließe von aller niedrigen Gesinnung. („Counsels on Health", S. 384)

Mir wurden deine (beruflichen) Probleme (als Arzt) gezeigt, aber ich habe auch gesehen, daß dich dein Schutzengel immer wieder vor dir selbst bewahrt hat, damit du nicht im Glauben Schiffbruch erleidest. Lieber Bruder, strebe nach höheren Grundsätzen und sei dabei nicht halbherzig oder mutlos! („Testimonies", Bd. 8, S. 175)

Engel helfen uns zu richtigem Verhalten

Lerne, auf Gott zu vertrauen! Lerne, dich an ihn zu wenden, denn er hat die Macht zu erlösen! ... Sage dem lieben Heiland genau, was du brauchst. Er sagte: „Laßt die Kinder zu mir kommen und wehrt ihnen nicht!" Und er wird auch deine Gebete nicht ablehnen, sondern seine Engel senden, damit sie dich vor den bösen Engeln beschützen und es dir leicht machen, das Richtige zu tun. Das ist viel einfacher, als wenn du es aus eigener Kraft versuchst. Du darfst dir dann immer sagen: „Ich habe Gott gebeten mir zu helfen, und das wird er tun. Ich werde mich mit seiner Hilfe richtig verhalten. Ich werde nicht zulassen, daß die Engel, die Gott beauftragt hat, mich zu behüten, traurig sind. Ich werde mich niemals so verhalten, daß sie mich verlassen müssen." („Appeal To Youth", S. 55.56)

Wenn du dich den ganzen Tag über bemühst, negative Gedanken zu unterdrücken, werden die Engel Gottes kommen und sich bei dir aufhalten. Diese Engel sind Wesen mit hervorragenden Kräften. Erinnerst du dich daran, daß berichtet wird, daß die römischen Soldaten wie tot umfielen, als der Engel in seiner leuchtenden Erscheinung zum Grab Christi kam; und wenn schon ein Engel eine solche Macht ausüben konnte, wie wäre es dann wohl gewesen, wenn alle Engel, die um uns her sind, sich dort gezeigt hätten? Die Engel sind alle Tage bei uns, um uns vor den Anschlägen des Feindes zu bewahren und zu beschützen.

Du bist nicht allein im Kampf gegen das Böse! Wenn der Vorhang beiseite geschoben würde, könntest du die Engel sehen, die mit dir gemeinsam kämpfen. Das ist ihr Auftrag. Es ist ihre Aufgabe, die Jugend zu beschützen. Sie sind dienende Geister, die gesandt wurden, um den Erlösten zu dienen. „Zehntausendmal Zehntausend und Tausend und aber Tausende" von Engeln bemühen sich um die Jugend. („The Youth's Intructor", 1. Januar 1903)

Ich bin sehr dankbar, daß ich eure Schule (jetzt Oakwood College) besuchen durfte. Seit Jahren bemühe ich mich, so gut ich kann, den Farbigen zu helfen, und nirgendwo scheint dies so gut gelungen zu sein, wie jetzt hier. Bei allen Erfahrungen, die ihr macht, denkt immer daran, daß euch die Engel Gottes beistehen. Sie wissen was ihr tut, und ihr solltet nichts tun, was ihnen nicht gefallen kann. Wenn ihr mit ihnen zusammenarbeitet, wird diese Schule „heiliger Boden" sein. Ich freue mich auf eure Erfolgsmeldungen! Der ganze Himmel sieht interessiert zu, wie es hier vorangeht. Wir sollten alle unser Möglichstes tun und einander helfen, den Sieg zu erringen. Laßt uns so leben, daß das Licht des Himmels in unsere Herzen und in unseren Verstand leuchten kann, damit wir die angebotenen Schätze des Himmels ergreifen können. („Southern Field Echo", 1. Juni 1909)

Engel unterstützen unsere Bemühungen für die Verlorenen

Wenn die himmlischen Engel sehen, wie sich die Menschen, die sich als Söhne und Töchter Gottes verstehen, wie Christus darum bemühen, Sündern zu helfen und in einer liebevollen, mitfühlenden Weise mit bereuenden gefallenen Mitmenschen umgehen, bleiben sie ganz nahe bei ihnen und geben ihnen Trostworte ein, die die Seelen aufrichten. Jesus hat sein Leben gegeben und widmet seine ganz persönliche Aufmerksamkeit den Geringsten unter Gottes Geringen; und die Engel, die über wunderbare Kräfte verfügen, scharen sich um die, die Gott fürchten. („Healthful Living", S. 277)

Engel werden von den himmlischen Höfen auf die Erde gesandt, nicht um die gefährdeten Seelen zu verdammen, sondern um über sie zu wachen und um sie zu bewahren, verlorene Schafe zu retten und sie zur Herde zurückzubringen. „Ich bin nicht gekommen, um zu verdammen, sondern um zu erretten", sagte Christus. Ist es dir dann nicht auch möglich, den vom rechten Weg abgekommenen Menschen mitfühlende Worte zu sagen? Läßt du sie einfach untergehen, oder reichst du ihnen eine helfende Hand? Überall um dich her sind Menschen, die sich in der Gefahr befinden, zugrunde zu gehen. Möchtest du sie nicht auf liebevolle Weise zu ihrem Erlöser führen? Man muß aufhören, sie anzugreifen, und sollte statt dessen so mit ihnen reden, daß sie Mut bekommen und zum Glauben finden. („Review and Herald", 10. Mai 1906)

Wer ... die genannten Voraussetzungen erfüllt, darf gewiß sein, daß er völlige Vergebung erhält. Wehre jedem Zweifel daran, daß Gottes Verheißungen dir nicht gelten könnten! Sie sind jedem bußfertigen Übertreter angeboten. Christus hält Kraft und Gnade bereit, und dienende Engel vermitteln sie dem Gläubigen. („Der bessere Weg", S. 41)

Alle, die arbeiten, um anderen Gutes zu tun, arbeiten mit himmlischen Engeln zusammen. Sie stehen immer mit uns in Verbindung und hören niemals auf zu dienen. Engel des Lichts und der Macht halten sich ständig in unserer Nähe auf, um uns zu beschützen, zu trösten, zu heilen, um uns zu lehren und zu inspirieren. Sie bieten uns die beste Bildung, die reinste Kultur und den vornehmsten Dienst, die für Menschen erreichbar sind. („Review and Herald", 11. Juli 1912)

Die Engel des Himmel beeinflussen die Menschen, damit sie Interesse daran bekommen, die Bibel zu erforschen. Es wird noch eine wesentlich umfassendere Bekehrungsarbeit geleistet werden, aber die Ehre dafür wird nicht den Menschen zukommen, denn die Engel Gottes, die den Erben der Erlösung dienen, arbeiten Tag und Nacht. („Counsels to Writers and Editors", S. 140)

Gott hätte die Verkündigung der frohen Botschaft und alle damit verbundenen Aufgaben den Engeln im Himmel übertragen können. Er hätte auch andere Mittel einsetzen können, um seinen Heilsplan durchzuführen. Doch in seiner unendlichen Liebe hat er uns dazu ausersehen, mit Christus und den Engeln zusammenzuwirken, damit wir den Segen, die Freude und den geistlichen Gewinn empfangen, die sich aus solchem selbstlosen Dienst ergeben. („Der bessere Weg", S. 58.59)

Engel stärken unseren Glauben

„Der Engel des Herrn lagert sich um die her, die ihn fürchten, und hilft ihnen heraus." (Ps 34,8) Gott beauftragt seine Engel, seine Auserwählten vor Unheil zu bewahren, „vor der Pest, die im Finstern schleicht, vor der Seuche, die am Mittag Verderben bringt" (Ps 91,6). Wie ein Mann mit seinen Freunden spricht, so haben Engel immer wieder mit Menschen gesprochen und sie in Sicherheit ge-

bracht. Oft haben hilfreiche Worte himmlischer Boten den sinken-
den Mut der Gläubigen wieder aufgerichtet, ihre Gedanken über
das Irdische erhoben und sie bestärkt, im Glauben die weißen
Kleider, die Kronen und die Siegespalmen zu schauen, die den
Überwindern gegeben werden, wenn sie vor dem großen, weißen
Thron stehen werden. („Das Wirken der Apostel", S. 152)

Das Heer des Feindes steht immer bereit und versucht das Volk
Gottes anzuklagen, aber das Heer des Himmels, tausendmal zehntausend Engel, wacht darüber und bewahrt die in Versuchung gera-
tenen Gläubigen, richtet sie auf und stärkt sie. Beide stehen immer
bereit, und Gott sagt zu seinen Kindern: „Ihr sollt mitten unter ihnen leben, aber ihr werdet von der Macht der Finsternis nicht
überwältigt werden. Ihr werdet vor mir stehen in Gegenwart der
heiligen Engel, die gesandt wurden, um den Erben der Erlösung zu
dienen." („General Conference Bulletin", 12. April 1901)

Kapitel 3

Die Engel im Himmel vor der Rebellion

Christus als Schöpfergott

Vor der Schöpfung von Engeln und Menschen war das Wort bei Gott, und Gott war das Wort.

„Alle Dinge sind durch dasselbe gemacht, und ohne dasselbe ist nichts gemacht, was gemacht ist." (Jo 1,3) Wenn Christus alle Dinge geschaffen hat, dann existierte er vor allen Dingen. Die diesbezüglich gesprochenen Worte sind so eindeutig, daß niemand daran zu zweifeln braucht. Daraus ergibt sich: Christus war Gott in aller Konsequenz. Er besteht seit Ewigkeit mit Gott, war Gott über alles, gesegnet für immer und ewig. Der Herr Jesus Christus existierte seit Ewigkeit, als eigenständige Persönlichkeit, aber doch eins mit dem Vater. Er war das herrlichste Wesen des Himmels und besaß die Befehlsgewalt über die himmlischen Engel, deren Verehrung er mit Recht annehmen durfte. („Review and Herald", 5. April 1906)

Salomo prophezeite über Christus: „Der Herr hat mich schon gehabt im Anfang seiner Wege, ehe er etwas schuf, von Anbeginn her. Ich bin eingesetzt von Ewigkeit her, im Anfang, ehe die Erde war. Als die Meere noch nicht waren, ward ich geboren, als die Quellen noch nicht waren, die von Wasser fließen. Ehe denn die Berge eingesenkt waren, vor den Hügeln, ward ich geboren ... Als er dem Meer seine Grenzen setzte und den Wassern, daß sie nicht überschreiten seinen Befehl; als er die Grundfesten der Erde legte, da war ich als sein Liebling bei ihm." (Spr 8,22-25.29.30) Wenn Christus von seiner Präexistenz spricht, lenkt er unsere Gedanken zurück in die zeitlose Ewigkeit. Er versichert uns, daß es niemals eine Zeit gab, in der er nicht eins war mit dem ewigen Gott. Er war bei Gott von Anbeginn. („The Signs of the Times", 29. August 1900)

Im Vergleich zu der Erniedrigung, die Christus auf sich nahm, ist der Dienst der Engel gering. Sein Thron ist ewig. Er hat jeden Bogen und jede Säule am großartigen Tempel der Natur selbst errichtet. („In Heavenly Places", S. 40)

Christus, das Wort, der eingeborene Sohn Gottes, war eins mit dem ewigen Vater – eins in Natur, eins in seinem Wesen und eins in seinem Vorhaben –, das einzige Wesen im ganzen Weltall, das mit allen Ratschlüssen und Absichten Gottes vertraut war. („Der Große Kampf", S. 496)

Gottes Plan war schon gefaßt, bevor die Sünde entstand

Christus wußte schon in den himmlischen Höfen, daß die Zeit kommen würde, wo Satans Gewalt entgegengetreten und sie überwunden werden mußte, wenn das Menschengeschlecht jemals von seiner (Satans) Herrschaft errettet werden sollte. Und als diese Zeit kam, legte der Sohn Gottes seine Königskrone und sein königliches Gewand ab, bekleidete seine Göttlichkeit mit Menschlichkeit und kam auf diese Erde, um dem Fürsten des Bösen entgegenzutreten und ihn zu besiegen. („Für die Gemeinde geschrieben", Bd. 1, S. 236)

Gott kannte alle seine Werke und der Bund der Gnade (unverdientes Entgegenkommen) war schon immer in den Gedanken Gottes vorhanden. Er wurde der „ewige Bund" genannt, weil dieser Erlösungsplan nicht erst entworfen wurde, als die Menschen sündigten, sondern ein „Geheimnis" war, „das seit ewigen Zeiten verschwiegen war, nun aber offenbart und kundgemacht ist durch die

Schriften der Propheten nach dem Befehl des ewigen Gottes, den Gehorsam des Glaubens aufzurichten unter allen Heiden" (Rö 16,25.26). („The Signs of the Times", 5. Dezember 1914)

Viele meinen, Gott habe den Plan zur Erlösung der Menschen erst nach dem Sündenfall beschlossen, sozusagen als Notbehelf. Aber das stimmt nicht. In der Schrift heißt es: „Laßt uns Gott danken, denn er kann euch im Glauben standhaft machen. Das geschieht durch die gute Nachricht, die ich weitergebe. Sie ist die Botschaft von Jesus Christus und enthüllt das Geheimnis, das seit uralter Zeit verborgen war, jetzt aber ans Licht gekommen ist." (Rö 16,25 GN) Und an anderer Stelle wird gesagt: „Er [Christus] ist zwar zuvor ausersehen, ehe der Welt Grund gelegt wurde, aber offenbart am Ende der Zeiten um euretwillen, die ihr durch ihn glaubt an Gott." (1 Pt 1,20.21) („Jesus von Nazareth", S. 13)

Die Erschaffung der Engel

Durch seinen Sohn wirkte der Vater bei der Erschaffung aller himmlischer Wesen. „Denn in ihm ist alles geschaffen, ... es seien Throne oder Herrschaften oder Reiche oder Gewalten; es ist alles durch ihn und zu ihm geschaffen." (Kol 1,16) („Patriarchen und Propheten", S. 10)

Schon vor der Erschaffung des Menschen gab es Engel; denn als die Gründe der Erde gelegt wurden, lobten „mich [Gott] die Morgensterne miteinander ... und jauchzten alle Kinder Gottes" (Hi 38,7). Nach dem Sündenfall wurden Engel ausgesandt, um den Baum des Lebens zu bewachen, und dies geschah, noch ehe ein Mensch gestorben war. Die Engel stehen von Natur aus höher als die Menschen; denn der Psalmist sagt, der Mensch sei „ein wenig unter die Engel erniedrigt" (Ps 8,6 EB). („Der große Kampf", S. 514)

Von Ewigkeit her war es die Absicht des Schöpfers, daß jedes geschaffene Wesen – vom glänzenden Seraph bis zum Menschen – ein Tempel Gottes sein sollte. („Das Leben Jesu", S. 144)

23

Alle erschaffenen Wesen leben durch den Willen und durch die Macht Gottes; sie sind abhängige Empfänger des Lebens Gottes. Von dem höchsten Seraph bis zum niedrigsten Lebewesen werden alle von der Quelle des Lebens gespeist. („Das Leben Jesu", S. 788)

Als der Herr diese Engelswesen, die an seinem Thron stehen sollten, erschuf, waren sie sehr schön und etwas ganz Besonderes. Ihre Heiligkeit und ihre Liebenswürdigkeit entsprach ihrer äußeren Erscheinung. Sie waren ausgestattet mit der Weisheit Gottes und in himmlische Gewänder gekleidet. („The Signs of the Times", 14. April 1898)

Die Erschaffung Luzifers

Gott erschuf ihn (Luzifer) gut und sehr schön. Er war Gott sehr ähnlich. („Review and Herald", 24. September 1901)

Gott hatte Luzifer vornehm erschaffen und ihm wunderbare Begabungen gegeben. Er setzte ihn in ein hohes, verantwortungsvolles Amt, und er verlangte nichts Unvernünftiges von ihm. Er sollte das Vertrauen, das in ihn gelegt wurde, rechtfertigen in einem sanftmütigen, bescheidenen Geist. Er sollte danach streben, Gott, der ihm seine Herrlichkeit, Schönheit und Liebenswürdigkeit gegeben hatte, zu verherrlichen. („The Sabbath School Worker", 1. März 1893)

Gott hatte Luzifer zwar vornehm und sehr schön erschaffen und hatte ihn unter den Engeln zu hohen Ehren kommen lassen, aber er hatte ihn nicht über die Möglichkeit des Bösen erhaben gemacht. Es stand in Satans Macht, seine Gaben richtig einzusetzen. („The Spirit of Prophecy", Bd. 4, S. 317)

Luzifers hohe Position

Vor seiner Rebellion war Luzifer im Himmel ein wichtiger und hochgestellter Engel. Er wurde nur geringfügig weniger verehrt als Gottes Sohn. Sein Gesichtsausdruck war, wie der der anderen Engel, sanft und freundlich. Er hatte eine hohe, breite Stirn und wirkte sehr intelligent. Seine Gestalt war vollkommen und er hatte eine vornehme, majestätische Haltung. Er war von einem besonderen Licht umgeben, das heller leuchtete als das der anderen Engel. Christus aber, Gottes geliebter Sohn, hatte den Oberbefehl über alle Engel. Er war bereits da und eins mit dem Vater, bevor die Engel erschaffen wurden. („The Story of Redemption", S. 13)

Luzifer war der höchste Cherub, der überragendste unter allen geschaffenen himmlischen Wesen. Er stand am nächsten beim Thron Gottes, hatte die engsten Beziehungen zur Regierung Gottes, und er war der Engel, der mit den größten Gaben ausgestattet war, mit der Herrlichkeit, der Macht und der Majestät Gottes. („The Signs of the Times", 28. April 1893)

Gott selbst gab Satan seine Herrlichkeit und seine Weisheit und macht ihn zum wichtigsten der Cherubim, gut, edel und sehr schön. („The Signs of the Times", 18. September 1893)

Unter den Bewohnern des Himmels war Satan neben Christus Gott am nächsten. Er wurde von ihm geehrt und verfügte über die größte Macht und Herrlichkeit. („The Signs of the Times", 23. Juli 1902)

Vor Jesus erstand das Bild Luzifers, des „schönen Morgensterns", der an Herrlichkeit alle Engel überstrahlte, die den Thron Gottes umgaben, und der durch die engsten Bande mit dem Sohn Gottes verbunden war. („Der große Kampf", S. 431)

Luzifer, der „schöne Morgenstern", war der erste der ausgebreiteten Cherubim, heilig und unbefleckt. Er stand in der Gegenwart des Schöpfers, und die Strahlen der Herrlichkeit, die den ewigen Gott einhüllen, ruhten auf ihm. („Patriarchen und Propheten", S. 11)

Er war das höchste aller Geschöpfe gewesen und hatte besonderen Anteil daran gehabt, Gottes Absichten dem Universum zu offenbaren. („Das Leben Jesu", S. 759)

Vor der Entstehung des Bösen

Unter den Engeln herrschten Friede und Freude, und sie beugten sich willig unter die Gesetze des Himmels. Die Liebe Gottes herrschte über alles, und die Liebe untereinander war ungeteilt. Das waren die Bedingungen, bevor die Sünde Eingang fand. („The Spirit of Prophecy", Bd. 4, S. 316.317)

Er (Luzifer) verfügte über eine sehr viel größere Einsicht in den Wert der ewigen Dinge als die Menschen. Er hatte die Zufriedenheit, den Frieden, das wunderbare Glück und die ungetrübte Freude des Himmels erlebt. Er durfte vor seiner Rebellion erfahren, wie befriedigend es ist, Gott ganz zu gefallen. Er kannte die Herrlichkeit, die Gott umgab, sehr genau, und er wußte, daß Gottes Macht unbegrenzt ist. („The Signs of the Times", 4. August 1887)

Es gab eine Zeit, da ... hatte er (Satan) Freude an den Geboten Gottes. Sein Herz war von Liebe und Freude erfüllt, wenn er seinem Schöpfer dienen konnte. („The Signs of the Times", 18. September 1893)

Satan war ein wunderbarer, hervorragender Engel und wäre das für immer geblieben, wenn er Gott nicht untreu geworden wäre. („The Signs of the Times", 21. Dezember 1891)

Kapitel 4

Der Ursprung des Bösen

Der Ursprung des Bösen ist ein Geheimnis

Die Engel wurden gut und liebevoll erschaffen. Ihre Liebe untereinander war vorurteilsfrei und gerecht, Gott liebten sie über alles, und es fiel ihnen deshalb nicht schwer, seinen Willen zu tun. Sie hatten Freude daran, und es erschien ihnen nicht wie ein schweres Joch, sich seinen Geboten unterzuordnen und auf sein Wort zu hören. Aber in diesen friedlichen Zustand der Unverdorbenheit kam die Sünde durch ihn, der in jeder Hinsicht vollkommen war.

Der Prophet schreibt über ihn: „Dein Herz erhob sich, wegen deiner Schönheit; und deine Weisheit ging verloren, weil du dachtest klug zu sein." Die Sünde ist eine geheimnisvolle, unerklärbare Angelegenheit. Es gab keine Ursache für ihre Existenz, und wollte man sie erklären, käme das einer Rechtfertigung gleich. Die Sünde kam in ein vollkommenes Universum, und sie ist nicht entschuldbar. („The Signs of the Times", 28. April 1890)

Schon vor der Erschaffung der Welt kannte Gott die Ereignisse, die in Zukunft geschehen würden. Er unternahm keine Bemühungen, sie den Umständen anzupassen, sondern ließ die Dinge sich entwickeln. Er schuf diese Bedingungen nicht, aber er wußte, daß es so kommen würde. Es gab einen Plan, für den Fall, daß eines der himmlischen Wesen fallen würde – das ist das große, unverständliche Geheimnis, das seit Ewigkeit besteht. Und es wurde ein Opfer ausgewählt, damit der Plan Gottes für die gefallene Menschheit ausgeführt werden konnte. („The Signs of the Times", 25. März 1897)

Wie die Sünde in den Himmel kam, kann nicht erklärt werden, denn wenn dieser Vorgang erklärbar wäre, gäbe es einen Grund für die Sünde, aber es gibt absolut keinen, und sie ist nicht entschuldbar. Ihre Entstehung wird immer ein Geheimnis bleiben. („Review and Herald", 9. März 1886)

Gott erschuf das Böse nicht. Er schuf nur Gutes, das seinem Wesen entsprach ... Das Böse, die Sünde und der Tod ... sind das Ergebnis des Ungehorsams, der seinen Ursprung in Satan hat. („Review and Herald", 4. August 1910)

Die ersten Anzeichen des Bösen

Es gab eine Zeit, in der Satan im Einklang mit Gott lebte und Freude daran hatte, seinen Willen zu tun. Sein Herz war mit Liebe zu seinem Schöpfer erfüllt und er diente ihm gerne, bis er sich einzubilden begann, daß seine Klugheit nicht von Gott käme, sondern in ihm selbst ihren Ursprung habe und ihm deshalb die gleiche Ehre und die gleiche Macht wie Gott zustünde. („The Signs of the Times", 18. September 1893)

Obwohl Gott Luzifer sehr schön erschaffen hatte und ihm unter den Engeln große Ehre zuteil werden ließ, machte er ihn nicht erhaben über das Böse. Es stand in Satans Macht, zu wählen, und er entschied sich dafür, seine Gaben negativ einzusetzen. Er hätte weiterhin zu Gottes Wohlgefallen leben können, geliebt und geehrt vom ganzen Engelsheer. Er hätte weiterhin seine hervorragenden Aufgaben erfüllen und seine Fähigkeiten zum Segen anderer und zu Gottes Ehre einsetzen können. Aber nach und nach strebte er immer mehr nach eigener Ehre und benutzte seine Macht, um Aufmerksamkeit zu erregen und Lob zu gewinnen. Außerdem veranlaßte er die Engel, die er anzuleiten hatte, dazu, daß sie ihm dienten, anstatt sich ganz dem Willen Gottes unterzuordnen. („The Spirit of Prophecy", Bd. 4, S. 317)

Aber nach und nach keimte in Luzifer das Verlangen nach Selbsterhöhung ... Obwohl alle seine Pracht von Gott war, betrachtete dieser mächtige Engel sie schließlich als ihm zukommend. („Patriarchen und Propheten", S. 10)

Gott bestätigt die Rangstellung Christi

Ehe der große Streit begann, sollten alle eine klare Vorstellung vom Willen Gottes haben, dessen Weisheit und Güte die Quelle ihrer Freude war ...

Vor den Bewohnern des Himmels erklärte der König, daß außer Christus, dem Eingeborenen Gottes, niemand seine Absicht ganz begreifen könne und daß ihm die Durchführung seiner Vorhaben übertragen sei. („Patriarchen und Propheten", S. 12)

Der große Schöpfergott versammelte die Bewohner des Himmels, um in der Gegenwart aller Engel seinen Sohn in einer besonderen Weise zu ehren. Der Sohn wurde neben den Vater auf den Thron gesetzt und das Heer der heiligen Engel Gottes scharte sich um den Thron. Dann gab der Vater bekannt, daß er bestimmt habe, daß sein Sohn ihm gleichwertig sein soll, so daß die Gegenwart des Sohnes gleichbedeutend sein würde mit der Gegenwart Gottes. Das Wort des Sohnes galt ebenso viel wie das Wort des Vaters, und man mußte ihm genauso gehorchen.

Gott setzte seinen Sohn in die Herrschaft über die himmlischen Engel ein. Außerdem sollte der Sohn in einer ganz besonderen Weise bei der Erschaffung der Erde mit dem Vater zusammenwirken ...

Satan war neidisch und eifersüchtig auf Jesus Christus, aber als sich die Engel vor Christus verneigten, um zu zeigen, daß sie seine Überlegenheit und seine hohe Autorität anerkannten und in ihm den rechtmäßigen Herrscher sahen, verneigte sich auch Satan; sein Herz aber war voll Neid und Haß. Christus wurde von Gott in seine Pläne eingeweiht, während Satan sie nicht erfuhr. Er hätte sie nicht verstanden und es war ihm nicht erlaubt, Gottes Absichten zu kennen. Aber Christus war der anerkannte Herrscher des Himmels, der mit genau so viel Macht und Autorität ausgestattet war, wie Gott selbst.

Satan dachte, daß er bei den Engeln sehr beliebt sei. Er hatte eine hohe Position; aber ... er strebte danach, wie Gott selbst zu sein. Er gefiel sich in seinen hochgesteckten Zielen. Er wußte, daß er bei den Engeln hohes Ansehen genoß. Er war mit einer besonders wichtigen Aufgabe betraut. Er hatte sich immer in Gottes Nähe aufgehalten, und ein besonders Licht vom Thron Gottes umgab ihn. Mit großem Vergnügen dacht Satan darüber nach, daß die Engel seinen Befehlen gehorchten. Waren seine Kleider nicht auch hell und wunderschön? Warum also sollte Christus ihm vorgezogen werden? („The Spirit of Prophecy", Bd. 1, S. 17.18)

Die Engel anerkannten freudig Christi Vorherrschaft, fielen vor ihm nieder und brachten ihm ihre Liebe und Anbetung dar. Luzifer beugte sich mit ihnen, aber in seinem Herzen tobte ein seltsamer, heftiger Kampf. Wahrhaftigkeit, Gerechtigkeitssinn und Treue lagen im Widerstreit mit Neid und Eifersucht ... Aber wieder überkam ihn der Stolz. Das Verlangen nach Oberherrschaft kehrte zurück, und abermals gab er dem Neid auf Christus Raum. („Patriarchen und Propheten", S. 12.13)

Luzifer beginnt mit seinen Machenschaften gegen Christus

Satan ... begann seine Rebellion mit den Engeln, die seiner Befehlsgewalt unterstanden, indem er versuchte, sie zu verunsichern. Und es gelang ihm, sie so zu täuschen, daß er viele Engel für sich gewinnen konnte, bevor seine Ziele ganz zu erkennen waren. („Review and Herald", 28. Januar 1909)

Satan ... hatte den Ehrgeiz, genauso viel Ansehen und Ehre zu erreichen, wie Gott sie seinem Sohn gegeben hatte.
Er wurde eifersüchtig und neidisch auf Christus und versuchte, den Engeln, die ihn als beschirmenden Cherub verehrten, einzureden, daß er nicht in dem Ausmaß geehrt würde, wie es ihm aufgrund seiner hohen Position zukäme. („Review and Herald", 24. Februar 1874)

Durch hinterhältige Bemerkungen, in denen er andeutete, daß ihm eigentlich die Position zugestanden hätte, die man Christus gegeben hatte, säte Luzifer Zweifel in den Herzen vieler Engel. („Educational Messenger", 11. September 1908)

Luzifer arbeitete bei seinen Täuschungsmanövern dermaßen geheim, daß die Engel, die sich nicht in hohen Positionen befanden, glauben konnten, daß er der Regent des Himmels sei. („This Day with God", S. 256)

Die treuen und wahrhaftigen Engel versuchten, diesen mächtigen, abtrünnigen Engel wieder mit seinem Schöpfer zu versöhnen. Sie rechtfertigten das Handeln Gottes an Jesus Christus und versuchten Satan mit vernünftigen Argumenten davon zu überzeugen, daß ihm jetzt nicht weniger Ehre zuteil wurde als zu der Zeit, bevor der Vater bekanntgegeben hatte, mit welchen Ehren er seinen Sohn bedachte. Sie machten ihm klar, daß Christus Gottes Sohn war, der bereits mit ihm existierte, bevor die Engel erschaffen wurden; und daß er schon immer zur Rechten Gottes gestanden und bisher noch nie jemand seine sanfte, liebevolle Autorität angezweifelt habe. Außerdem habe er noch nie Befehle erteilt, die von den Himmelsbewohnern nicht mit Freude ausgeführt werden konnten. Sie argumentierten auch, daß die besondere Ehre, die Christus in Gegenwart der Engel erhalten hatte, in keiner Weise von der Verehrung ablenkte, die Satan bisher zuteil wurde. („The Spirit of Prophecy", Bd. 1, S. 19)

Er (Luzifer) gewann die Sympathie einiger seiner Mitgeschöpfe, indem er an der Regentschaft Gottes Kritik übte. Diese böse Saat wurde auf eine sehr unauffällige Weise ausgestreut, und als sie aufgegangen war und in den Gedanken vieler Wurzeln geschlagen hatte, sammelte er die Beschwerden und trug sie dem Ältestenrat der Engel als die Kritik anderer an der Herrschaft Gottes vor. („Bible Commentary", Bd. 4, S. 1143)

Luzifer verhielt sich bei seinen Versuchungen anfänglich so, daß er in keiner Weise bloßgestellt wurde. Den Engeln, die er nicht ganz auf seine Seite ziehen konnte, warf er Gleichgültigkeit gegenüber den Belangen der himmlischen Wesen vor. Genau das, was er selbst tat, legte er den treuen Engeln zur Last. Seine Verfahrensweise bestand darin, Gottes Absichten mit heimtückischen Beweisgründen zu verwirren. Alles Einfache umgab er mit Geheimnis, und mit geschickter Verdrehung zog er die klarsten Darlegungen Jahwes in Zweifel. Und seine hohe Stellung, die mit der Herrschaft Gottes so eng verbunden war, verlieh seinen Schilderungen nur um so größeres Gewicht. („Patriarchen und Propheten", S. 17.18)

Den Versuch, Gottes Gesetz zu beseitigen, unternahm Satan bei den sündlosen Bewohnern des Himmels. Damit schien er eine Zeitlang Erfolg zu haben. Viele Engel ließen sich verführen; aber sein scheinbarer Triumph endete mit Niederlage und Verlust, mit der Trennung von Gott und der Verbannung aus dem Himmel. („Patriarchen und Propheten", S. 305)

Zu Gottes Herrschaftsbereich gehörten nicht nur die Bewohner des Himmels, sondern die Bewohner aller geschaffenen Welten, und Satan dachte, wenn es ihm gelänge, die intelligenten Wesen des Himmels in die Rebellion zu stürzen, müßte ihm dies auch mit allen anderen Welten gelingen. („Review and Herald", 9. März 1886)

Satan hatte gegenüber den Engeln und sogar gegenüber Gott insofern einen Vorteil, der ihn zu arroganter Überheblichkeit veranlaßte, ... daß er sich durch Falschheit sehr gut tarnen konnte. Für einige Zeit war es unmöglich, ihm die Maske herunterzureißen, so daß die abstoßende Veränderung seines Charakters nicht gleich zu erkennen war. Er mußte sich selbst offenbaren durch seine grausamen, ausgeklügelten, bösartigen Werke. („The Spirit of Prophecy", Bd. 4, S. 319)

Luzifer bekommt Zeit, um seine teuflischen Grundsätze zu entwickeln

Gott handelte weise und warf Satan nicht sofort aus dem Himmel, denn das hätte nichts an seiner Grundeinstellung geändert. Im Gegenteil, dadurch wäre seine Rebellion nur gestärkt worden, weil er so Sympathien für sich gewinnen hätte können, weil es so ausgesehen hätte, als habe man ihn ungerecht behandelt. So hätte er noch eine viel größere Anzahl Engel mit sich nehmen können. Er mußte abgesetzt werden und Zeit bekommen, damit er seine Grundsätze deutlicher entwickeln konnte. („Review and Herald", 9. März 1886)

Satan beklagte die angeblichen Fehler in der Führung der himmlischen Angelegenheiten und bemühte sich darum, die Herzen und Gedanken der Engel mit seiner Abneigung zu erfüllen. Weil er nicht der Größte sein konnte, säte er Zweifel und Unglauben. Weil er nicht sein konnte wie Gott, strebte er danach, die Gedanken der Engel mit seinem eigenen Neid und seiner Unzufriedenheit zu durchdringen. So wurde die Saat der Feindschaft ausgestreut, um dann vor den himmlischen Höfen als die Unzufriedenheit der Engel und nicht als Satans Machenschaften dargestellt zu werden. So wollte der Betrüger beweisen, daß die Engel genau so dachten wie er ...

Das, was Satan den Engeln einzureden versuchte – hier ein Wort und da ein Wort – begründete eine lange Reihe von Vermutungen. Auf sehr gekonnte Weise leitete er daraus scheinbar berechtigte Zweifel ab. Als er dann zur Rede gestellt wurde, beschuldigte er diejenigen, die er dazu verleitet hatte. Seine ganze Unzufriedenheit lastete er ihnen an. („Review and Herald", 7. September 1897)

Aber er (Luzifer) deutete Zweifel über die Gesetze an, durch die die Engel als himmlische Wesen regiert wurden. Er gab zu verstehen, daß solche wohl notwendig seien für die Bewohner der Welten, aber nicht für die Engel, deren Weisheit ihnen hinlänglich Ratgeber sei. („Patriarchen und Propheten", S. 13)

Luzifer ... strebte danach, Gottes Gesetz abzuschaffen. Er behauptete, daß die nicht in Sünde gefallenen himmlischen Wesen kein Gesetz nötig hätten, sondern fähig wären, sich selbst zu regieren und treu zu bleiben. („The Signs of the Times", 28. April 1890)

Als Satan, der Betrüger, im Himmel sündigte, durchschauten selbst die Engel auf Gottes Seite nicht völlig seinen schlechten Charakter. Deshalb vernichtete Gott ihn nicht sofort; die heiligen Engel hätten sonst seine Beweggründe nicht verstanden und an seiner Gerechtigkeit und Liebe gezweifelt. Das wäre eine üble Saat gewesen, die als bittere Frucht Sünde und Leid hervorgebracht hätte. Deshalb verschonte Gott den Urheber des Bösen, damit sein Charakter für alle offenbar werden konnte. („Bilder vom Reiche Gottes", S. 56)

Die Engel beraten über die Angelegenheit

Während sich einige Engel Satans Rebellion anschlossen, debattierten andere mit ihm und versuchten, ihn von seinem Vorhaben abzubringen, indem sie sich für die Ehre Gottes einsetzten und klarzustellen versuchten, daß Gott weise gehandelt habe, indem er seinem Sohn die Macht gab. Satan hielt dagegen, daß es keinen Grund gab, weshalb Christus mit einer solch uneingeschränkten Macht und einer solchen Befehlsgewalt ausgestattet sei und er nicht! („Spiritual Gifts", Bd. 3, S. 37)

Satan weigerte sich, zuzuhören, und dann wandte er sich von den treuen und wahrhaftigen Engeln ab und beschimpfte sie als Sklaven. Die Engel, die Gott treu geblieben waren, standen da und sahen mit Erstaunen, daß Satan mit seinen Bemühungen, eine Rebellion heraufzubeschwören, Erfolg hatte. Er versprach ihnen eine neue und bessere Regierung, als sie bisher hatten, in der die große Freiheit herrschen sollte. Eine große Anzahl gab zu erkennen, daß sie Satan als ihren Anführer anerkennen und sich unter seinen Befehl stellen wollten. Als er seinen Erfolg sah, schmeichelte er sich selbst, daß er mit der Zeit noch alle Engel auf seine Seite bringen könnte, daß er dann Gott gleich sei und seine Befehlsgewalt von allen Engeln des Himmels anerkannt würde.

Noch einmal warnten ihn die treuen Engel vor den Konsequenzen, wenn er auf seiner Rebellion bestünde; daß der, der die Engel erschaffen hatte, ihm all seine Macht nehmen und seiner schrecklichen Rebellion ein Ende setzen konnte. Wie konnte ein Engel sich dem Gesetz widersetzen, das ebenso heilig war wie Gott selbst! Sie rieten den Aufrührern, nicht mehr auf Satans verführerische Argumente zu hören, und empfahlen Satan und allen Betroffenen, zu Gott zu gehen und ihr Unrecht, das darin bestand, daß sie auch nur mit einem Gedanken Gottes Herrschaft in Frage gestellt hatten, einzugestehen. („The Spirit of Prophecy", Bd. 1, S. 20)

Satan war sehr erfinderisch, wenn er seine Seite der Angelegenheit darstellte. Sobald er merkte, daß ein Argument durchschaut wurde, wechselte er das Thema. Bei Gott war das anders, er gebrauchte nur die Wahrheit und Gerechtigkeit als Waffen. Satan konnte Mittel einsetzen, die Gott nicht zur Verfügung standen: Unehrlichkeit und Betrug. („Review and Herald", 9. März 1886)

Die Machenschaften Satans waren so subtil, daß von den Engeln nicht erkannt wurde, was wirklich dahintersteckte ... Unter diesen Umständen dauerte es eine lange Zeit, bis Satan demaskiert wurde. („Bible Commentary", Bd. 4, S. 1143)

Gott trug Luzifer lange mit großer Barmherzigkeit. Er enthob ihn nicht sofort seiner hohen Stellung, als er begann, sich dem Geist der Unzufriedenheit zu ergeben, selbst dann noch nicht, als er seine falschen Ansprüche den getreuen Engeln unterbreitete. Gott duldete ihn noch lange Zeit im Himmel. Immer wieder wurde ihm unter der Bedingung, daß er bereute und sich unterwarf, Vergebung angeboten. („Der große Kampf", S. 498)

Der Geist der Unzufriedenheit war bisher im Himmel unbekannt gewesen. Er war ein neues Element, fremd, geheimnisvoll, unerklärlich. Luzifer kannte anfangs die wahre Natur seiner Gefühle selbst nicht. Eine Zeitlang hatte er sich gescheut, solche Gedankengänge zu äußern. Aber er wies sie auch nicht von sich. Er sah nicht, wohin er trieb. Mit unendlicher Liebe und Weisheit wollte man ihn von seinem Irrtum überzeugen. Man wies ihm die Grundlosigkeit seiner Unzufriedenheit nach und zeigte ihm, welches die Folgen sein würden, wenn er in Empörung verharrte. Luzifer war von seinem Unrecht überzeugt. Er erkannte: „Der Herr ist gerecht in allen seinen Wegen und gnädig in allen seinen Werken." (Ps 145,17) Er empfand, daß die göttlichen Gesetze gerecht sind und er das vor dem gesamten Himmel bekennen sollte.

Hätte er es getan, hätte er sich und viele Engel retten können. Zu der Zeit gab er seine Gehorsamspflicht Gott gegenüber noch nicht völlig auf. Obgleich er seine Stellung als deckender Cherub verließ, hätte er wieder in sein Amt eingesetzt werden können, wenn er nur bereit gewesen wäre, zu Gott zurückzukehren und des Schöpfers Weisheit anzuerkennen. Wäre er doch damit zufrieden gewesen, den Platz auszufüllen, der ihm in Gottes großem Plan zugewiesen worden war! Nun war die Zeit für eine endgültige Entscheidung gekommen. Entweder mußte er Gottes Oberhoheit uneingeschränkt anerkennen oder sich in offener Empörung gegen ihn erheben. („Patriarchen und Propheten", S. 15)

Gott stellt sich Satans Herausforderung

In den Beratungsgremien des Himmels wurde beschlossen, daß man Maßnahmen ergreifen mußte, die die Macht Satans nicht sofort zerstören würden, denn Gott verfolgte das Ziel, mit dem was geschah, für endgültige Sicherheit zu sorgen. Man mußte Satan Zeit geben, die Grundlagen seiner Herrschaft voll zu entwickeln. Das himmlische Universum sollte genau erkennen können, welcher Art die Grundsätze waren, von denen Satan behauptete, daß sie Gottes Grundsätzen überlegen seien. Gottes Anordnungen mußten den Forderungen Satans gegenübergestellt werden. Die verdorbenen Grundlagen der Herrschaft Satans mußten offenbar werden. Die Grundsätze der Gerechtigkeit, die sich in Gottes Gesetz ausdrücken, sollten dargestellt werden – unveränderlich, vollkommen, ewig. („Review and Herald", 7. September 1897)

Die treuen Engel eilen zu Gott und berichten ihm, was da unter den Engeln stattfand. Sie finden den Vater bereits in der Beratung mit seinem Sohn. Sie beraten darüber, welche Maßnahmen für die treuen Engel am besten sind, um Satans angemaßte Macht für immer zu beseitigen. Der große Gott hätte diesen Erzbetrüger sofort aus dem Himmel werfen können. Aber das lag nicht in seiner Absicht. Er wollte den Rebellen die Möglichkeit geben, sich unter fairen Bedingungen mit der Macht seines Sohnes und der treuen Engel zu messen. In dieser Auseinandersetzung konnte jeder Engel die Seite wählen und offen erkennen lassen, wohin er gehörte. („The Spirit of Prophecy", Bd. 1, S. 21)

Luzifer wird zu Satan

Satan ... beschloß, daß er sich selbst zum Mittelpunkt allen Einflusses machen würde, denn wenn er schon nicht die Herrschaft des Himmels an sich reißen konnte, wollte er wenigstens unter den Rebellen im Kampf gegen die Regierung des Himmels die Vorherrschaft ausüben. Jedenfalls wollte er herrschen und nicht beherrscht werden. („Review and Herald", 16. April 1901)

Viele von Satans Mitläufern waren geneigt, auf den Rat der treuen Engel zu hören. Sie bereuten ihre Unzufriedenheit und wollten gerne das Vertrauen Gottes und seines lieben Sohnes zurückgewinnen.

Der große Rebell redete ihnen dann ein, daß er Gottes Gesetz genau kenne und wisse, daß, wenn sie klein beigeben und sich unterordnen würden, ihnen ihre Ehre genommen werde. Man würde ihnen nie mehr eine wichtige Aufgabe anvertrauen. Und er sagte ihnen, daß sie ebenso wie er bereits zu weit gegangen seien, aber er sei wenigstens bereit, die Konsequenzen zu tragen, nämlich sich niemals in unterwürfiger Anbetung vor dem Sohn Gottes zu beugen. Gott würde ihnen niemals vergeben, und nun läge es an ihm, die Macht zu erzwingen, die man ihnen freiwillig nicht zugestanden habe. („The Spirit of Prophecy", Bd. 1, S. 20.21)

Für Satan traf es zu, daß er schon zu weit gegangen war, aber nicht für jene, die durch seine Täuschungen verführt worden waren. Sie durften aufgrund des Rates und der Bitten der treuen Engel noch hoffen. Und hätten sie die Warnung beachtet, wären sie aus Satans Schlinge entkommen. Aber Liebe zu ihm, Stolz und der Wunsch nach unbegrenzter Freiheit gewannen die Oberhand. Sie wiesen die Angebote der göttlichen Liebe und Gnade zurück. („Patriarchen an Propheten", S. 17)

Die Engel erscheinen vor dem Vater

Alle Engel mußten vor dem Vater erscheinen, damit jeder einzelne Fall entschieden werden konnte. Ohne rot zu werden, äußerte Satan seine Unzufriedenheit darüber, daß Christus ihm vorgezogen worden sei. Er stand stolz da und forderte, daß er Gott gleichgestellt und in die Beratungen mit dem Vater einbezogen werden sollte, und er wollte genau wissen worum es ging. Gott ließ ihn wissen, daß er nur seinem Sohn seine geheimen Absichten mitteilen würde und von der gesamten himmlischen Familie, auch von Satan, uneingeschränkten Gehorsam verlange. Wer seine Autorität in Frage stelle, beweise damit, daß er eines Platzes im Himmel nicht würdig sei.

Da zeigte Satan überheblich auf seine Anhänger, die fast die Hälfte der Engel ausmachten, und rief aus: „Sie gehören alle zu mir! Willst du sie auch alle hinauswerfen und solch eine Lücke im Himmel schaffen?" Und dann erklärte er, daß er bereit sei, gegen die Herrschaft Christi zu kämpfen und seinen Platz im Himmel mit Macht zu verteidigen, Mann gegen Mann! („The Spirit of Prophecy", Bd. 1, S. 22)

Bis zum Ende des Streites im Himmel fuhr der große Aufrührer fort, sich zu rechtfertigen. Als angekündigt wurde, daß er mit allen seinen Anhängern aus den Stätten der Wonne ausgestoßen werden müsse, erklärte der Rädelsführer kühn, er verachte des Schöpfers Gesetz. Er wiederholte immer wieder seine Behauptung, daß die Engel keiner Aufsicht bedürften, sondern frei sein müßten, ihrem eigenen Willen zu folgen, der sie allezeit richtig führen werde. Er schmähte die göttlichen Satzungen als eine Beschränkung ihrer Freiheit und erklärte, daß es seine Absicht sei, das Gesetz abzuschaffen, damit die Heerscharen des Himmels, von diesem Zwang befreit, zu einem erhabeneren, herrlicheren Dasein gelangen möchten.

In völligem Einverständnis legten Satan und seine Scharen die Verantwortung für ihre Empörung gänzlich Christus zur Last und behaupteten, sie hätten sich niemals aufgelehnt, wenn sie nicht gerügt worden wären. („Der große Kampf", S. 502.503)

Die Erkenntnis, die Satan und seine Anhänger über das Wesen Gottes, seine Barmherzigkeit, Weisheit und Herrlichkeit besaßen, machte ihre Schuld unentschuldbar. („Review and Herald", 24. Februar 1874)

Kapitel 5

Die rebellischen Engel werden aus dem Himmel geworfen – Adam und Eva werden verführt

Krieg im Himmel

Solange Satan im Himmel wohnte, hatte sich Christus darum bemüht, ihn davon zu überzeugen, daß er einen fürchterlichen Fehler beging, bis er dann mit seinen Anhängern offen gegen Gott rebellierte. („This Day With God", S. 256)

Christus, der die Befehlsgewalt im Himmel hatte, wurde dazu bestimmt, die Rebellion niederzuschlagen. („Review and Herald", 30. Mai 1899)

Es entstand ein „Krieg" im Himmel. Der Sohn Gottes, der Prinz des Himmels und seine treuen Engel mußten sich mit dem Erzrebellen und denen, die sich mit ihm verbündet hatten, auseinandersetzen. Der Sohn Gottes und die Treuen behielten die Oberhand, und Satan und seine Anhänger mußten den Himmel verlassen. („The Spirit of Prophecy", Bd. 1, S. 23)

Engel führten die Schlacht aus. Satan wollte den Sohn Gottes und alle, die sich seinem Willen unterworfen hatten, besiegen. Aber die guten und treuen Engel behielten die Oberhand, und Satan samt seinen Nachfolgern wurde aus dem Himmel vertrieben. („Frühe Schriften von Ellen G. White", S. 131)

Die Folgen der Rebellion

Satan sah mit Staunen, in welcher Situation er sich nun befand. Er hatte all seine Freude und sein Glück verloren. Er betrachtete die Engel, die, genau wie er, einst sehr glücklich, aber jetzt ebenso aus dem Himmel ausgeschlossen waren ... Jetzt war alles anders. Die Gesichtszüge der gefallenen Engel, die einst das Wesen ihres Schöpfers widerspiegelten, waren jetzt mürrisch und verzweifelt. Es herrschte Zank und Streit, und sie klagten sich verbittert gegenseitig an ... Satan erkannte nun die schrecklichen Folgen seiner Rebellion. Er zitterte und fürchtete sich vor der Zukunft und dem Ende, zu dem alle diese Ereignisse führen mußten.

Dann kam die Stunde des Gesangs, die immer zum Lob Gottes und seines Sohnes stattfand. Satan hatte diesen Chor der Engel geleitet. Er hatte mit dem Singen begonnen, und alle Engel waren nacheinander in einen wunderbaren Chorgesang eingefallen. Eine sehr harmonische Musik füllte mit ihrem Klang den Himmel zur Ehre Gottes und zur Ehre seines lieben Sohnes. Aber jetzt gab es nur noch Mißtöne anstatt lieblicher Klänge. Disharmonien und böse Worte waren alles, was der große Rebellenanführer noch zu hören bekam ... Als die Stunde der Andacht nahte, in der sich leuchtende, heilige Engel vor Gott verneigten, erkannte er, daß er nie mehr in diesen himmlischen Gesang einstimmen würde. Nie mehr würde er sich in heiliger Ehrfurcht vor Gott verneigen und sich in der Gegenwart des ewigen Gottes befinden ...

Satan erschauerte, als er sah, was er angerichtet hatte. Er dachte allein über alles nach, was in der Vergangenheit geschehen war, wie die Gegenwart aussah und was in Zukunft geschehen würde. Der Sturm, der in seinem Innern tobte, ließ ihn erzittern. Als ein Engel des Himmels vorbeikam, bat er um ein Gespräch mit Christus. Es wurde ihm gewährt, und er erläuterte dem Sohn Gottes, daß er seine Rebellion nun bereue und, daß er gerne wieder von Gott angenommen werden würde. Er wollte jetzt den Platz einnehmen, den ihm Gott vorher zugewiesen hatte, und sich seinen weisen Geboten unterordnen. Christus weinte über die Not und das Leid Satans, aber er mußte ihm den Willen Gottes mitteilen, daß er nie wieder im Himmel aufgenommen werden konnte, ... denn der Kern der Rebellion steckte noch immer in ihm ...

Als Satan sich bewußt wurde, daß es für ihn kein Zurück in die Gegenwart Gottes gab, zeigte er sich in seiner ganzen Bosheit, wurde noch haßerfüllter und verfolgte seine Ziele mit allem Nachdruck ...

Weil er nicht wieder in den Himmel zurückkehren konnte, lungerte er am Eingang herum, pöbelte die Engel an, die aus und ein gingen, und suchte Streit mit ihnen. („The Spirit of Prophecy", Bd. 1, S. 28-30)

Die Erschaffung der Erde und der Menschheit

Die treuen Engel trauerten über das Schicksal ihrer ehemaligen Mitbewohner, mit denen sie bisher das Glück und das helle Licht des Himmels geteilt hatten. Sie hatten im Himmel eine Lücke hinterlassen. Der Vater beriet sich mit seinem Sohn, und sie beschlossen, Menschen zu erschaffen, die die Erde bevölkern sollten. („The Signs of the Times", 9. Januar 1879)

Die schönsten und wunderbarsten „Morgensterne" verkündigten ... (Christi) Herrlichkeit bei der Erschaffung der Erde und gaben seine Geburt mit Freudengesängen und Lobliedern bekannt. („The Signs of the Times", 4. Januar 1833)

Als Gott die Erde erschuf, entstanden Berge und Hügel, und dazwischengestreut waren Flüsse und Seen. Die Erde war keine ausgedehnte Fläche. Die Landschaft war nicht langweilig, sondern, die Ebene wurde unterbrochen von Bergen und Hügeln, aber sie waren nicht so wild und zerklüftet wie heute, sondern hatten eine sehr schöne ausgewogene Form ... Die Engel sahen es und freuten sich über die wunderbaren Werke Gottes. („Spiritual Gifts", Bd. 3, S. 33)

Der ganze Himmel nahm Anteil an der Erschaffung der Erde und der Menschen und freute sich darüber. Menschliche Wesen waren eine neue und besondere Art. („Review and Herald", 11. Februar 1902)

Neben den Engeln ist die Familie der Menschen, die zum Ebenbilde Gottes geschaffen wurde, das edelste unter seinen Kreaturen. („Review and Herald", 3. Dezember 1908)

Der Herr ... hatte Adam mit einer Verstandeskraft ausgestattet, die allen anderen erschaffenen Wesen überlegen war. Seine geistigen Fähigkeiten waren nur wenig geringer als die der Engel. („Review and Herald", 24. Februar 1874)

Sobald der Herr durch Jesus Christus unsere Welt erschaffen hatte und Adam und Eva im Garten Eden wohnten, gab Satan bekannt, daß er beabsichtige den Vater und die Mutter der Menschheit in Wesen seiner Art umzuwandeln. („Review and Herald", 14. April 1896)

Als Gott Eva dem Adam zuführte, waren die Engel Zeugen dieser Zeremonie. („In Heavenly Places", S. 203)

Dieses sündlose Paar brauchte keine künstlich hergestellte Kleidung zu tragen, sie waren wie die Engel mit einem Kleid aus Licht und Herrlichkeit bedeckt. („The Signs of the Times", 9. Januar 1879)

Die Menschen wurden zur Verherrlichung Gottes geschaffen, denn nachdem sie die Prüfungen überstanden hätten, sollte die menschliche Familie mit der himmlischen vereint werden. Es war Gottes Ziel, die Lücke im Himmel mit den Menschen wieder zu füllen. („Bible Commentary", Bd. 1, S. 1082)

Die Lücken, die im Himmel entstanden sind, als Satan und seine Engel in Sünde fielen, werden wieder aufgefüllt durch die Erlösten des Herrn. („Review and Herald", 29. Mai 1900)

Adam und Eva im Garten Eden

Alles was Gott geschaffen hatte, war vollkommen und sehr schön in dieser Welt, in der Adam und Eva glücklich sein sollten, aber er wollte ihnen seine große Liebe beweisen, indem er für sie einen besonderen Garten pflanzte. Einen Teil ihrer Zeit sollten sie damit beschäftigt sein, den Garten zu gestalten, und einen Teil verbrachten sie mit den Engeln, die sie besuchten und sie unterwiesen und mit ihnen gemeinsam Gott anbeteten. Ihre Arbeit war nicht ermüdend, sondern angenehm und anregend. („The Signs of the Times", 9. Januar 1879)

Heilige Engel ... unterwiesen Adam und Eva bezüglich ihrer Aufgaben und unterrichteten sie auch über Satans Rebellion und seinen Sturz. („Spiritual Gifts", Bd. 1, S. 20)

Er (Adam) stand vor Gott in der Kraft eines vollkommenen Mannes, alle seine Organe und Körperfunktionen waren vollkommen ausgebildet, sein Wesen ausgeglichen. Er war nur von schönen Dingen umgeben und hatte täglich Kontakt mit den heiligen Engeln. („The Spirit of Prophecy", Bd. 2, S. 88)

Das Gesetz Gottes existierte bereits, bevor die Menschen erschaffen wurden. Es war den Bedürfnissen heiliger Wesen angepaßt, denn auch die Engel waren ihm untergeordnet. („The Signs of the Times", 15. April 1886)

Die Menschen sollten geprüft werden, ob sie Gott nach der ersten Versuchung treu bleiben würden. Sie sollten nicht fortwährend der Versuchung ausgesetzt werden, sondern nach der einmal bestandenen Prüfung den Engeln gleich und für immer unsterblich sein. („Review an Herald", 24. Februar 1874)

Satan plant den Sündenfall der Menschen

Er (Satan) ... teilte seinen Nachfolgern mit, daß er Adam und seine Partnerin Eva Gott abspenstig zu machen beabsichtige. Wenn er sie auf irgendeine Weise zum Ungehorsam verführen könne, würde Gott Vorkehrungen treffen, um ihnen zu vergeben, und damit hätten auch er und die gefallenen Engel eine erneute Gelegenheit, Gottes Barmherzigkeit zu erlangen. Wenn dieser Plan fehlschlüge, könnten sie sich ebenso mit Adam und Eva vereinigen, denn wenn diese beiden das Gesetz Gottes übertreten würden, verfielen auch sie Gottes Zorn. Durch ihre Übertretung würden Adam und Eva auch zu Rebellen, und dann könnten sie sich mit ihnen vereinigen, um den Garten Eden zu besetzen und mit ihnen gemeinsam darin zu wohnen. Und wenn sie auf diese Weise Zugriff zum Baum des Lebens bekämen, der in der Mitte des Gartens stand, dachten sie, daß sie die gleiche Kraft wie die Engel Gottes haben würden, und niemand, nicht einmal Gott selbst, könnte sie dann von dort vertreiben.

Satan hielt eine Beratung mit seinen bösen Engeln ab. Sie wollten sich nicht alle bereitwillig an dieser schrecklichen Aufgabe beteiligen. Er sagte ihnen, daß er auch keinem von ihnen diese Arbeit zutrauen würde, denn er war überzeugt, daß nur er selbst über genügend Weisheit verfügte, um so ein wichtiges Unterfangen zu erledigen. Er forderte sie auf, sich die Sache zu überlegen, während er sich zurückziehen und ausruhen wollte, um dann seine Pläne zu vervollständigen ...

Satan arbeitete den Plan, der Adam und Eva am ehesten zu Fall bringen würde, alleine aus. Es schauderte ihn bei dem Gedanken, daß er das gläubige, glückliche Paar in die gleiche Misere und die gleiche Gewissensnot stürzen würde, die er ertragen mußte. Die Entscheidung fiel ihm schwer; einmal war er fest entschlossen, dann wieder zögerte er und war sich nicht sicher. Seine Engel suchten ihn, ihren Anführer, auf, um ihm ihre Entscheidung bekanntzugeben. Sie stimmten seiner Entscheidung zu und waren bereit, mit ihm die Verantwortung und die Konsequenzen zu tragen.

Satan schüttelte seine Gefühle der Verzweiflung und der Schwachheit ab und nahm es als ihr Anführer mutig auf sich, die Angelegenheit auszuführen und alles, was in seiner Kraft stand, zu tun, um die Autorität Gottes und seines Sohnes zu untergraben. („The Spirit of Prophecy", Bd. 1, S. 31-33)

Satan erklärte, daß er den Welten, die Gott erschaffen hatte, und den himmlischen Intelligenzen beweisen wolle, daß es unmöglich sei, Gottes Gesetz zu halten. („Review and Herald", 3. September 1901)

Gott versammelte alle Engel um sich, um Maßnahmen zu ergreifen, die das drohende Unheil abwenden sollten. Man beschloß im himmlischen Rat, daß Engel in den Garten Eden geschickt werden sollten, um Adam und Eva vor dem Angriff des Feindes zu warnen. Und so machten sich zwei Engel auf den Weg, um unsere ersten Eltern zu besuchen. („The Signs of the Times", 16. Januar 1879)

Unsere ersten Eltern blieben nicht ungewarnt vor der Gefahr, die sie bedrohte. Himmlische Sendboten machten sie mit Satans Fall und seinen Vernichtungsabsichten bekannt. Sie weiteten ihnen auch den Blick für die göttliche Regierung, die der Fürst des Bösen zu stürzen versuchte ...

Die Engel ermahnten sie, vor Satans Anschlägen auf der Hut zu sein, denn er würde sie unermüdlich umgarnen. Solange sie jedoch Gott gehorsam blieben, könne der Böse ihnen nichts zuleide tun, denn im Notfall würde ihnen jeder Engel vom Himmel zu Hilfe kommen. Wenn sie seine ersten Einflüsterungen standhaft zurückwiesen, könnten sie ebenso sicher sein wie die himmlischen Boten. Gäben sie aber der Versuchung nur einmal nach, würde sich ihr Wesen so zum Bösen hin verändern, daß sie aus eigener Kraft Satan nicht widerstehen könnten. („Patriarchen und Propheten", S. 28.29)

Die Engel warnten Eva davor, sich während ihrer Tätigkeit zu weit von ihrem Mann zu entfernen, weil sie dadurch möglicherweise mit dem gefallenen Feind in Berührung kommen könnte. Wenn sie voneinander getrennt wären, kämen sie in größere Gefahr, als wenn sie beide zusammen blieben. Die Engel ermahnten sie, die Anweisungen, die Gott ihnen bezüglich des Baumes der Erkenntnis gegeben hatte, sehr genau zu befolgen, denn durch den vollkommenen Gehorsam wären sie geschützt, und dieser gefallene Feind könne sie nur am Baum der Erkenntnis von Gut und Böse angreifen.

Adam und Eva versicherten den Engeln, daß sie Gottes ausdrückliches Gebot niemals übertreten würden, weil es ihre größte

Freude sei, seinen Willen zu erfüllen. Die Engel musizierten gemeinsam mit Adam und Eva zum Lobe Gottes, und Satan hörte in der Ferne ihre Lieder zur Anbetung von Vater und Sohn. Das verstärkte seinen Neid, Haß und seine Bosheit und er sagte seinen Nachfolgern, wie sehr er sich danach sehnte, Adam und Eva zum Ungehorsam zu verführen. („The Spirit of Prophecy", Bd. 1, S. 34.35)

Satan spricht zu Eva durch eine Schlange

Um sein Vorhaben unauffällig zuwege zu bringen, bediente sich Satan der Schlange als Werkzeug, eine Tarnung, die für seine Betrugsabsichten paßte. Sie war damals eins der klügsten und schönsten Geschöpfe auf Erden. In den reich beladenen Zweigen des verbotenen Baumes ruhend, labte sie sich an der köstlichen Frucht. Sie konnte also schon die Aufmerksamkeit eines Beobachters fesseln. So lauerte der Verderber im Garten des Friedens auf seine Beute. („Patriarchen und Propheten", S. 29.30)

Eva entfernte sich von ihrem Mann, um sich die schönen Dinge der Natur in Gottes Schöpfung anzusehen. Sie freute sich über die Farbenpracht und den Duft der Blumen und über die Schönheit der Bäume und Sträucher. Sie dachte über die Einschränkung nach, die ihnen Gott bezüglich des Baumes der Erkenntnis auferlegt hatte. Sie war sehr zufrieden mit der Fülle und Schönheit, die der Herr für sie bereitet hatte, um alle ihre Bedürfnisse zu befriedigen. „All das", sagte sie, „hat uns Gott gegeben, damit wir Freude daran haben! Das gehört alles uns, denn Gott hat gesagt, daß wir von allen Bäumen im Garten essen dürfen, nur nicht vom Baum der Erkenntnis von Gut und Böse!"

Eva schlenderte in der Nähe des verbotenen Baumes umher, und sie wurde neugierig, zu erfahren, wie von den Früchten eines so schönen Baumes der Tod ausgehen konnte. Sie war sehr erstaunt, als sie ihre Gedanken von einer fremden Stimme wiederholt hörte: „Ja, sollte Gott gesagt haben, daß ihr nicht von allen Bäumen im Garten essen dürft?" Eva war sich nicht bewußt, daß sie ihre

Gedanken in einem Selbstgespräch laut geäußert hatte, deshalb war sie sehr verblüfft, sie von einer Schlange nachgesprochen zu hören. („Review and Herald", 24. Februar 1874)

Mit sanften, freundlichen Worten und mit einer sehr melodischen Stimme sprach er (Satan) die überraschte Eva an. Sie war erstaunt darüber, eine Schlange sprechen zu hören. Diese Schlange lobte ihre Schönheit und ihr liebliches Wesen, und Eva war das nicht unangenehm.

Eva war verblendet, fühlte sich geschmeichelt und war von der Schlange hingerissen. („The Spirit of Prophecy", Bd. 1, S. 35.36)

Sie (Eva) dachte, daß die Schlange tatsächlich ihre Gedanken lesen konnte, und hielt sie deshalb für sehr klug. Sie antwortete ihr: „Wir essen von den Früchten der Bäume im Garten, aber von den Früchten des Baumes mitten im Garten hat Gott gesagt: Eßt nicht davon, rührt sie auch nicht an, daß ihr nicht sterbet." Da sprach die Schlange zu der Frau: „Ihr werdet keineswegs des Todes sterben, sondern Gott weiß, an dem Tag, da ihr davon esset, werden eure Augen aufgetan, und ihr werdet sein wie Gott und wissen, was gut und böse ist." (1 Mo 3,2-5)

An dieser Stelle machte der Vater der Lüge eine Aussage, die im totalen Gegensatz zu Gottes Wort stand. Satan versicherte Eva, daß er unsterblich geschaffen sei und daß auch für sie keine Gefahr zu sterben bestand. Er redete ihr ein, daß Gott wußte, wenn sie vom Baum der Erkenntnis essen würden, bekämen sie größere Verstandeskräfte, hätten mehr Einblick und würden insgesamt Gott gleich ...

Eva fand das Gerede der Schlange sehr weise ... Sie blickte mit großem Verlangen auf den Baum, der mit Früchten überladen war, die sehr wohlschmeckend aussahen. Die Schlange aß davon mit offensichtlichem Genuß.

Eva hatte bei ihrem Bericht über Gottes Gebot übertrieben. Er hatte zu Adam und Eva gesagt: „Aber von dem Baum der Erkenntnis von Gut und Böse sollt ihr nicht essen, denn an dem Tag, da ihr davon essen werdet, müßt ihr sterben."

In ihrem Gespräch mit der Schlange sagte sie: „Ihr sollt sie auch nicht berühren, damit ihr nicht sterbet." Hier ist schon der Einfluß der Schlange zu erkennen. Diese Aussage Evas verschaffte ihr einen Vorteil. („Review and Herald", 24. Februar 1874)

Sie (die Schlange) erklärte ihr, durch den Genuß von diesem Baum erreichten sie beide eine höhere Daseinsform und beträten ein umfassenderes Wissensgebiet. Sie selbst habe von der verbotenen Frucht gegessen und dadurch die Fähigkeit zum Sprechen erlangt. Und sie deutete an, daß der Herr ihnen die Frucht in eifersüchtiger Weise vorenthalte, um sie daran zu hindern, ihm gleich zu werden. Gerade wegen deren wunderbarer Eigenschaft, Weisheit und Stärke zu verleihen, habe Gott ihnen verboten, von ihr zu kosten oder sie auch nur anzurühren. („Patriarchen und Propheten", S. 30.31)

Evas Neugierde war geweckt. Anstatt zu fliehen, hörte sie den Reden der Schlange zu, und es kam ihr gar nicht in den Sinn, daß es sich um den gefallenen Feind handeln konnte, der die Schlange als Medium benutzte. („The Spirit of Prophecy", Bd. 1, S. 36)

Das ganze Universum beobachtete mit großem Interesse diese Auseinandersetzung, die über das Leben von Adam und Eva entscheiden würde. Ganz genau achteten die Engel auf die Worte Satans, des Urhebers der Sünde, der seine eigenen Ideen über die Gebote Gottes erhob und versuchte, durch seine verführerischen Argumente das Gesetz Gottes unwirksam zu machen. Wie aufgeregt sie verfolgten, ob sich das heilige Paar vom Verführer betrügen und sich von seiner Verschlagenheit überrumpeln lassen würde! ...

Satan stellte Gott als Betrüger dar, der seinen Geschöpfen seine größte Gabe vorenthalten wollte. Die Engel hörten mit Trauer und Verwunderung diese Aussagen über das Wesen Gottes, als Satan Gott so darstellte, als habe er seine schlechten Eigenschaften; aber Eva war nicht betroffen, zu hören, wie der große, heilige Gott so zu Unrecht beschuldigt wurde. Wenn sie ... an alle seine Liebesbeweise gedacht hätte, wenn sie zu ihrem Mann geflohen wäre, hätte sie vor den ausgeklügelten Versuchungen des Feindes gerettet werden können. („The Signs of the Times", 12. Mai 1890)

Der Verführer pflückte eine Frucht und reichte sie Eva. Sie nahm sie in die Hand. „Siehst du", sagte er, „es war euch verboten, sie zu berühren, und deswegen solltet ihr sterben". Und nun redete er ihr ein, daß sie, wenn sie die Frucht essen und nicht nur in der Hand halten und berühren würde, genauso wenig Böses erfahren oder gar sterben müßte. Eva wurde ermutigt, weil sie nicht sofort das Mißfallen Gottes verspürte. Sie glaubte, daß die Worte des Verführers sehr klug und richtig waren. Sie aß und fand die Frucht wunderbar. Sie schmeckte ihr sehr gut und sie glaubte, an sich selbst bereits die ersten wunderbaren Auswirkungen der Frucht zu entdecken. („The Spirit of Prophecy", Bd. 1, S. 38)

Der Baum der Erkenntnis (von Gut und Böse) war an sich nicht giftig, und es war nichts daran, was den Tod hätte verursachen können, wenn man davon aß. Der Baum wurde in den Garten gesetzt, um ihre Treue gegenüber Gott zu prüfen. („The Signs of the Times", 13. Februar 1896)

Eva ißt die Frucht und verführt Adam

Eva aß und bildete sich ein, ein neues und viel besseres Lebensgefühl zu haben ... Sie spürte keine negativen Auswirkungen der Frucht und nichts, was als „Sterben" verstanden werden konnte, sondern sie hatte nur ein angenehmes Gefühl, von dem sie glaubte, daß sich so die Engel fühlen müßten. („Testimonies", Bd. 3, S. 72)

Sie pflückte für sich selbst von den Früchten und aß, und dann bildete sie sich ein, daß sie neue Kraft dadurch bekommen habe und sich nun in einer neuen, höheren Daseinsform befände und glaubte, daß dies dem Einfluß der verbotenen Frucht zuzuschreiben sei. Sie befand sich in einer unnatürlichen Aufregung, als sie mit den Händen voll verbotener Früchte zu ihrem Mann kam. Sie berichtete ihm von der klugen Rede der Schlange und wollte ihn gleich zum Baum der Erkenntnis bringen. Sie erzählte ihm, daß sie von der Frucht gegessen habe und anstatt etwas von Tod und Verderben zu spüren, fühle sie sich sehr wohl und angeregt. Sobald Eva sich dem Ungehorsam hingegeben hatte, wurde sie zu einem mächtigen Medium des Ungehorsams, durch das ihr Mann zu Fall gebracht wurde. („The Spirit of Prophecy", Bd. 1, S. 38.39)

In Adams Gesicht trat ein Ausdruck von Trauer. Er war überrascht und bestürzt. Auf Evas Worte entgegnete er, daß dies der Feind gewesen sein müsse, vor dem sie so gewarnt worden waren, und daß sie nach göttlichem Urteil nun sterben müsse. Statt einer Antwort nötigte sie ihn zu essen und wiederholte die Worte der Schlange, daß sie keineswegs sterben müßten. Das mußte wahr sein, denn sie fühlte nichts von göttlichem Mißfallen ...

Adam begriff: seine Gefährtin hatte das einzige Verbot mißachtet, das Gott ihnen zur Prüfung ihrer Liebe und Treue auferlegte. Ein furchtbarer Kampf ging in ihm vor. Er klagte sich an, daß er Evas Entfernung von seiner Seite zugelassen hatte. Aber nun war es geschehen. Jetzt mußte er sich von ihr trennen, die doch seine ganze Freude gewesen war. Adam hatte sich der Gemeinschaft Gottes und seiner heiligen Engel erfreut. Er durfte die Herrlichkeit des Schöpfers sehen. Und er begriff die hohe Bestimmung, die dem Menschengeschlecht zugedacht war, wenn sie Gott treu blieben. Doch verlor er alle diese Segnungen aus den Augen aus Furcht, das eine Geschenk einzubüßen, das alle andern an Wert übertraf.

Liebe, Dankbarkeit und Treue gegenüber dem Schöpfer wurden verdrängt durch die Gefühle für Eva. Sie war ein Teil von ihm, und der Gedanke an Trennung war ihm unerträglich. Er machte sich nicht klar, daß dieselbe Allmacht, die ihn aus Erdstaub zu einer lebendigen, schönen Gestalt erschuf und ihm in Liebe auch eine Gefährtin gab, deren Platz wieder ausfüllen konnte. Er entschied sich dafür, ihr Schicksal zu teilen. Wenn sie sterben mußte, wollte er mit ihr sterben. Konnten nicht vielleicht auch die Worte der klugen Schlange wahr sein? Eva stand so schön und scheinbar unschuldig vor ihm wie vor ihrem Ungehorsam. Sie war noch liebevoller als zuvor. Kein Zeichen des Todes erschien an ihr, und er beschloß, die

Folgen seiner Tat auf sich zu nehmen. Schnell nahm er die Frucht und aß.

Zuerst lebte auch Adam in der Vorstellung, eine höhere Daseinsstufe zu erreichen. Aber nur zu bald erfüllte ihn der Gedanke an seine Sünde mit Entsetzen. Die Luft, die bis dahin mild und gleichmäßig angenehm war, ließ das schuldige Paar erschauern. Liebe und Friede waren dahin. Statt dessen ahnten sie, was Sünde ist, empfanden Furcht vor der Zukunft und fühlten sich schutzlos. Das Lichtgewand, das sie einhüllte, verschwand. Um es zu ersetzen, halfen sie sich mit Schurzen aus Blättern. Denn sie konnten den Augen Gottes und der heiligen Engel nicht unbekleidet begegnen. („Patriarchen und Propheten", S. 32.33)

Satan triumphierte wegen seines Erfolgs. Es war ihm gelungen, die Frau zum Mißtrauen gegen Gott zu verführen, seine Weisheit in Frage zu stellen und er hatte sie dazu veranlaßt, Gottes wunderbare Absichten zu durchkreuzen. Und durch sie war es ihm gelungen, Adam zu überwinden, der aufgrund seiner Liebe zu Eva dem Gebot Gottes ungehorsam wurde und mit ihr sündigte. („The Spirit of Prophecy", Bd. 1, S. 42)

Satan und die gefallenen Engel hatten behauptet, daß niemand Gottes Gebote halten könne, und er wies nun darauf hin, daß der Ungehorsam Adams dies bestätige. („The Signs of the Times", 10. April 1893)

Satan ... prahlte stolz, daß die Welt, die Gott erschaffen hatte, ihm gehöre. Da er Adam bezwungen habe, den Herrn dieser Welt, seien die Menschen seine Untertanen geworden, und deshalb gehöre ihm jetzt auch der Garten Eden, den er zu seinem Hauptquartier zu machen gedenke. Dort wollte er seinen Thron aufrichten und Herrscher der Welt werden. („Review and Herald", 24. Februar 1874)

Der Friedensrat

Die Nachricht vom Sündenfall der Menschen verbreitete sich im Himmel. Alle Harfen verstummten; die Engel nahmen in Trauer ihre Kronen von ihren Köpfen. Es herrschte große Aufregung im Himmel. („The Spirit of Prophecy", Bd. 1, S. 42)

Es wurde eine Beratung einberufen, um zu entscheiden, was mit dem schuldig gewordenen Paar geschehen sollte. („Spiritual Gifts", Bd. 3, S. 44)

Während Jesus mit dem Vater redete, schien die Unruhe der Engel auf das höchste gespannt zu sein. Dreimal wurde Jesus vom herrlichen Licht, das den Vater umgab, umschlossen, und als er das dritte Mal vom Vater kam, konnte man seine Gestalt sehen ... Dann machte er der Engelschar bekannt, daß für den verlorenen Menschen ein Ausweg bereitet sei. Er sagte ihnen, daß er mit seinem Vater darüber gesprochen und sein eigenes Leben als Lösegeld angeboten habe, daß er das Urteil des Todes auf sich nehmen wolle, damit der Mensch durch ihn Vergebung erlangen könnte ...

Zuerst konnten sich die Engel nicht darüber freuen; denn ihr Gebieter verheimlichte ihnen nichts, sondern legte ihnen den Erlösungsplan offen dar. Jesus sagte ihnen, ... er würde all seine Herrlichkeit im Himmel verlassen, als Mensch auf Erden erscheinen ... und durch seine eigene Erfahrung mit den verschiedenen Versuchungen bekannt werden ... Wenn er dann seine Mission als Lehrer beendet hätte, müsse er in die Hände der Menschen überantwortet werden und fast jegliche Schmähung und Qual erdulden, wozu Satan und seine Engel gottlose Menschen anstiften könnten. Er müsse des grausamsten Todes sterben und als ein schuldiger Sünder zwischen Himmel und Erde hängen. Er müsse schreckliche Stunden der Todesangst erleiden, die selbst die Engel nicht mit ansehen könnten, sondern ihre Angesichter vor dem Anblick bedecken würden ...

Die Engel fielen vor ihm nieder und boten ihr Leben zum Opfer an. Jesus sagte ihnen, daß er durch seinen Tod viele retten, daß aber das Leben eines Engels die Schuld nicht tilgen könne. Sein Leben allein könne vom Vater als Lösegeld für den Menschen angenommen werden. („Frühe Schriften von Ellen G. White", S. 135.136)

Die Engel befürchteten, daß sie (Adam und Eva) von der Frucht des Lebensbaumes essen und so zu unsterblichen Sündern werden könnten. Aber Gott sagte, daß er die Übertreter aus dem Garten vertreiben würde, und sofort wurden Engel damit beauftragt, den Weg zum Baum des Lebens zu bewachen. („Spiritual Gifts", Bd. 1, S. 22)

Der Engel, der Adam vor seinem Sündenfall in Eden beschützte, wurde nun angewiesen, das Tor zum Paradies und den Weg zum Baum des Lebens zu bewachen. („Review and Herald", 24. Februar 1874)

Als Adam und Eva begriffen, wie wertvoll und heilig das Gesetz Gottes war, und daß ihre Übertretung ein so großes Opfer notwendig machte, damit sie und ihre Nachkommen vor dem ewigen Untergang gerettet werden konnten, boten sie an, daß sie sterben wollten, daß sie und ihre Nachkommen die Strafe auf sich nehmen wollten, statt daß der geliebte Sohn Gottes ein solch großes Opfer für sie bringen sollte ...
Adam wußte, daß kein Engel die Schuld mit seinem Leben bezahlen konnte. Das Gesetz Jahwes, die Grundlage seiner Regierung im Himmel und auf Erden, war so heilig wie Gott selbst; und aus diesem Grunde konnte Gott nicht das Opfer eines Engels für diese Übertretung annehmen ... Der Vater konnte nicht einen Gedanken seines Gesetzes abschaffen oder verändern, um den Menschen in ihren sündigen Lebensbedingungen entgegenzukommen. Aber der Sohn Gottes, der gemeinsam mit dem Vater die Menschen geschaffen hatte, konnte ein Sühnopfer darbringen, das für Gott annehmbar war ...
Als Adam, entsprechend den Anweisungen Gottes, ein Sündopfer darbrachte, war das für ihn eine sehr schmerzliche Zeremonie. Er mußte mit seinen eigenen Händen Leben nehmen, das nur Gott allein geben konnte, und es für seine Sünde opfern. Es war das erste Mal, daß er mit dem Tod in Berührung kam. Als er auf das blutende Opfer in seinem Todeskampf blickte, sollte er dadurch im Glauben vorausschauen auf den Sohn Gottes, den es symbolisierte. („The Spirit of Prophecy", Bd. 1, S. 50-53)

Adam und Eva werden aus Eden vertrieben

Sie (Adam und Eva) wurden darüber informiert, daß sie ihre Heimat im Garten Eden verlassen mußten ... Denn es wäre gefährlich gewesen, wenn sie im Garten geblieben wären und in ihrem sündigen Zustand Zugriff zum Baum des Lebens gehabt hätten. („The Spirit of Prophecy", Bd. 1, S. 44)

Nach ihrer Sünde durften sie (Adam und Eva) nicht länger in Eden wohnen. Sie baten sehr darum, im Heim ihrer Unschuld und Freude bleiben zu dürfen. Sie räumten ein, das Recht darauf verwirkt zu haben, und gelobten für die Zukunft unbedingten Gehorsam. Aber sie wurden abgewiesen mit der Begründung, ihre Natur sei durch die Sünde so verderbt, daß sich ihre Widerstandskraft gegen den Bösen verringert habe und sie ihm deshalb um so leichteren Zugang gewährt hätten. In ihrer Unschuld hatten sie der Versuchung nachgegeben. Im Bewußtsein ihrer Schuld würden sie noch weniger Kraft haben, rechtschaffen zu bleiben.

Demütig und unsagbar traurig sagten sie ihrer schönen Heimat Lebewohl und gingen hinaus, um eine Erde zu bewohnen, auf der nun der Fluch der Sünde lastete. („Patriarchen und Propheten", S. 38)

Heilige Engel wurden gesandt, um das ungehorsame Paar aus dem Garten zu vertreiben, während andere Engel den Weg zum Baum des Lebens bewachten. Jeder dieser mächtigen Engel hielt in seiner rechten Hand ein gleißendes Schwert. („Spiritual Gifts", Bd. 1, S. 45)

Starke Engel mit Schwertern aus strahlenden Lichtbündeln, die in jede Richtung leuchteten, wurden als Wachposten aufgestellt, um den Zugang zum Baum des Lebens vor Satan und dem schuldig gewordenen Paar zu bewachen. („Review and Herald", 24. Februar 1874)

Satan hatte sich ausgedacht, daß Adam und Eva Gott ungehorsam sein und sein Mißfallen erregen sollten, um dann vom Baum des Lebens zu essen und ihr Leben in Sünde fortzusetzen. Aber es wurden heilige Engel gesandt, um ihnen den Zugang zu dem Baum zu verwehren. Um diese Engel herum zuckten auf allen Seiten gebündelte Lichtstrahlen, die aussahen wie gleißende Schwerter. („The Spirit of Prophecy", Bd. 1, S. 44)

Nach dem Sündenfall forderte Satan seine Engel dazu auf, sich besondere Mühe zu geben, den Menschen einzureden, daß sie von ihrer Natur her unsterblich seien. Und wenn sie ihnen diese falsche Vorstellung glaubhaft gemacht hätten, sollten sie ihnen einreden, daß die Sünder in ewigem Elend leben müssen. („The Spirit of Prophecy", Bd. 4, S. 354)

Kapitel 6

Die Engel vor und nach der Sintflut

Der Erlösungsplan, eingehender erklärt

Die Engel hielten nach dem Sündenfall weiterhin Kontakt zu Adam und unterrichteten ihn über den Erlösungsplan und darüber, daß es für die Menschheit durchaus noch die Möglichkeit der Erlösung gab. („Spiritual Gifts", Bd. 3, S. 52)

Die Engel informierten Adam darüber, daß seine Übertretung zwar den Tod und das Leid in die Welt gebracht habe, daß aber das Opfer Jesu Christi Leben und Unsterblichkeit ans Licht bringen werde. („The Spirit of Prophecy", Bd. 1, S. 51)

Der Garten Eden blieb auch nach der Ausweisung des Menschen auf Erden erhalten. Das gefallene Menschengeschlecht hatte noch lange die Möglichkeit, sein ehemaliges Heim der Unschuld zu sehen, dessen Zugang ihm nur durch die hütenden Engel verwehrt war. („Patriarchen und Propheten", S. 39)

Cherubim bewachen den Eingang zum Paradies

An der von Cherubim bewachten Pforte des Paradieses offenbarte sich Gottes Herrlichkeit. Hierher kam Adam mit seinen Söhnen, um Gott anzubeten ...

Solange Eden im Blickfeld der Menschen stand und der Eingang von wachsamen Engeln versperrt wurde, konnte niemand an seinem Vorhandensein zweifeln. Die Schöpfungsordnung, der Zweck des Gartens, die Geschichte der beiden Bäume, die so eng mit dem Schicksal des Menschen verbunden waren, blieben unbestrittene Tatsachen. Und solange Adam lebte, waren Gottes Dasein und höchste Autorität sowie die Verbindlichkeit seines Gesetzes Wahrheiten, die die Menschen nicht so bald in Frage stellten. („Patriarchen und Propheten", S. 39.62)

Kain und Abel waren über die Voraussetzungen der Erlösung für die Menschheit unterrichtet. Es wurde ein Opferdienst von ihnen gefordert, der in demütigem Gehorsam ausgeführt werden sollte. Damit sollten sie Gott die Ehre erweisen und ihren Glauben an den zukünftigen Erlöser und ihre Abhängigkeit von ihm zeigen, indem sie mit großem Ernst die Erstlinge ihrer Herde Gott als Brandopfer darbrachten ...

Er (Kain) war nicht gewillt, sich diesem Plan, der auf Gehorsam basierte, zu unterwerfen und sich ein Lamm zu beschaffen, das er mit den Früchten des Feldes hätte opfern können. Er mißachtete die Forderung Gottes ... Abel ermahnte seinen Bruder, sich Gott nicht ohne ein Blutopfer zu nähern. Kain, der der Ältere war, hörte nicht auf seinen Bruder ...

Abel brachte von den Erstlingen seiner Herde und verbrannte auch das Fett, wie Gott es befohlen hatte; und er opferte im Glauben an den kommenden Erlöser, mit demütiger Ehrerbietung. Gott nahm sein Opfer an. Ein Blitz kam vom Himmel und verzehrte das Opfer Abels. Kain sah keinerlei Anzeichen, daß auch sein Opfer angenommen war. Er wurde zornig auf Gott und auf seinen Bruder. Gott gab seine Zustimmung, daß ein Engel zu Kain geschickt wurde, der mit ihm sprechen sollte.

Der Engel fragte ihn nach der Ursache seines Zorns und teilte ihm mit, daß er sich nach dem Willen Gottes richten solle und daß, wenn er den Anweisungen recht folgte, auch sein Opfer von Gott angenommen würde. Falls er sich jedoch nicht demütig Gottes Anweisungen unterordnen und glaubend gehorchen würde, könnte Gott sein Opfer nicht annehmen. Der Engel sagte Kain, daß Gott nicht ungerecht sei und auch Abel nicht bevorzuge, sondern wegen seiner Sünde, die im Ungehorsam gegen Gottes ausdrückliches Gebot bestand, könne Gott sein Opfer nicht akzeptieren ... Aber auch als er genau unterrichtet worden war, bereute Kain nicht ... In Eifersucht und Haß beginnt er Streit mit Abel und greift ihn an ... Während Abel Gottes Anweisungen ausführt, wird Kain wütend, und seine Wut nimmt immer mehr zu, bis er Abel schließlich in brennendem Zorn erschlägt. („Spiritual Gifts", Bd. 3, S. 47-49)

Adam und die Engel unterrichten die Menschen, die vor der Sintflut lebten

Der Vorzug jener Menschen damals, Gotteserkenntnis durch seine Werke zu gewinnen, blieb bis heute unübertroffen. Es war demnach keine Zeit geistlicher Finsternis, sondern vielmehr großer Erkenntnis. Alle Menschen konnten sich von Adam unterrichten lassen, und die Gottesfürchtigen wurden dazu von Christus und den Engeln unterwiesen. („Patriarchen und Propheten", S. 61.62)

Die Menschen lebten zu dieser Zeit (vor der Sintflut) fast tausend Jahre und die Engel besuchten sie und brachten ihnen Anweisungen direkt von Christus. („Selected Messages", Bd. 1, S. 230)

Henoch

Henoch hörte unmittelbar von den Lippen Adams die schmerzliche Geschichte des Sündenfalles, aber auch die wunderbare Geschichte von Gottes vergebender Gnade, die seinen Sohn zum Erlöser der Welt ausersehen hatte. Er glaubte und vertraute auf die gegebenen Versprechen. Henoch war ein heiliger Mensch. Er diente Gott von ganzem Herzen. Er sah, wie verdorben die Menschen geworden waren, und sonderte sich von den Nachkommen Kains ab; und er ermahnte sie wegen ihrer Bosheit ... Es quälte seine Seele, wenn er sah, wie sie tagtäglich die Autorität Gottes mit Füßen traten ... Er beschloß, sich von ihnen zu trennen, und er verbrachte viel Zeit in der Einsamkeit, in Andacht und Gebet. Er blieb in der Stille vor

Gott, um seinen Willen besser zu verstehen und auszuleben. Gott verkehrte mit Henoch durch seine Engel und vermittelte ihm so seine göttlichen Anweisungen. Er ließ ihn wissen, daß er mit den abtrünnigen Menschen nicht ewig Geduld haben werde, sondern daß beabsichtigt sei, sie durch eine Wasserflut, die über die Erde kommen würde, zu vernichten.

Der Herr gewährte Henoch einen tieferen Einblick in den Erlösungsplan und zeigte ihm durch den Geist der Weissagung die Generationen von Menschen, die nach der Sintflut die Erde bevölkern sollten. Darüber hinaus offenbarte er ihm die großen Ereignisse im Zusammenhang mit dem zweiten Kommen Christi und dem Ende der Welt.

Henoch sorgte sich um den Zustand der Toten. Es erschien ihm so, daß die Gerechten und die Abtrünnigen gleichermaßen zu Erde würden, und daß dies ihr Ende sei. Er konnte das Leben der Gerechten jenseits des Grabes nicht recht verstehen. In einer prophetischen Vorausschau wurde er auf Jesus, der als Opfer für die Menschen sterben sollte, und auf die Wiederkunft Christi in den Wolken des Himmels, in Begleitung des Engelsheeres hingewiesen. Dann werden die Toten aus ihren Gräbern auferstehen, und die gerechten Toten werden neues Leben erhalten ...

Henoch berichtete den Menschen getreulich alle Einzelheiten, die ihm der Geist der Weissagung offenbart hatte. Einige glaubten an seine Worte, bekehrten sich von ihrer Bosheit, fürchteten Gott und beteten ihn an. („The Signs of the Times", 20. Februar 1879)

Er (Henoch) zog sich von Zeit zu Zeit zurück, um zur Ruhe zu kommen, und er ließ nicht zu, daß ihn die Menschen fanden, denn sie störten seine Andacht und seine Gemeinschaft mit Gott. Er sonderte sich aber nicht die ganze Zeit von den Menschen ab, die ihn liebten und auf seine Worte der Weisheit hörten.

Auch die Gesellschaft der verdorbenen Menschen mied er nicht gänzlich. Er traf sich zu bestimmten Zeiten mit den Guten und ebenso mit den Bösen und er bemühte sich um die Gottlosen, um sie von ihrer verkehrten Lebensweise zu bekehren. („Spiritual Gifts", Bd. 3, S. 56)

Durch seinen ständigen Umgang mit Gott wurde Henoch den Engeln immer ähnlicher ... Der Herr liebte Henoch, weil er ihm standhaft nachfolgte und die Sünde mied. Er forschte ernsthaft nach dem vollkommenen Willen Gottes und bemühte sich, danach zu leben. Er sehnte sich nach einer immer engeren Bindung an Gott, den er fürchtete, ehrte und anbetete. Deshalb wollte Gott nicht, daß Henoch wie ein gewöhnlicher Mensch sterben sollte. Gerechte und Ungerechte waren dabei, als Henoch aus ihrer Mitte entrückt wurde. Die Menschen, die ihn geliebt hatten, glaubten, daß Gott ihn an einen der Orte gebracht habe, wohin er sich manchmal zurückgezogen hatte, aber so sehr sie auch nach ihm suchten, sie konnten ihn nirgends finden. Und sie berichteten, daß sie ihn nicht finden konnten, weil Gott ihn zu sich geholt hatte. („The Signs of the Times", 20. Februar 1879)

Von einem feurigen Wagen, der von Gott gesandt war, wurde dieser heilige Mann in den Himmel gebracht. („Review and Herald", 19. April 1870)

Der Herr hat mir auch einen Blick auf andere Welten gestattet. Es wurden mir Flügel gegeben, und ein Engel begleitete mich aus der Stadt zu einem großen und herrlichen Ort ... Alsdann wurde ich zu einer Welt genommen, die sieben Monde hat. Dort sah ich den alten Henoch, der verwandelt worden war. In seinem rechten Arm trug er eine herrliche Palme, und auf jedem Blatt stand geschrieben „Sieg". Um sein Haupt lag ein blendend weißer Kranz, und der Kranz hatte Blätter, und in der Mitte eines jeden Blattes stand geschrieben „Reinheit". Um die Blätter herum waren Steine von verschiedenen Farben, die heller glänzten als die Sterne und einen Widerschein auf die Schrift warfen und sie verschönerten. Hinten an seinem Kopf war eine Schleife, die den Kranz zusammenhielt, und auf der Schleife stand geschrieben „Heiligkeit". Über dem Kranz befand sich eine herrliche Krone, die heller leuchtete als die Sonne.
Ich fragte ihn, ob dies der Ort sei, an den er von der Erde aus gekommen sei. Er antwortete: „Nein, die Stadt ist mein Heim, ich

habe diesen Platz nur besucht." („Frühe Schriften von Ellen G. White", S. 30.31)

Henoch repräsentiert die Menschen, die am Ende auf Erden leben und nicht sterben, sondern verwandelt und in den Himmel aufgenommen werden. Er ist wie die Menschen, die mitten in den Gefahren der letzten Tage leben, aber dem allgemeinen Sittenverfall, der Unredlichkeit und Bosheit widerstehen und von alledem unberührt bleiben.

Auch wir können standhaft sein wie Henoch. Es wurde für uns vorgesorgt ... Starke Engel Gottes wurden ausgesandt, um allen Erben der Erlösung beizustehen. Wenn diese Engel sehen, daß wir unser Möglichstes tun, um zu Überwindern zu werden, werden sie ihren Teil dazu beitragen, uns mit ihrem Licht umgeben und den Einfluß der bösen Engel, die um uns herum sind, von uns fernhalten. Sie werden um uns einen Schutzwall errichten, wie eine Wand aus Feuer. („Review and Herald", 19. April 1870)

Noah

Die Menschen, die während der Zeit Noahs und Abrahams lebten, waren nach Aussehen und Kraft den Engeln ähnlicher als wir. Aber jede Generation wurde ein wenig schwächer. („Spiritual Gifts", Bd. 1, S. 69)

Länger als hundert Jahre vor der Sintflut sandte Gott einen Engel zu dem gläubigen Noah, um ihn wissen zu lassen, daß er mit dieser verdorbenen Menschheit nun nicht mehr länger Geduld haben werde.

Aber sie sollten nicht unvorbereitet bleiben. Er unterrichtete Noah und machte ihn zu einem treuen Verkündiger, der die Welt vor der kommenden Zerstörung warnen sollte, damit keiner der Bewohner der Erde eine Entschuldigung habe ...

Engel wurden ausgesandt, um auf den Feldern und in den Wäldern die Tiere, die Gott erschaffen hatte, zu sammeln. („The Spirit of Prophecy", Bd. 1, S. 69.72)

Engel gingen vor den Tieren her, und diese folgten ihnen zwei und zwei, Männchen und Weibchen, und von den reinen Tieren jeweils sieben. („Spiritual Gifts", Bd. 3, S. 67)

Jetzt war alles bereit, um die Arche zu verschließen. Das konnte Noah nicht von innen tun. Ein Engel, der in helles Licht gekleidet war, kam vom Himmel, schloß die schwere äußere Türe vor den Augen der gaffenden Menge zu und kehrte dann wieder in den Himmel zurück. („The Spirit of Prophecy", Bd. 1, S. 72)

Die Sintflut kommt

Ungeachtet der eindrucksvollen Bekundungen der Macht Gottes, deren Zeugen die Menschen vor der Sintflut wurden – der unnatürlichen Zuwanderung der Tiere aus dem Wald und aus den Feldern, dem Einzug in die Arche, dem Engel Gottes im hellen Lichtkleid, der voll beeindruckender Majestät die Türe von außen verschloß –, hörten sie nicht auf zu spotten und verhärteten ihre Herzen gegen die Offenbarung göttlicher Macht. Aber am achten Tag sammelten sich schwarze Wolken am Himmel ... Regen kam aus den Wolken über ihnen. Das war etwas, was es noch nie gegeben hatte ... Der Sturm wurde immer schlimmer, bis das Wasser in Strömen vom Himmel stürzte ... Aus der Erde bahnten sich gewaltige Fontänen den Weg und schleuderten durch ihre Kraft große Felsstücke hoch in die Luft, die mit Wucht herunterfielen und wieder tief in der Erde verschwanden ...

Die Gewalt des Sturmes nahm immer mehr zu. Sein Heulen mischte sich mit dem Toben der Elemente und dem Gejammer der Menschen, die die Macht Gottes abgelehnt hatten. Bäume, Gebäude und Felsen flogen in alle Richtungen. Die Angst der Menschen und Tiere war unbeschreiblich groß. Und sogar Satan, der sich inmitten der tobenden Naturgewalten aufhielt, fürchtete um seine Existenz ...

Engel, die über wunderbare Kräfte verfügten, lenkten die Arche und bewahrten sie vor Schaden. In jedem Augenblick dieses schrecklichen Sturmes, der vierzig Tage und Nächte andauerte, wurde die Arche durch die Kraft Gottes beschützt. („The Spirit of Prophecy", Bd. 1, S. 73.75)

Nach der Sintflut

Aufgeregt warteten Noah und seine Familie auf den Rückgang des Wassers. Er wünschte sich sehr, wieder festen Boden unter den Füßen zu haben. Er sandte einen Raben aus, der hin und her flog und dann wieder zur Arche zurückkam. Das brachte Noah nicht die Information, auf die er so sehr wartete. Und so sandte er bald darauf eine Taube aus, aber auch sie fand keinen Platz, wo sie sich hätte niederlassen können und kam bald zurück zur Arche.

Nach sieben Tagen wurde die Taube noch einmal auf den Weg geschickt, und als sie mit einem Ölzweig im Schnabel zurückkam, war die Freude der achtköpfigen Familie, die so lange in der Arche eingeschlossen war, unbeschreiblich groß. Wieder kam ein Engel vom Himmel und öffnete die Tür. Noah konnte das Dach der Arche zwar öffnen, nicht aber die Tür, die Gott selbst zugeschlossen hatte. Gott sprach durch den Engel mit Noah und gebot ihm, aus der Arche herauszugehen und alle lebendigen Wesen mit sich zu nehmen ...

Als Noah aus der Arche heraustrat, sah er die ganzen wilden Tiere. Dann blickte er auf seine Familie und war sehr besorgt, daß diese Tiere ihnen etwas antun könnten. Aber der Herr sandte seinen Engel zu Noah und ließ ihm sagen: „Furcht und Schrecken vor euch sei über allen wilden Tieren auf Erden und über allen Vögeln unter dem Himmel, über allem, was auf dem Erdboden wimmelt, und über allen Fischen im Meer; in eure Hände seien sie gegeben. Alles, was sich regt und lebt, das sei eure Speise; wie das grüne Kraut habe ich's euch alles gegeben." (1 Mo 9,2.3) („Spiritual Gifts", Bd. 1, S. 76.78.79)

Der Turmbau zu Babel

Einige der Nachkommen Noahs wandten sich sehr bald wieder von Gott ab ... Manche glaubten nicht mehr an die Existenz Gottes, ...

andere glaubten daran ... Diejenigen, die zu Feinden Gottes geworden waren, fühlten sich ständig von den Gesprächen der Gerechten und dem Gott wohlgefälligen Leben derer, die Gott liebten, ihm gehorchten und ihn ehrten, angegriffen. So beratschlagten die Gottlosen untereinander, daß sie sich von den gläubigen Menschen trennen wollten ... Sie zogen von ihnen fort und wählten sich eine große Ebene als Wohnort. Sie bauten sich eine Stadt und beschlossen dann, auch noch einen Turm zu bauen, der bis an die Wolken reichen sollte, damit sie ... nie mehr zerstreut würden ... Der Turm sollte so hoch sein, daß er bei der nächsten Flut aus dem Wasser ragen und für sie ein Zufluchtsort sein würde ... dann wären sie wie Gott und könnten andere Menschen beherrschen ...

Sie strebten danach, größer zu sein als Gott, aber er ließ nicht zu, daß sie ihr Werk vollendeten. Sie hatten ihren Turm schon ziemlich hoch gebaut, als Gott zwei Engel zu ihnen sandte, die ihre Arbeit behindern sollten. Die Engel verwirrten ihre Sprache. Danach war keine Zusammenarbeit mehr möglich. Sie waren ärgerlich aufeinander und konnten sich nicht erklären, warum sie sich gegenseitig nicht mehr verstanden und warum es zu so vielen Mißverständnissen kam. Schließlich trennten sie sich voneinander und zerstreuten sich über die ganze Erde. Bis dahin hatten die Menschen nur eine einzige Sprache gesprochen. Als Zeichen des Zornes Gottes, brachen Blitze aus dem Himmel die Spitze des Turmes ab, und sie stürzte zu Boden. („The Spirit of Prophecy", Bd. 1, S. 91-93)

Kapitel 7

Engel im Zeitalter der Patriarchen

Abraham

Gott zeichnete Abraham aus, denn seine Engel wandelten und redeten mit ihm wie mit einem Freund. („Patriarchen und Propheten", S. 116)

Der Herr teilte Abraham seinen Willen durch Engel mit. Auch Christus erschien ihm und vermittelte ihm eine klare Vorstellung vom Sittengesetz Gottes und von der wunderbaren Erlösung, die durch ihn bewirkt werden würde. („Review and Herald", 29. April 1875)

Nach der Geburt Ismaels kam Gott noch einmal zu Abraham und sprach zu ihm: „Ich will einen Bund aufrichten zwischen dir und deinen Nachkommen aller Generationen, und es wird ein ewiger Bund sein."

Und noch einmal wiederholte der Herr durch einen Engel sein Versprechen, daß er Sara einen Sohn schenken werde, und daß sie die Mutter vieler Nationen werden sollte. („The Spirit of Prophecy", Bd. 1, S. 96)

Als Gott Sodom mit einem Strafgericht bedrohte, verbarg er es nicht vor Abraham, und dieser wurde zum Fürsprecher der Sünder bei Gott. Seine Begegnung mit den Engeln ist auch ein schönes Beispiel für Gastfreundschaft.

Zur Mittagszeit eines heißen Sommertages saß der Erzvater im Eingang seines Zeltes und schaute über die friedliche Landschaft, als er in der Ferne drei Wanderer näherkommen sah. Ehe sie sein Zelt erreichten, machten sie halt, als ob sie miteinander berieten. Ohne darauf zu warten, daß sie ihn um seine Hilfe baten, stand Abraham schnell auf; und da sie sich scheinbar in eine andere Richtung wandten, eile er ihnen nach und nötigte sie mit größter Höflichkeit, ihm die Ehre zu erweisen und zur Erfrischung bei ihm zu verweilen.

Er selber brachte ihnen Wasser, um ihnen die Füße vom Staub der Reise zu reinigen. Er wählte persönlich die Speisen für sie aus. Während sie sich im kühlen Schatten ausruhten, ließ er ein Mahl bereiten und stand ehrerbietig daneben, während sie seine Gastfreundschaft genossen ...

Abraham hatte in seinen Gästen nur drei müde Wanderer gesehen und dachte nicht daran, daß er einen von ihnen hätte anbeten dürfen, ohne sich zu versündigen. Bald aber wurde das wahre Wesen der Himmelsboten offenbar. Sie waren zwar als Verkünder des Zorns unterwegs, sprachen aber zu dem Glaubensmann Abraham zuerst von Segnungen ...

Abraham hatte Gott die Ehre gegeben, und nun würdigte der Herr ihn, in seine Pläne eingeweiht zu werden und seine Absichten zu erfahren ... Gott kannte das Maß der Sünden Sodoms sehr wohl. Aber er bediente sich menschlicher Ausdrucksweise, damit man die Gerechtigkeit seiner Handlungsweise verstünde. Ehe er die Übertreter richtete, wollte er ihren Wandel prüfen. Wenn sie die Grenzen der göttlichen Gnade nicht überschritten hatten, würde er ihnen noch Raum zur Buße zubilligen. („Patriarchen und Propheten", S. 116-118)

Die Zerstörung von Sodom und Gomorra

Zwei der himmlischen Boten brachen auf und ließen Abraham mit dem allein, von dem er nun wußte, daß er Gottes Sohn war ... Mit tiefer Ehrfurcht und Demut brachte er seine dringende Bitte vor: „Ich habe mich unterwunden, zu reden mit dem Herrn, wiewohl

ich Erde und Asche bin." (1 Mo 15,27) ... Er trat vor den himmlischen Boten und trug seine Bitte eindringlich vor.

Obwohl Lot ein Einwohner Sodoms geworden war, beteiligte er
sich doch nicht an ihren Freveltaten. Deshalb war Abraham der
festen Überzeugung, daß es in jener volkreichen Stadt auch noch
andere Anbeter des wahren Gottes geben müsse. Im Hinblick darauf bat er: „Das sei ferne von dir, daß du das tust und tötest diesen
Gerechten mit dem Gottlosen ... Das sei ferne von dir! Sollte der
Richter aller Welt nicht gerecht richten?" (1 Mo 18,25) Und Abraham bat nicht nur einmal. Als seine Bitten gewährt wurden, wagte
er zunehmend mehr, bis er das Versprechen erhielt, daß die Stadt
verschont würde, selbst, wenn nur zehn Gerechte in ihr gefunden
würden. („Patriarchen und Propheten", S. 118)

Zwei Engel besuchen Lot

In der Abenddämmerung nahten sich dem Stadttor zwei Fremde.
Es waren offensichtlich Reisende, die über Nacht bleiben wollten.
Niemand hätte hinter diesen unauffälligen Wanderern Boten des
Gerichts vermutet. Die heitere sorglose Volksmenge ließ sich nicht
träumen, daß sie mit ihrer Behandlung der göttlichen Sendboten in
dieser Nacht den Gipfel der Schuld erreichten und damit das
Schicksal ihrer stolzen Stadt besiegelten. Ein einziger Mann erwies
den Fremden freundliche Aufmerksamkeit und lud sie in sein
Heim. Lot erkannte ihr wahres Wesen nicht, aber er war es ge-
wöhnt, höflich und gastfrei zu sein. („Patriarchen und Propheten",
S. 136)

Die Engel offenbarten Lot deshalb ihren Auftrag: „Wir werden
diese Stätte verderben, weil das Geschrei über sie groß ist vor dem
Herrn; der hat uns gesandt, sie zu verderben." (1 Mo 19,13) Lot hatte die Fremdlinge schützen wollen. Jetzt versprachen sie, ihn und
alle seine Familienangehörigen zu retten, die mit ihm aus der gottlosen Stadt fliehen würden ... So ging Lot hinaus, um seine Kinder zu
warnen. Er wiederholte ihnen die Worte des Engels: „Macht euch
auf und geht aus diesem Ort, denn der Herr wird diese Stadt ver-

derben." (1 Mo 19,14) Aber sie sahen das Ganze als Scherz an und lachten über seine abergläubische Furcht ...

Bedrückt kehrte Lot nach Hause zurück und berichtete von seinem Mißerfolg. Darauf geboten ihm die Engel, mit seiner Frau und seinen Töchtern, die noch bei ihnen lebten, die Stadt zu verlassen ... Von Kummer betäubt, zögerte er noch immer und konnte sich nicht zum Aufbruch entschließen. Ohne Gottes Engel hätten sie alle in Sodom ihren Untergang gefunden. Darum ergriffen die himmlischen Boten ihn, seine Frau und seine Töchter bei der Hand und führten sie aus der Stadt.

Hier verließen die Engel sie und kehrten nach Sodom zurück, um das Vernichtungswerk auszuführen. Ein anderer – er, mit dem Abraham verhandelt hatte – näherte sich nun Lot ...

Obwohl der Fürst des Lebens ihm zur Seite stand, bat Lot für sein Leben, als könne Gott, der ihm bis dahin soviel Fürsorge und Liebe erwiesen hatte, ihn nicht auch weiterhin bewahren. Er hätte sich dem himmlischen Boten vollkommen anvertrauen und sein Leben, ohne Zögern, in die Hände des Herrn legen sollen. Aber wie so viele bemühte auch er sich, eigene Pläne vorzubringen ...

Noch einmal wurde ihm dringend Eile geboten, denn der Feuersturm würde nicht länger auf sich warten lassen. Eine aber wagte den Blick zurück auf die untergehende Stadt und wurde zu einem Mahnmal des göttlichen Gerichts. („Patriarchen und Propheten", S. 135-140)

Abraham wird geprüft

Als Abraham nahezu hundert Jahre alt war, wiederholte Gott die Verheißung eines Sohnes mit der Versicherung, daß der künftige Erbe das Kind Saras sein würde ... Isaaks Geburt brachte nach lebenslangem Warten die Erfüllung ihrer sehnlichsten Hoffnungen und erfüllte die Zelte Abrahams und Saras mit Freude ...

Sara sah in Ismaels Aufsässigkeit eine dauernde Quelle der Zwietracht, und so drang sie in Abraham, Hagar und Ismael aus dem Lager zu entfernen. Das brachte den Patriarchen in arge Bedrängnis. Wie konnte er Ismael, den noch immer geliebten Sohn verstoßen? In seiner Not flehte er um göttliche Führung. Da befahl ihm Gott durch einen Engel, Saras Wunsch nachzugeben ... Ihm wurde aber die tröstliche Zusage gegeben, daß Ismael auch fern vom Heim des Vaters nicht von Gott verlassen sein würde. Er sollte am Leben bleiben und der Vater eines großen Volkes werden. Abraham gehorchte den Worten des Engels, aber nicht ohne bitteres Weh. („Patriarchen und Propheten", S. 125.126)

Gott hatte Abraham zum Vater der Gläubigen berufen. Sein Leben sollte für spätere Geschlechter beispielgebend sein. Aber noch war sein Glaube unvollkommen ... Damit er die höchste Reife erlange, legte ihm Gott eine Prüfung auf, die härter war, als sie je ein Mensch zu erdulden hatte. In einem Nachtgesicht gab er ihm die Weisung, ins Land Morija zu gehen und dort auf einem Berge, den er ihm zeigen würde, seinen Sohn als Brandopfer darzubringen ...

Der Auftrag mußte das Herz des Vaters mit Seelenqual erfüllen: „Nimm Isaak, deinen einzigen Sohn, den du liebhast ... und opfere ihn zum Brandopfer." (1 Mo 22,2) Isaak war der Sonnenschein des Hauses, der Trost seines Alters und vor allem der Erbe des verheißenen Segens ...

Satan war bereit, ihm einzuflüstern, daß er sich getäuscht haben müsse, denn das Gesetz Gottes lautete: „Du sollst nicht töten." (2 Mo 20,13) Gott könne doch nicht fordern, was er einst verboten hatte. Abraham trat aus seinem Zelt und schaute auf zu der stillen Pracht des wolkenlosen Himmels. Er rief sich die Zusage in die Erinnerung zurück, die er vor beinahe fünfzig Jahren erhalten hatte, daß seine Nachkommen zahllos sein würden wie die Sterne. Wie könnte Isaak getötet werden, wenn diese Verheißung doch durch ihn in Erfüllung gehen sollte? ...

Abraham war versucht zu glauben, daß er einer Täuschung erlegen sei ... Er erinnerte sich der gottgesandten Engel, die ihm Sodoms Zerstörung ankündigten. Sie brachten ihm auch die Verheißung dieses Sohnes Isaak. Es zog ihn dorthin, wo er sie einige Male getroffen hatte, in der Hoffnung, ihnen wieder zu begegnen und andere Weisungen zu erhalten. Aber niemand kam ihm zu Hilfe. („Patriarchen und Propheten", S. 126-128)

Den ganzen Tag über hoffte er, einen Engel zu treffen, der ihn segnen und trösten oder vielleicht den Befehl Gottes widerrufen würde, aber kein Botschafter der Barmherzigkeit erschien ... Als der zweite lange Tag zu Ende ging, begann eine weitere lange Nacht, die er in demütigem Gebet verbrachte, und dann begann der dritte Tag. („The Signs of the Times", 1. April 1875)

An dem bezeichneten Platz bauten sie den Altar und legten das Holz darauf. Dann eröffnete Abraham seinem Sohn mit zitternder Stimme die göttliche Botschaft. Erschrocken und bestürzt hörte Isaak von seinem Schicksal, aber er leistete keinen Widerstand ... Er teilte Abrahams Glauben und war bereit, Gott sein Leben zum Opfer zu bringen ...

Und nun kam der Abschied, die letzten Worte, die letzten Tränen, die letzte Umarmung. Der Vater hob das Messer, um seinen Sohn zu töten. Da wurde sein Arm plötzlich festgehalten. Ein Engel vom Himmel rief dem Erzvater zu: „Abraham! Abraham!" Schnell antwortete er: „Hier bin ich." Abermals hörte er die Stimme: „Lege deine Hand nicht an den Knaben und tu ihm nichts; denn nun weiß ich, daß du Gott fürchtest und hast deines einzigen Sohnes nicht verschont um meinetwillen." (1 Mo 22,11.12) ...

Gott gab seinen Sohn in einen Tod der Schmach und Schande. Die Engel, die Zeugen der Erniedrigung und Seelenangst des Sohnes Gottes wurden, durften nicht eingreifen wie bei Isaak. Keine Stimme durfte rufen: „Es ist genug." Der König der Herrlichkeit gab sein Leben, um die gefallenen Menschen zu retten ...

Die Himmelsbewohner waren Zeugen, als Gott Abrahams Glauben und Isaaks Ergebung prüfte ... Der ganze Himmel schaute mit Staunen und Bewunderung auf Abrahams unwandelbaren Gehorsam und zollte seiner Treue Anerkennung. Satans Anklagen erwiesen sich als falsch ...

Selbst die Engel vermochten das Geheimnis der Erlösung nur schwer zu erfassen. Sie konnten kaum verstehen, daß der Herr des Himmels, der Sohn Gottes, für schuldige Menschen sterben müsse. Als Gott Abraham die Opferung seines Sohnes befahl, erregte dies die Anteilnahme aller himmlischen Wesen. Mit tiefem Ernst beobachteten sie jeden Schritt hin zur Erfüllung jener Forderung. Abraham antwortete auf Isaaks Frage: „Wo ist aber das Schaf zum Brandopfer?" „Gott wird sich ersehen ein Schaf zum Brandopfer." (1 Mo 22,7.8)

Als Gott in dem Augenblick des Vaters Hand festhielt, als er seinen Sohn schlachten wollte und danach der Widder an Isaaks Stelle geopfert wurde, da lüftete sich das Geheimnis der Erlösung. Nun verstanden die Engel Gottes wunderbare Vorsorge für die Menschen besser als früher. („Patriarchen und Propheten", S. 130.132.133)

Isaaks Hochzeit

Für Abraham war die Wahl einer Lebensgefährtin für seinen Sohn von schwerwiegender Bedeutung. Darum war er darauf bedacht, daß Isaak eine Frau nahm, die ihn Gott nicht entfremdete ...

Isaak vertraute ganz und gar der Weisheit und Liebe seines Vaters und war es zufrieden, ihm die Angelegenheit überlassen zu können. Er glaubte auch, daß Gott selbst ihn in der Wahl leiten würde. Die Überlegungen Abrahams richteten sich auf die Verwandtschaft seines Vaters in Mesopotamien ...

Mit dieser wichtigen Angelegenheit betraute Abraham Elieser, „seinen ältesten Knecht" (1 Mo 24,2), einen frommen, erfahrenen und urteilsfähigen Mann, der ihm lange treu gedient hatte ... „Der Herr, der Gott des Himmels, der mich von meines Vaters Hause genommen hat und von meiner Heimat, ... der wird seinen Engel vor dir her senden." (1 Mo 24,7) ...

Unverzüglich machte sich der Bote auf den Weg ... Bei der Ankunft in Haran, „der Stadt Nahors" (1 Mo 24,10), machte er außerhalb der Stadtmauer am Brunnen halt, zu dem die Frauen des Ortes am Abend kamen, um Wasser zu holen ... Er erinnerte sich aber der Worte Abrahams, daß Gott seinen Engel mit ihm senden würde, und betete ernstlich um sichere Führung. Weil er in der Familie seines Herrn an selbstverständliche Freundlichkeit und Gastfreiheit gewöhnt war, betete er jetzt darum, eine Gefälligkeit möge ihm das von Gott erwählte Mädchen zeigen.

Kaum hatte er sein Gebet beendet, erhielt er schon die Antwort. Unter all den Frauen, die sich am Brunnen versammelt hatten, zog eine durch ihr höfliches Verhalten seine Aufmerksamkeit auf sich. Als sie vom Brunnen kam, trat der Fremde auf sie zu und bat um etwas Wasser aus dem Krug auf ihrer Schulter. Freundlich willigte sie ein und erbot sich, auch für die Kamele Wasser zu schöpfen. Diesen Dienst erfüllten üblicherweise sogar Fürstentöchter für die Herden ihrer Väter. Auf diese Weise erhielt Elieser das gewünschte Zeichen ...

Abraham wohnte bei Beerseba, und Isaak, der sich im Nachbarland um die Herden gekümmert hatte, war zu seinem Vater zurückgekehrt, um die Ankunft des Boten aus Haran abzuwarten ... Und Isaak „war ausgegangen, um zu beten auf dem Felde gegen Abend, und hob seine Augen auf und sah, daß Kamele daherkamen ... Da führte sie Isaak in das Zelt seiner Mutter Sara und nahm die Rebekka, und sie wurde seine Frau, und er gewann sie lieb. Also wurde Isaak getröstet über seine Mutter. (1 Mo 24,63-67) („Patriarchen und Propheten", S. 148-151)

Jakob und Esau

Jakob und Esau, Isaaks Zwillingssöhne, waren in Charakter und Lebensart auffallend gegensätzlich. Diese Unähnlichkeit hatte der Engel Gottes bereits vor ihrer Geburt vorausgesagt. Als Antwort auf Rebekkas beunruhigtes Gebet tat er ihr kund, daß sie zwei Söhne bekommen würde. Zugleich eröffnete er deren künftiges Geschick: Jeder sollte das Haupt eines mächtigen Volkes werden, aber einer würde größer sein als der andere und der Jüngere den Vorrang haben ...

Isaak machte seine Söhne mit diesen Rechten und Bedingungen vertraut und erklärte ihnen ganz deutlich, daß Esau als der Ältere Anspruch auf das Erstgeburtsrecht habe. Aber Esau hatte weder Neigung zur Frömmigkeit noch zum geistlichen Leben ...

Rebekka erinnerte sich jetzt der Worte des Engels, und sie deutete mit größerem Scharfblick als ihr Mann die Charakterzüge ihrer Söhne. Sie kam zu der Überzeugung, daß das Erbe der göttlichen

Verheißung Jakob bestimmt war. Deshalb wiederholte sie Isaak die Worte des Engels, aber die Zuneigung des Vaters gehörte nun einmal dem älterem Sohn, und er blieb beharrlich bei seiner Absicht. („Patriarchen und Propheten", S. 154.155)

Jakob wußte durch die Mutter von der göttlichen Ankündigung, daß ihm das Erstgeburtsrecht zufallen sollte. Und er war von unsagbarem Verlangen nach den Vorrechten erfüllt, die ihm damit übertragen würden. Nicht, daß er nach dem Reichtum des Vaters strebte; das Ziel seiner Sehnsucht galt vielmehr dem geistlichen Erstgeburtsrecht ...

Als Esau eines Tages ermattet und müde von der Jagd nach Hause kam, bat er um die Speise, die Jakob eben zubereitete. Dieser ergriff die Gelegenheit und erbot sich, den Hunger seines Bruders um den Preis des Erstgeburtsrechts zu stillen ... „Siehe, ich muß doch sterben", rief der leichtsinnige, unbeherrschte Jäger, „was soll mir da die Erstgeburt?" (1 Mo 25,32) Und für eine Schüssel Linsengericht gab er sein Erstgeburtsrecht auf und bekräftigte diesen Handel mit einem Eid ...

Jakob und Rebekka hatten Erfolg mit ihrem Plan, aber sie ernteten nur Kummer und Sorge. Gott hatte gesagt, Jakob solle das Erstgeburtsrecht erhalten. Wenn sie im Vertrauen darauf gewartet hätten, würde sich auch Gottes Wort zu seiner Zeit erfüllt haben ...

Durch Esaus Zorn mit dem Tode bedroht, verließ Jakob seines Vaters Heim als Flüchtling ... Am Abend des zweiten Tages war er schon ziemlich weit von den Zelten seines Vaters entfernt. Er fühlte sich als Ausgestoßener und wußte doch zugleich, daß diese ganze Not durch eigenes falsches Verhalten über ihn hereingebrochen war.

Dunkle Verzweiflung lastete auf ihm, und er wagte kaum zu beten. Aber er war dermaßen einsam, daß er die Notwendigkeit des göttlichen Schutzes wie nie zuvor empfand. Unter Tränen und in tiefer Demut bekannte er seine Sünde und flehte um ein Zeichen, daß er nicht gänzlich verlassen sei ...

Aber Gott verließ Jakob nicht ... Der Herr offenbarte sich ihm voll Mitleid gerade als das, was Jakob brauchte, nämlich als Erlöser ...

Ermüdet von seiner Reise, streckte sich der Wanderer auf dem Erdboden aus mit einem Stein als Kissen. Während er schlief, sah er eine helle, strahlende Leiter, deren unteres Ende auf der Erde stand, während die Spitze bis an den Himmel reichte. Auf dieser Leiter stiegen Engel auf und nieder. Obenan aber war der Herr der Herrlichkeit, und vom Himmel hörte man seine Stimme: „Ich bin der Herr, der Gott deines Vaters Abraham, und Isaaks Gott." (1 Mo 28,13) ...

In dem Gesicht wurde Jakob der Erlösungsplan gezeigt ... Die Leiter stellte Jesus dar, den ausersehenen Mittler. Wäre nicht durch sein Verdienst die durch die Sünde entstandene Kluft überbrückt worden, hätten die dienenden Engel nicht in Verbindung mit den gefallenen Menschen treten können ...

Mit neu belebtem, festem Glauben an die göttlichen Verheißungen, der Gegenwart und des Schutzes himmlischer Engel gewiß, „machte sich Jakob auf den Weg und ging in das Land, das im Osten liegt" (1 Mo 29,1). („Patriarchen und Propheten", S. 155-157.160-163)

Obwohl Jakob Haran auf göttliche Weisung verließ, zog er den Weg, den er vor zwanzig Jahren als Flüchtling gewandert war, nicht ohne Befürchtungen zurück. Seine Sünde, der Betrug am Vater stand ihm immer vor Augen ... Als in der Ferne die heimatlichen Berge auftauchten, war das Herz des Patriarchen tief bewegt. Seine ganze Vergangenheit stieg vor ihm auf. Aber mit der Erinnerung daran kam ihm auch der tröstliche Gedanke an Gottes Gnade und die Verheißung seiner Hilfe und Führung wieder ins Gedächtnis. („Patriarchen und Propheten", S. 170)

Als Jakob seinen Weg fortsetzte, begegneten ihm die Engel des Herrn, und als er sie sah, sagte er: „Das ist das Heer Gottes." Er sah im Traum, daß sich die Engel Gottes rings um ihn niederließen. („Spiritual Gifts", Bd. 3, S. 127)

Unmittelbar vor ihnen sah er (Jakob) zwei Kompanien Engelheere, die ihnen den Weg weisen und sie beschützen sollten. Und als er sie sah, lobte er Gott und rief aus: „Das ist das Heer Gottes!" Und er nannte den Ort Mahanaim, was so viel bedeutet wie „zwei Heere" ... („The Signs of the Times", 20. November 1879)

Dennoch meinte Jakob, auch selbst etwas zu seiner Sicherheit tun zu müssen. Deshalb sandte er Boten mit einem Versöhnungsgruß an den Bruder ... Aber die Boten kehrten mit der Nachricht zu Jakob zurück, Esau ziehe ihm entgegen mit vierhundert Kriegern. Die freundliche Botschaft blieb also unbeantwortet ... „Da fürchtete sich Jakob sehr, und ihm wurde bange." (1 Mo 32,8) ... Deshalb teilte er sie in zwei Gruppen. Wurde eine angegriffen, konnte vielleicht die andere entkommen ...

Sie hatten den Jabbok erreicht, als die Nacht hereinbrach. Jakob schickte seine Familie durch die Furt des Flusses und blieb als einziger zurück. Er wollte die Nacht im Gebet verbringen und mit Gott allein sein ...

Da legte sich plötzlich eine schwere Hand auf ihn. Er vermutete, ein Feind wolle ihm ans Leben, und versuchte, sich dem Griff des Gegners zu entwinden. In der Dunkelheit rangen beide um die Oberhand. Keiner sprach ein Wort. Jakob setzte seine ganze Kraft ein und ließ in seinen Anstrengungen auch nicht einen Augenblick nach. Während er so um sein Leben kämpfte, lag das Bewußtsein der Schuld schwer auf ihm; er wurde seiner Sünden gewahr, die sich trennend zwischen ihn und Gott stellten. Aber in der höchsten Not erinnerte er sich der Verheißungen Gottes, und von ganzem Herzen flehte er um seine Gnade.

Der Kampf dauerte bis zum Morgengrauen. Dann legte der Fremde seine Hand auf Jakobs Hüfte, und im Augenblick wurde dieser zum Krüppel. Jetzt erkannte der Erzvater das Wesen seines Gegners. Er begriff, daß er mit einem himmlischen Boten gekämpft und deshalb trotz schier übermenschlicher Anstrengung den Sieg nicht hatte erringen können. („Patriarchen und Propheten", S. 171.172)

Der, mit dem Jakob rang, wird als „Mann" bezeichnet, aber Hosea nennt ihn einen Engel, während Jakob selbst sagt: „Ich habe

Gott von Angesicht zu Angesicht gesehen." Man könnte es auch so ausdrücken: Er hatte Anteil an der Macht Gottes. Es war die Majestät des Himmels, der Engel des Bundes, der in Gestalt eines Menschen zu Jakob kam. („The Signs of the Times", 20. November 1879)

Es war Christus, der „Engel des Bundes" (Mal 3,1), der sich Jakob offenbarte. Der Patriarch war jetzt kampfunfähig und litt heftige Schmerzen, aber er wollte seinen Halt nicht verlieren ... Reuig und gebrochen klammerte er sich an den Engel, „er weinte und bat ihn" (Hos 12,5) und flehte um seinen Segen ... Der Engel versuchte, sich zu befreien. Er drängte: „Laß mich gehen, denn die Morgenröte bricht an." Aber Jakob antwortete: „Ich lasse dich nicht, du segnest mich denn." (1 Mo 34,27) Hätte daraus vermessenes Selbstvertrauen gesprochen, wäre Jakob auf der Stelle getötet worden. Aber es war die Zuversicht eines Menschen, der sich seiner Unwürdigkeit bewußt ist und sich dennoch zuversichtlich auf die Treue Gottes verläßt, der seinen Bund hält ...

Während Jakob mit dem Engel rang, wurde ein anderer himmlischer Bote zu Esau gesandt. Im Traum sah er den Bruder als einen zwanzig Jahre lang vom Vaterhause Verbannten. Er erlebte seinen Kummer, als Jakob vom Tode der Mutter erfuhr, und sah ihn von himmlischen Heerscharen umgeben. Esau erzählte diesen Traum seinen Kriegern und befahl ihnen, Jakob kein Leid zu tun, da der Gott seines Vaters mit ihm sei ...

Jakobs Erfahrung in jener Nacht des Ringens und der Angst versinnbildlichte die Trübsal, durch die Gottes Volk unmittelbar vor der Wiederkunft Christi gehen muß. („Patriarchen und Propheten", S. 172-174)

Kapitel 8

Die Engel in der Zeit
des Auszugs aus Ägypten

Die Geburt Moses

Aber die Zeit verging, und der mächtige Mann, dem Ägypten so viel verdankte, und seine Zeitgenossen, die den Segen seines Wirkens erlebt hatten, sanken ins Grab. Und dann „kam ein neuer König auf in Ägypten, der wußte nichts von Joseph" (2 Mo 1,8) ... So sprach er zu seinem Volk: „Siehe, das Volk Israel ist größer und stärker als wir ..." (2 Mo 1,9) Sie wandten sich mit dem Befehl an jene Frauen, die von ihrer Tätigkeit her am besten zur Ausführung geeignet schienen, die Knaben der Hebräer bei der Geburt zu töten, die Hebammen. Satan selbst war der Urheber dieses Planes. Er wußte, daß unter den Israeliten ein Befreier aufstehen sollte. Indem er den König dahin brachte, ihre Kinder zu töten, hoffte er Gottes Absichten zu durchkreuzen ...

Während dieser Erlaß noch voll in Kraft war, wurde Amram und Jochebed, frommen Israeliten aus dem Stamme Levi, ein Sohn geboren ... Drei Monate gelang es der Mutter, das Kind zu verbergen. Dann erkannte sie, daß sie es nicht länger sicher verwahren konnte. Sie flocht ein Kästchen aus Binsen und machte es mit Schlamm und Pech wasserdicht. Dahinein legte sie den Säugling und setzte das Kästchen in das Schilf am Flußrand. Sie wagte nicht, selbst zur Bewachung dort zu bleiben, um nicht des Kindes und ihr eigenes Leben zu gefährden. Aber seine Schwester Mirjam hielt sich scheinbar unbekümmert in der Nähe auf und beobachtete ängstlich, was mit dem kleinen Bruder geschehen würde. Auch noch andere Wächter waren da. Im ernsten Gebet hatte die Mutter ihr Kind der Obhut Gottes anvertraut. Nun schwebten Engel unsichtbar über seiner bescheidenen Ruhestatt. Sie führten Pharaos Tochter gerade dorthin. Das Körbchen erregte ihre Neugier, und als sie das hübsche Kind darin sah, war ihr die Sache auf den ersten Blick klar. Die Tränen des Kindes erweckten ihr Mitleid. Voller Mitgefühl dachte sie an die unbekannte Mutter, die Zuflucht zu diesem Mittel genommen hatte, um das kostbare Leben ihres Kindes zu bewahren. So entschloß sie sich, es zu retten und an Kindes Statt anzunehmen. („Patriarchen und Propheten", S. 219-221)

Engel unterrichteten die Ältesten Israels, daß die Zeit der Befreiung nahe wäre und Mose der Mann sei, den Gott zur Durchführung dieses Werkes gebrauchen wollte. Engel unterwiesen auch Mose, daß Jahwe ihn dazu ausersehen habe, die Knechtschaft seines Volkes zu beenden. In der Annahme, daß sie ihre Freiheit mit Waffengewalt erlangen würden, rechnete er damit, die Scharen Israels gegen die Heere Ägyptens zu führen. („Patriarchen und Propheten", S. 223)

Mose blieb bis zum vierzigsten Lebensjahr am Hofe ... Als er eines Tages wieder einmal draußen war, bemerkte er, wie ein Ägypter einen Israeliten mißhandelte. Da sprang er zu und erschlug den Ägypter. Mit Ausnahme des einen Israeliten gab es keine Zeugen für seine Tat, und Mose vergrub den Leichnam schnell im Sande ... Sofort beschloß der Herrscher, daß Mose sterben müsse. Dieser bekam aber Kenntnis von der Gefahr; er entkam und floh nach Arabien ... Später heiratete Mose eine Tochter Jethros und blieb vierzig Jahre im Dienst seines Schwiegervaters als Hüter seiner Herden. („Patriarchen und Propheten", S. 225.226)

Mose in Midian

Wären ihm die Augen geöffnet worden, hätte er die Boten Gottes gesehen, reine, heilige Engel, die sich liebevoll über ihn beugten und ihr Licht um ihn her ausgossen. („The Signs of the Times", 19. Februar 1880)

Während Mose seiner Arbeit nachging, sah er einen Busch, bei dem die Zweige, das Laub und der Stamm in Flammen standen, aber nicht verbrannten. Er ging hin, um dieses wundersame Schauspiel näher anzusehen, und wurde von einer Stimme, die mitten aus den Flammen kam, angesprochen.

Es war Gottes Stimme. Es war der, der sich als der Engel des Bundes in vergangenen Zeiten den Erzvätern offenbart hatte. Mose zitterte, er hatte Angst, als ihn der Herr beim Namen rief. Und mit bebender Stimme antwortete er: „Hier bin ich." Er wurde davor gewarnt, sich seinem Schöpfer ohne die notwendige Ehrerbietung zu nähern: „Ziehe deine Schuhe aus, denn der Ort auf dem du stehst, ist heiliger Boden." Und Mose verhüllte sein Angesicht; und fürchtete sich, Gott anzusehen. („The Signs of the Times", 26. Februar 1880)

Mit Frau und Kindern brach Mose auf (nach Ägypten) ... Auf dem Wege von Midian erlebte Mose eine unvermutete, schreckliche Warnung vor dem Mißfallen des Herrn. Ein Engel trat ihm in drohender Haltung entgegen, als wolle er ihn auf der Stelle umbringen. Dies geschah ohne jede Erklärung. Aber Mose erinnerte sich, daß er eine Forderung Gottes außer acht gelassen hatte. Von seiner Frau dazu überredet, hatte er die Beschneidung an seinem jüngsten Sohn bisher zu vollziehen versäumt. Damit hatte er die Bedingung nicht erfüllt, die sein Kind erst zu den Segnungen berechtigte, die zum Bunde Gottes mit Israel gehörten ...

Weil Zippora fürchtete, ihr Mann müsse sterben, vollzog sie den Brauch selbst. Darauf erlaubte der Engel Mose, die Reise fortzusetzen. Mit seiner Sendung zu Pharao kam er in eine Lage, die nicht ungefährlich war. Nur unter dem Schutz heiliger Engel blieb sein Leben darin bewahrt, aber bei nachlässiger Erfüllung der ihm gut bekannten Pflichten hätte er sich nicht sicher fühlen dürfen; denn dann konnten ihn die Engel Gottes nicht mehr schützen. („Patriarchen und Propheten", S. 232.233)

Auf die Weisung von Engeln machte sich Aaron auf, um seinem Bruder zu begegnen, von dem er schon so lange getrennt war. Sie trafen sich in der Wüste unweit des Horeb ...

Zusammen wanderten sie dann nach Ägypten. Als sie in Gosen ankamen, versammelten sie bald die Ältesten Israels, und Aaron wiederholte ihnen alles, was Gott an Mose getan hatte. („Patriarchen und Propheten", S. 234)

Die ägyptischen Plagen

Mose und Aaron waren Gottes Boten zu einem mutwilligen, trotzigen König und einem unbußfertigen Priester, die ihr Herz im Widerstand gegen Gott verhärtet und sich mit den bösen Engeln verbündet hatten.

Die gerechte Herrschaft Gottes war Pharao und den weisen Männern Ägyptens keineswegs unbekannt. Durch die Jahrhunderte hindurch fiel immer wieder großes, helles Licht (der Erkenntnis) über den wahren Gott, seine gerechte Herrschaft und die Forderungen seines Gesetzes auf die Ägypter. Joseph und die Kinder Israels hatten in Ägypten den wahren Gott bekannt gemacht. Auch dann, als das Volk Israel von den Ägyptern versklavt wurde, waren nicht alle unfrei. Viele nahmen wichtige Positionen ein und konnten für Gott Zeugnis ablegen. („The Youth's Instructor", 8. April 1897)

Satan ... wußte genau, daß Mose von Gott auserwählt war, um das Joch der Versklavung, das auf den Kindern Israels lastete, zu zerbrechen ... Er beriet sich mit seinen Engeln, wie er mit einem Schlag zwei Ziele erreichen könne:

• Den Einfluß der Wunder, die Gott durch Mose wirken würde, zu zerstören und so dem wahren Werk Gottes entgegenzuwirken.

• Durch seine Einflußnahme die Magier zu unterstützen, und damit Jahrhunderte hindurch die Wunder Gottes in Frage zu stellen und bei vielen den aufrichtigen Glauben, insbesondere an die Wunder, die Christus bewirken würde, wenn er in diese Welt käme, zu zerstören. („Testimonies", Bd. 1, S. 291.292)

Wieder betraten Mose und Aaron die vornehmen Hallen des ägyptischen Königspalastes. Umgeben von hohen Säulen mit gleißenden Verzierungen, von kostbaren Gemälden und in Stein gemeißelten Bildern heidnischer Götter, standen die beiden Vertreter des geknechteten Volkes vor dem Herrscher des damals mächtigsten Reiches und wiederholten ihm den Befehl Gottes, Israel freizulassen. Als Beweis ihres göttlichen Auftrags forderte der König ein Wunder. Beide wußten, was sie in solchem Falle tun sollten. Aaron nahm den Stab und warf ihn vor Pharao auf die Erde. Er wurde zur Schlange. Da ließ der Herrscher seine „Weisen und Zauberer" rufen: Auch ein jeder von ihnen „warf seinen Stab hin, da wurden Schlangen daraus; aber Aarons Stab verschlang ihre Stäbe" (2 Mo 7,11.12) ... Diese Magier konnten ihre Stäbe nicht zu wirklichen Schlangen werden lassen, aber mit Hilfe des großen Betrügers vermochten sie durch Zauberei diesen Anschein zu erwecken. Die Stäbe in lebendige Schlangen zu verwandeln, überstieg Satans Vermögen. Denn obwohl der Fürst des Bösen alle Weisheit und Macht eines gefallenen Engels besitzt, hat er keine Schöpferkraft; er kann kein Leben geben. Das ist allein Gottes Vorrecht. Aber Satan tat alles, was ihm möglich war. Er inszenierte eine Fälschung, so daß für das menschliche Auge die Stäbe zu Schlangen wurden, die Pharao und sein Hof zu sehen glaubten. In ihrem Aussehen schien sie nichts von Moses Schlange zu unterscheiden. Obwohl der Herr die unechten Schlangen durch die wirkliche verschlingen ließ, sah Pharao nicht einmal darin die Auswirkung göttlicher Macht, sondern nur das Ergebnis einer Art Zauberei, die der seiner Diener überlegen war.

Pharao lag daran, seine Halsstarrigkeit gegen den göttlichen Befehl zu rechtfertigen. Er suchte deshalb von nun an nach einem Vorwand, wie er die Wunder, die Gott durch Mose tat, unbeachtet lassen könnte. Und dafür lieferte ihm Satan, was er brauchte. Mit dem, was er durch die Magier hervorbrachte, erweckte er bei den Ägyptern den Eindruck, als seien auch Mose und Aaron nur Zauberer. Deren Botschaft könnte doch nicht den Anspruch erheben, von einem Höheren zu stammen. Satans Fälschung erfüllte somit ihren Zweck: sie bestärkte die Ägypter in ihrer Widerspenstigkeit und verhärtete das Herz Pharaos gegen jede bessere Erkenntnis. Satan hoffte sogar, auch Moses und Aarons Glauben an den göttlichen Ursprung ihrer Sendung zu erschüttern, damit seine Handlanger die Oberhand behielten. („Patriarchen und Propheten", S. 239.240)

Als die Wunder vor dem König geschahen, war Satan zur Stelle, um deren Wirkung zu vereiteln und Pharao daran zu hindern, Gottes Oberhoheit anzuerkennen und seinem Auftrag zu gehorchen. Er unternahm die äußersten Anstrengungen, das Werk Gottes zu fälschen und seinem Willen zu widerstehen. Die einzige Folge jedoch war, daß er den Weg für noch größere Offenbarungen göttlicher Macht und Herrlichkeit bereitete. Sowohl den Israeliten als auch allen Ägyptern wurden das Dasein und die Autorität des wahren, lebendigen Gottes um so deutlicher. („Patriarchen und Propheten", S. 308)

Der Sturm (der siebten Plage) kam am Morgen, wie vorhergesagt. Hagel, Donner und Feuer zerstörten jeden Halm, rissen Bäume aus und erschlugen Menschen und Tiere. Bisher war kein Ägypter ums Leben gekommen, aber jetzt hinterließ der Engel der Zerstörung eine Spur von Tod und Verwüstung. Nur das Land Gosen war nicht davon betroffen. („The Signs of the Times", 18. März 1880)

Vor der Vollstreckung dieses Urteils gab der Herr den Kindern Israel durch Mose Anweisungen über ihren Auszug aus Ägypten und besonders über ihre Bewahrung bei dem kommenden Strafgericht. Jede Familie sollte, allein oder zusammen mit anderen, ein Lamm oder Zicklein schlachten, „an dem kein Fehler ist", von seinem Blut nehmen und mit einem Büschel Ysop „beide Pfosten an der Tür und die obere Schwelle damit bestreichen", damit der um Mitternacht kommende Würgeengel nicht in jenes Haus hineinginge (2 Mo 12,3-8) ...
Der Herr tat ihnen kund: „Ich will in derselben Nacht durch Ägyptenland gehen und alle Erstgeburt schlagen in Ägyptenland

unter Mensch und Vieh und will Strafgerichte halten über alle Göt-
ter der Ägypter ... Dann aber soll das Blut euer Zeichen sein an den
Häusern, in denen ihr seid: Wo ich das Blut sehe, will ich an euch
vorübergehen, und die Plage soll euch nicht widerfahren, die das
Verderben bringt, wenn ich Ägyptenland schlage." (2 Mo 12,12.13)
(„Patriarchen und Propheten", S. 251)

Die Israeliten waren den Anweisungen Gottes gefolgt, und während der Todesengel bei den Ägyptern von Haus zu Haus ging,
warteten sie vorbereitet auf ihre Auswanderung. („The Spirit of
Prophecy", Bd. 1, S. 204)

Um Mitternacht wurden die ägyptischen Familien aus dem
Schlaf geweckt, und überall hörte man Klagegeschrei. Sie hatten
Angst, alle müßten nun sterben; jetzt erinnerten sie sich an das verzweifelte Schreien und die Trauer der Hebräer wegen des un-
menschlichen Erlasses des grausamen Königs, der befohlen hatte,
daß alle ihre kleinen Söhne gleich nach der Geburt getötet werden
sollten. Die Ägypter konnten den Engel, der sich ihren Häusern
näherte, um zum tödlichen Schlag auszuholen, nicht sehen, aber sie
erkannten wohl, daß es der Gott der Hebräer war, der ihnen das
gleiche Leid zufügte, das sie jenen zugefügt hatten. („The Youth's
Instructor", 1. Mai 1873)

Christus, Israels unsichtbarer Anführer

In Ägypten verbreitete sich rasch die Kunde, daß die Israeliten, anstatt zum Gottesdienst in der Wüste zu verweilen, zum Roten Meer
gelangen wollten ...

Pharao sammelte seine Streitkräfte „und nahm sechshundert
auserlesene Wagen und was sonst an Wagen in Ägypten war"
(2 Mo 14,7), Reiter, Hauptleute und Fußvolk. Der König selbst, von
den hervorragendsten Männern seines Reiches begleitet, führte das
angreifende Heer ...

Die Hebräer lagerten am Meer, dessen Wasser ein scheinbar
unüberwindliches Hindernis vor ihnen bildete, während im Süden

ein zerklüfteter Gebirgszug ihren Vormarsch versperrte. Plötzlich gewahrten sie in der Ferne blitzende Waffen und rollende Wagen, die Vorhut eines großen Heeres. Bei dessen Näherrücken erkannte man, daß die gesamte ägyptische Streitmacht zur Verfolgung aufgebrochen war. Entsetzen ergriff die Israeliten. Einige schrien zum Herrn, aber die meisten liefen zu Mose und beklagten sich ... Ruhig und zuversichtlich erwiderte er dem Volk: „Fürchtet euch nicht, stehet fest und sehet zu, was für ein Heil der Herr heute an euch tun wird." (2 Mo 14,13) ...

Der wunderbaren Wolkensäule, dem Gotteszeichen, das sie vorwärts gehen hieß, waren sie wohl gefolgt. Nun aber fragten sie sich untereinander, ob sie nicht großes Unglück bedeute. Hatte sie das Volk nicht auf die falsche Seite des Berges, auf einen ungangbaren Weg geführt? Der Engel Gottes erschien den Verblendeten als Unglücksbote.

Aber gerade jetzt, als das ägyptische Heer auf sie zurückte und mit ihnen leichtes Spiel zu haben meinte, erhob sich die Wolkensäule majestätisch gen Himmel, schwebte über die Israeliten hinweg und senkte sich zwischen Verfolgte und Verfolger.

Die Ägypter konnten das Lager der Hebräer nicht mehr wahrnehmen und waren gezwungen haltzumachen. Als aber die Dunkelheit der Nacht zunahm, wurde die Wolkenwand für die Hebräer zum großartigen Licht, das das gesamte Lager in Tageshelligkeit überflutete.

Da kehrte in Israels Herzen wieder Gottvertrauen ein, und Mose betete zum Herrn. Da sprach Gott zu ihm: „Was schreist du zu mir? Sage den Israeliten, daß sie weiterziehen. Du aber hebe deinen Stab auf und recke deine Hand über das Meer und teile es mitten durch, so daß die Israeliten auf dem Trockenen mitten durch das Meer gehen." (2 Mo 14,15.16) ...

„Und die Ägypter folgten und zogen hinein ihnen nach, alle Rosse des Pharao, seine Wagen und Männer, mitten ins Meer. Als nun die Zeit der Morgenwache kam, schaute der Herr auf das Heer der Ägypter aus der Feuersäule und der Wolke und brachte einen Schrecken über ihr Heer." (2 Mo 14,23.24) („Patriarchen und Propheten", S. 258-261)

Engel Gottes gingen durch ihr Heer und entfernten die Räder von ihren Wagen. („The Spirit of Prophecy", Bd. 1, S. 209)

Die Ägypter packte Schrecken und Verwirrung. Unter dem Toben der Elemente, in dem sie die Stimme eines erzürnten Gottes vernahmen, versuchten sie, umzukehren und zur Küste zurück zu fliehen. Aber Mose streckte seinen Stab aus, und die aufgestauten Wasser stürzten donnernd und zischend über ihnen zusammen und rissen das ägyptische Heer mit sich in die schwarze Tiefe. („Patriarchen und Propheten", S. 261)

Der Anführer (der Israeliten) war ein großer Heerführer. Seine Engel, die seinem Befehl folgten, begleiteten das große Heer der Israeliten auf beiden Seiten, und es konnte ihnen kein Leid geschehen. Israel war in Sicherheit ... Dann sangen sie das heilige Lied des Sieges, angeführt von Mirjam. („Review and Herald", 1. Juni 1897)

Jesus war der Engel, der bei Tag in der Wolkensäule und nachts in der Feuersäule vor ihnen herging. („Review and Herald", 17. Juni 1890)

Kapitel 9

Das Wirken der Engel in der Zeit vom Sinai bis zur Einnahme Jerichos

Engel bei der Wüstenwanderung der Israeliten

Christus selbst war der Engel, der von Gott beauftragt wurde, mit Mose in die Wüste zu ziehen und das Volk Israel auf seinem Weg ins Land Kanaan zu begleiten. („Review and Herald", 6. Mai 1875)

Solange Gott die Israeliten anführte, fanden sie immer Wasser, um ihren Durst zu stillen, und Brot vom Himmel, um satt zu werden. Unter dem Schatten der Wolke bei Tag und der feurigen Säule bei Nacht fanden sie Frieden und Schutz. Engel behüteten sie, wenn ihr Weg über steile Berghänge führte, und leiteten sie über steinige Wüstenpfade. („The Signs of the Times", 21. Oktober 1880)

Gott bewies seinem Volk seine große Liebe, indem er ihnen Brot vom Himmel gab. Die Menschen bekamen „Engelsnahrung". Sie aßen Nahrung, die von Engeln für sie bereitet wurde. („The Spirit of Prophecy", Bd. 1, S. 226)

Das Volk Israel am Sinai

Und nun ragte das Sinaimassiv in Ehrfurcht gebietender Majestät vor ihnen auf. Die Wolkensäule ruhte auf seinem Gipfel, und das Volk schlug unterhalb im Tal seine Zelte auf. Fast ein Jahr lang soll-

ten sie hier wohnen. Des Nachts war ihnen die Feuersäule Gewißheit des göttlichen Schutzes, und während sie schliefen, fiel das
Himmelsbrot leise auf das Lager ...

Bald nachdem sich das Volk am Sinai gelagert hatte, wurde Mose auf den Berg gerufen, um Gott zu begegnen. Allein stieg er den
zerklüfteten Pfad hinauf und näherte sich der Wolke, die Jahwes
Gegenwart bezeichnete. Israel sollte jetzt in eine besonders enge
Verbindung zum Allerhöchsten kommen, um eine Gemeinde und
eine Nation unter Gottes Herrschaft zu verkörpern ...

Dann hörte man die Stimme Gottes aus der dichten Finsternis,
die ihn verhüllte. Vom Berge, umgeben von einer Engelschar, verkündete er sein Gesetz ... Nun wurde die Einsetzung des erwählten
Volkes unter Jahwe als seinem König vorbereitet. („Patriarchen und
Propheten", S. 276-279.287)

„Sie sollen mir ein Heiligtum machen"

Auf dem Berge erhielt Mose Anweisungen für den Bau eines Heiligtums, in dem sich Gottes Gegenwart auf besondere Weise offenbaren sollte. „Sie sollen mir ein Heiligtum machen, daß ich unter ihnen wohne" (2 Mo 25,8), hieß der Befehl Gottes. („Patriarchen und
Propheten", S. 288)

Ein kostbarer, schöner Vorhang teilte die Hütte in zwei Räume;
er hing an vergoldeten Säulen. Ein ähnlicher Vorhang verschloß
den Eingang zur ersten Abteilung. Diese und die inneren Teppiche
trugen, schön angeordnet, die wunderbarsten Farben: blau, purpurn
und scharlach. Aus Gold- und Silberfäden eingewebte Cherubim
stellten die Engelschar dar, die im himmlischen Heiligtum dienen
und auch für das Volk Gottes auf Erden dienstbare Geister sind.
(„Patriarchen und Propheten", S. 324)

Nachdem die Stiftshütte fertiggestellt war, inspizierte Mose alles,
was gebaut worden war und verglich es mit den Vorlagen und den
Anweisungen, die er von Gott erhalten hatte. Er stellte fest, daß alles mit den Vorgaben übereinstimmte; und er segnete das Volk.

Gott hatte Mose einen Plan gegeben mit der genauen Anweisung, wie die Stiftshütte zu erbauen sei. Die zwei steinernen Tafeln, auf die Gott eigenhändig die zehn Gebote geschrieben hatte, sollten in die Bundeslade gelegt werden. Es handelte sich um eine Truhe, die ganz mit Gold überzogen und verziert war. Auf dem Deckel war sie mit Goldkronen geschmückt.

Der Deckel dieser heiligen Truhe war der Gnadenthron, der aus purem Gold bestand. Auf jeder Seite des Gnadenthrons befand sich ein Cherub aus Gold. Sie waren einander zugewandt und blickten ehrerbietig nach unten auf den Gnadenthron. Das war ein Sinnbild dafür, daß alle himmlischen Engel mit großem Interesse und Ehrerbietung auf das Gesetz blicken, das Gott in die himmlische Bundeslade gelegt hat. Diese Cherubim hatten Flügel, davon wies einer nach oben in den Himmel, der andere bedeckte sie.

Die Bundeslade auf der Erde war das Abbild der Bundeslade im Himmel. Dort stehen lebendige Engel auf beiden Seiten der Lade; mit dem einem Flügel, der nach oben weist, bedecken sie den Gnadenstuhl, mit dem anderen bedecken sie sich selbst, als Zeichen ihrer Ehrfurcht und Demut. („The Spirit of Prophecy", Bd. 1, S. 272)

In der Schechina über dem Gnadenstuhl offenbarte Gott seine Gegenwart; inmitten der Cherubim tat Gott seinen Willen kund. Hin und wieder wurden dem Hohenpriester göttliche Botschaften durch eine Stimme aus der Wolke mitgeteilt. Manchmal fiel ein Licht auf den Engel zur Rechten zum Zeichen der Billigung und Annahme, oder es ruhte ein Schatten auf dem Engel zur Linken, um Mißfallen oder Verwerfung auszudrücken. („Patriarchen und Propheten", S. 326)

Wenn der Herr nicht antwortete, indem er mit ihnen redete, ließ er als Zeichen seiner Zustimmung das heilige Licht seiner Herrlichkeit auf den Cherub zur Rechten der Lade scheinen. Wenn ihre Anfrage verworfen wurde, ruhte eine Wolke auf dem linken Cherub. („The Spirit of Prophecy", Bd. 1, S. 399)

Durch Christus sollte der Vorsatz zur Ausführung gebracht werden, den die Stiftshütte versinnbildlichte. In jenem prächtigen Zeltbau spiegelten die goldgleißenden Wände die Vorhänge mit den eingewirkten Cherubim in Regenbogenfarben wider, während der Duft ständig brennenden Weihrauchs das Ganze durchzog. In makelloses Weiß waren die Priester gekleidet, und im tiefen Geheimnis des innersten Raumes thronte über dem Gnadenstuhl, zwischen den Figuren der gebeugten anbetenden Engel, die Herrlichkeit des allerheiligsten Wesens. Gott wünschte, daß sein Volk aus alledem sein Vorhaben mit der Menschenseele herauslesen sollte. Es handelte sich um dieselbe Absicht, die lange danach durch den Apostel Paulus aufgezeigt wurde, als dieser sagte: „Wissest ihr nicht, daß ihr Gottes Tempel seid und der Geist Gottes in euch wohnt?" (1 Ko 3,16) („Erziehung", S. 31.32)

Schon am Sinai fing Satan an, sein Vorhaben zur Vernichtung der göttlichen Gesetze zu verwirklichen und das Werk fortzusetzen, das er im Himmel begonnen hatte. In den 40 Tagen, als Mose auf dem Berge bei Gott war bemühte er sich eifrig, Zweifel, Abfall und Empörung zu erregen. Während Gott sein Gesetz niederschrieb, um es der gewissenhaften Obhut seines Bundesvolkes anzuvertrauen, versagten die Israeliten Jahwe die Treue und forderten goldene Götter ... Das ganze Weltall war Zeuge der Ereignisse am Sinai gewesen. Hier sah man die Auswirkungen der Gegensätze zwischen der Herrschaft Gottes und der Satans. Und wieder zeigten sich für die sündlosen Bewohner anderer Welten die Folgen von Satans Abfall und die Art der Regierung, die er im Himmel errichtet hätte, wenn er darauf Einfluß gehabt hätte. („Patriarchen und Propheten", S. 309.310)

Ist es verwunderlich, daß die Herrlichkeit der Allmacht Gottes so stark von Moses Gesicht widerstrahlte, daß das Volk ihn nicht ansehen konnte? Der Einfluß der Gegenwart Gottes war so stark, daß es schien, als sei er ein Engel vom Thron Gottes. („Testimonies", Bd. 4, S. 533)

Bei jeder Schwierigkeit und in allen Prüfungen beschuldigten die Israeliten sogleich Mose, er habe sie aus Ägypten geführt, als ob

Gott damit nichts zu tun habe gehabt hätte. Während der Jahre der Wanderung hatte Mose ihnen wiederholt gesagt, wenn sie sich über die Beschwerlichkeiten unterwegs beklagten und gegen ihre Leiter murrten: „Euer Murren richtet sich gegen Gott. Nicht ich, sondern Gott hat eure Befreiung bewirkt." Aber seine voreiligen Worte vor dem Felsen: „Werden wir euch wohl Wasser hervorbringen können?" (4 Mo 20,10) klangen wie ein Zugeständnis auf ihre Angriffe. Das konnte sie in ihrem Unglauben bestärken und ihr Klagen rechtfertigen. Diesen Eindruck wollte der Herr für immer bei dem Volk beseitigen, darum durfte Mose das verheißene Land nicht betreten. Das war andererseits ein unmißverständlicher Beweis, daß nicht Mose ihr Führer war, sondern der mächtige Engel, von dem der Herr gesagt hatte: „Siehe, ich sende einen Engel vor dir her, der dich behüte auf dem Wege und dich bringe an den Ort, den ich bestimmt habe. Hüte dich vor ihm und gehorche seiner Stimme, ... weil mein Name in ihm ist." (2 Mo 23,20.21) („Patriarchen und Propheten", S. 399)

Der Tod und die Auferstehung des Mose

Dann wandte er sich schweigend von der Versammlung ab und nahm allein seinen Weg hinauf zum Gipfel des Berges. Er stieg „auf den Berg Nebo, den Gipfel des Gebirges Pisga" (5 Mo 34,1). Auf dieser einsamen Höhe stand er und überschaute mit ungetrübten Augen aufmerksam das Landschaftsbild, das sich vor ihm ausbreitete. („Patriarchen und Propheten", S. 453)

Gott wollte nicht, daß jemand mit Mose auf das Gebirge Pisga stieg. Er stand dort oben auf einem hohen Gipfel in der Gegenwart Gottes und himmlischer Engel. („Spiritual Gifts", Bd. 4a, S. 57)

Die Engel offenbarten Mose, der traurig war, daß er gesündigt hatte und nun nicht mit in das gelobte Land gehen konnte, und der glaubte, daß er das Volk Israel zur Sünde veranlaßt hatte, daß es trotzdem die Sünde des Volkes war. Es lag an ihrem unzufriedenen, murrenden Geist, daß Mose vom rechten Weg abkam und eine

Sünde beging, die ihn vom gelobten Land fern hielt. Die Engel sagten ihm, daß nicht er am meisten litt, und nicht er die ganze Tiefe ihrer Sünde in seinem Herzen verspüre, sondern Christus, der ihr unsichtbarer Führer war. Gegen ihn hatten sie gesündigt ...

Die himmlischen Boten machten Mose auch auf die Opferrituale aufmerksam, die die Kreuzigung Christi symbolisierten, und sie zeigten Mose, was in der Zukunft geschehen würde ... Wie mag Mose auf dem Gipfel des Gebirges Pisga empfunden haben, als er die Kreuzigung voraussah! ... Er sah vor sich, wie der Engel, der Israel durch die Wüste von Ägypten nach Kanaan geführt und geleitet hatte, leiden mußte ... Wie aber veränderte sich sein Gesichtsausdruck, als er sah, daß Christus in den Himmel auffuhr und er einer der Helfer war, der ihm die ewigen Tore des Himmels öffnen durfte! ... Er sah, daß die Erde durch Feuer gereinigt und jede Spur von Sünde und jedes Zeichen des Fluches ausgemerzt wurde. Er sah, daß sie neu erschaffen wurde und die Heiligen sie für immer und ewig besitzen sollten ... Als Mose das sah, ging ein Strahlen der Freude über sein Gesicht. Jetzt konnte er die große Macht der Engel verstehen, und er nahm das, was ihm da gezeigt wurde, tief in sich auf. („Manuscript Releases", Bd. 10, S. 151.152.154.155.158.159)

Nachdem er Kanaan ausführlich betrachtet hatte, legte er sich wie ein müder Krieger zur Ruhe. Er schlief ruhig ein, aber es war der Todesschlaf, in den er fiel. Engel nahmen seinen Körper und beerdigten ihn in einem Tal. Die Israeliten konnten sein Grab niemals finden ...

Satan freute sich, daß es ihm gelungen war, Mose zur Sünde gegen Gott zu veranlassen. Für diese Übertretung unterlag Mose der Herrschaft des Todes. Wenn er treu geblieben wäre und nicht versäumt hätte, Gott die Ehre zu geben, als er Wasser aus dem Felsen schlug, und diese eine Sünde nicht sein Leben verdorben hätte, wäre er mit in das gelobte Land gegangen und schließlich verwandelt und in den Himmel aufgenommen worden, ohne zu sterben.

Michael oder Christus kam mit den Engeln, die Mose beerdigt hatten, vom Himmel herab, und nach einem kurzen Aufenthalt im Grab ließen sie ihn auferstehen. („Spiritual Gifts", Bd. 4a, S. 57.58)

Die Macht des Todes war bis dahin niemals gebrochen worden, und so beanspruchte Satan alle, die in den Gräbern lagen, als seine Gefangenen; nie und nimmer würden sie aus seinem dunklen Kerker freikommen.

Zum ersten Mal wollte Christus einem Toten neues Leben schenken. Als sich der Lebensfürst und die Engel dem Grabe näherten, geriet Satan wegen seiner Vorherrschaft in Unruhe. Mit den bösen Engeln war er zur Stelle, jeden Eingriff in das Gebiet streitig zu machen, das er für sich beanspruchte. („Patriarchen und Propheten", S. 458.459)

Als Christus und die Engel sich dem Grab näherten, kamen auch Satan und seine Engel, um den Leichnam Moses zu bewachen, damit er nicht weggeholt würde. Als Christus und seine Engel kamen, versuchte Satan sich dem Angriff zu widersetzen, wurde aber von der Herrlichkeit und der Kraft Christi und seiner Engel zurückgedrängt.

Satan beanspruchte den Leichnam Moses wegen seiner einzigen Übertretung (von Gottes Geboten); Christus verwies ihn jedoch bescheiden auf seinen Vater und sagte: „Der Herr strafe dich!" Dann berichtete er Satan, daß er wußte, daß Mose seine Sünde demütig bereut hatte, sein Charakter keine dunkle Stelle mehr aufwies und sein Name jetzt in den himmlischen Büchern frei von jeder Schuld niedergeschrieben war. Dann rief Christus Mose aus dem Grab. („Spiritual Gifts", Bd. 4a, S. 58)

Bileam, ein Prophet auf Abwegen

Gott sprach in der Nacht durch einen Engel mit Bileam und fragte bei ihm an, was das für Leute seien, die er bei sich beherbergte. Bileam antwortete dem Herrn: „Balak, der Sohn des Zippor, der König von Moab, hat nach mir gesandt und mich dazu aufgefordert, dieses Volk, das da aus Ägypten gekommen ist, zu verfluchen." Und Gott antwortete ihm: „Du sollst nicht mit ihnen ziehen und du sollst dieses Volk nicht verfluchen, denn dies ist ein gesegnetes Volk." Der Engel berichtete Bileam, daß das Volk unter dem besonderen Schutz Gottes stünde und ihm gehöre, und daß kein Fluch eines Menschen es aufhalten könne.

Am Morgen stand Bileam auf und sagte den Leuten zögernd, daß sie ohne ihn zu Balak zurückkehren müßten, weil der Herr es nicht zuließe, daß er mit ihnen zöge. Da sandte Balak andere von seinen adeligen Staatsbeamten, die noch höhere Positionen bekleideten als die ersten Boten. Und diesmal war die Bitte Balaks noch dringender: „Laß dich bitte durch nichts aufhalten, unverzüglich zu mir zu kommen! Ich werde dich mit großen Ehren überschütten!" Und Bileam antwortete ihnen, daß er nicht kommen könne, selbst wenn Balak ihm ein ganzes Haus voll Gold und Silber dafür böte, denn er könne nicht gegen das ausdrückliche Wort Gottes handeln, weder für wenig, noch für viel. („Spiritual Gifts", Bd. 4a, S. 44)

Zum zweiten Mal kam Bileam in Versuchung. Aber auf das Begehren der Gesandten versicherte er sehr gewissenhaft und ehrlich, daß kein noch so hoher Betrag an Gold und Silber ihn dazu verleiten könne, etwas gegen den Willen Gottes zu tun. Trotzdem verlangte es ihn danach, des Königs Bitte zu erfüllen. Obgleich ihm Gottes Wille ganz eindeutig klar gemacht worden war, drängte er die Boten zum Bleiben, damit er Gott weiter befragen könne; als ob der Unendliche ein Mensch wäre, der sich überreden ließe. („Patriarchen und Propheten", S. 422)

Ein Engel wurde zu Bileam gesandt, um ihm zu sagen: „Sind die Männer gekommen, um dich zu rufen, so mach dich auf und zieh mit ihnen; doch nur was ich dir sagen werde, sollst du tun." (4 Mo 22,20) („The Spirit of Prophecy", Bd. 1, S. 321)

Bileam hatte nun die Erlaubnis erhalten, Moabs Gesandte zu begleiten, wenn sie ihn am andern Morgen aufsuchen würden. Aber verärgert über sein Zögern und weil sie wieder eine Absage befürchteten, waren sie ohne weitere Beratung mit ihm heimgezogen. Damit erübrigte sich jeder Entschuldigungsgrund, der Bitte Balaks nachzukommen. Aber Bileam wollte sich unbedingt die Belohnung verschaffen; und so machte er sich mit seinem gewohnten

Reittier auf den Weg. Er fürchtete, Gott könne seine Einwilligung zurückziehen; deshalb drängte er ungeduldig vorwärts, damit ihm der begehrte Lohn nicht doch noch entginge. („Patriarchen und Propheten", S. 423)

Gottes Zorn gegen Bileam entzündete sich an dessen herausfordernder Haltung gegenüber dem Himmel. Der Engel des Herrn stellte sich ihm in den Weg, um ihn aufzuhalten. Das Tier, das im Gegensatz zu seinem Herrn den himmlischen Boten sehen konnte, wich von der Straße ab in ein Feld. Mit groben Schlägen brachte Bileam das Tier zurück auf den Weg; aber an einer Stelle, die durch Mauern eingeengt war, erschien der Engel noch einmal, und das Tier, das dieser Angst einflößenden Erscheinung aus dem Weg gehen wollte, drückte Bileams Fuß gegen die Mauer. („The Signs of the Times", 25. November 1880)

Da packte Bileam grenzenlose Wut, und er schlug das Tier mit seinem Stecken noch grausamer. Jetzt öffnete Gott diesem den Mund und „das stumme lastbare Tier redete mit Menschenstimme und wehrte des Propheten Torheit" (2 Pt 2,16). „Was hab ich dir getan", fragte es, „daß du mich nun dreimal geschlagen hast?" (4 Mo 22,28)

Wütend über den Aufenthalt bei seiner Reise, antwortete Bileam dem Tier, als hätte er ein vernunftbegabtes Wesen vor sich: „Weil du Mutwillen mit mir treibst! Ach daß ich jetzt ein Schwert in der Hand hätte, ich wollte dich töten!" (4 Mo 22,29)

Nun wurden Bileams Augen geöffnet, und er erblickte den Engel mit dem bloßen Schwert in der Hand, bereit, ihn zu verderben. Voll Schrecken neigte er sich „und fiel nieder auf sein Angesicht" (4 Mo 22,31).

Der Engel sprach: „Warum hast du deine Eselin nun dreimal geschlagen? Siehe, ich habe mich aufgemacht, um dir zu widerstehen; denn dein Weg ist verkehrt in meinen Augen. Und die Eselin hat mich gesehen und ist mir dreimal ausgewichen. Sonst, wenn sie mir nicht ausgewichen wäre, so hätte ich dich jetzt getötet, aber die Eselin am Leben gelassen." (4 Mo 22,32.33) ...

Als Bileam den Boten Gottes erblickte, rief er erschrocken: „Ich habe gesündigt; ich hab's ja nicht gewußt, daß du mir entgegenstandest auf dem Weg. Und nun, wenn dir's nicht gefällt, will ich wieder umkehren." (4 Mo 22,34) („Patriarchen und Propheten", S. 424.425)

Nachdem der Engel Bileam ausdrücklich davor gewarnt hatte, den Moabitern zu Diensten zu sein, erlaubte er ihm, weiterzuziehen ...

Balak ging Bileam entgegen und fragte ihn, warum es so lange gedauert habe, bis er gekommen sei, nachdem er nach ihm gesandt habe. Bileam antwortete ihm: „Siehe, ich bin doch gekommen!" Und er sagte ihm auch, daß es nicht in seiner Macht stünde, etwas anderes zu sagen, als das, was Gott ihm eingeben würde. Bileam forderte Opferhandlungen, die dem ortsüblichen religiösen Brauch entsprachen.

Gott sandte einen Engel zu Bileam, der ihm die Worte, die er äußern sollte, eingab, wie er es auch bei anderen Gelegenheiten getan hatte, als Bileam ein aufrichtiger Diener Gottes war. „Und der Herr gab das Wort dem Bileam in den Mund ... Da hob Bileam an mit seinem Spruch und sprach: Aus Aram hat mich Balak, der König der Moabiter, holen lassen ... Komm, verfluche mir Jakob! Komm, verwünsche Israel!" Wie soll ich fluchen, dem Gott nicht flucht? Wie soll ich verwünschen, den der Herr nicht verwünscht?" (4 Mo 23,5-8) ...

Balak war enttäuscht und ärgerlich. Er rief aus: „Was tust du mir an? Ich habe dich holen lassen, um meinen Feinden zu fluchen, und siehe, du segnest!" (4 Mo 23,11) Balak dachte, es sei der großartige Anblick der Israeliten in ihren Zelten, der Bileam davon abhielt, dem Volk zu fluchen.

Deshalb ließ er ihn an einen Ort bringen, wo dieser Vorteil für das Volk nicht bestand. Und wieder, in Zophir, richtete Bileam Brandopferaltäre auf und ging dann, um allein zu sein und um sich mit dem Engel Gottes in Verbindung zu setzen. Und der Engel teilte ihm mit, was er sagen sollte. („The Spirit of Prophecy", Bd. 1, S. 322-324)

Josua führt Israel nach Kanaan

Die Israeliten trauerten aufrichtig um den Heimgegangenen; dreißig Tage dauerten die besonderen Feiern zu seinem Gedenken ... Nun war Josua der anerkannte Führer Israels ...

Nun erließ Josua Befehl, sich zum Vormarsch bereitzuhalten ... So verließ das Riesenheer das Lager im Akazienhain von Schittim und stieg zum Jordanufer hinab. („Patriarchen und Propheten", S. 463.465)

Vier himmlische Engel gingen immer neben der Bundeslade her, auf all ihren Wegen. Sie schützten sie vor Gefahren und führten alles aus, was im Zusammenhang mit ihr geschehen sollte. Jesus, der Sohn Gottes, gefolgt von himmlischen Engeln, ging der Bundeslade voraus, als sie an den Jordan kamen; und das Wasser teilte sich vor ihnen. Christus und die Engel standen bei der Lade und den Priestern im Flußbett, bis alle Israeliten hindurchgegangen waren. („The Spirit of Prophecy", Bd. 1, S. 399)

Wären Josua die Augen geöffnet worden ... und er hätte diesen Anblick ertragen können, hätte er gesehen, daß sich die Engel des Herrn um die Kinder Israel herum niedergelassen hatten; denn die Armee des Himmels war angetreten, um für das Volk Gottes zu kämpfen. Und der Herr als ihr Anführer gab die Befehle. („Review and Herald", 19. Juli 1892)

Als sich Josua vom Heer der Israeliten zurückzog, um nachzudenken und um Gottes besonderen Beistand zu beten, sah er einen stattlichen Mann, der gekleidet war wie ein Krieger, mit dem Schwert in der Hand ...

Dies war nicht ein einfacher Engel. Es war der Herr Jesus Christus, der die Hebräer durch die Wildnis begleitet hatte, bei Nacht in der Feuersäule und am Tag in der Wolkensäule.

Der Ort wurde durch seine Gegenwart geheiligt, und deshalb wurde Josua aufgefordert, seine Schuhe auszuziehen. („Spiritual Gifts", Bd. 4a, S. 61)

Von Ehrfurcht ergriffen, warf sich Josua nieder und betete an. Da hörte er die Zusicherung: „Ich habe Jericho samt seinem König und seinen Kriegsleuten in deine Hand gegeben." (Jos 6,2) Dann erhielt er Anweisungen für die Einnahme der Stadt. („Patriarchen und Propheten", S. 470)

Der Anführer des Heers des Herrn offenbarte sich nicht dem ganzen Volk. Er nahm nur zu Josua Kontakt auf, der den Hebräern dann berichtete.

Danach war es ihre Entscheidung, ob sie den Worten Josuas Glauben schenkten und seinen Anweisungen, die er im Namen des Herrn des himmlischen Heeres erteilte, Folge leisteten; oder ob sie seine Autorität anzweifelten und gegen seine Befehle rebellierten. Sie konnten das Heer der Engel, das vom Sohn Gottes angeführt wurde, nicht sehen. („Testimonies", Bd. 4, S. 162.163)

Die Einnahme Jerichos

Der Anführer des Heeres des Herrn kam vom Himmel, um den Angriff auf die Stadt zu leiten. Engel Gottes legten Hand an die dicken Mauern und brachten sie zu Fall. („Testimonies", Bd. 3, S. 264)

Christus und die Engel nahmen an der Umrundung von Jericho mit der Bundeslade teil und ließen schließlich die dicken Mauern dieser Stadt einstürzen. Sie lieferten Jericho an die Israeliten aus. („The Spirit of Prophecy", Bd. 1, S. 399)

Bei der Einnahme Jerichos berührte keine menschliche Hand die Stadtmauern, denn es waren Engel des Herrn, die die Mauern überwanden und in die Befestigung des Feindes eindrangen. Es waren nicht die Israeliten, sondern der Anführer des Heeres des Herrn, der Jericho einnahm.

Aber die Israeliten mußten ihr Teil dazu beitragen und ihren Glauben an die Erlösung durch den Herrn unter Beweis stellen. („Review and Herald", 19. Juli 1892)

Wenn auch nur ein israelitischer Krieger einen Angriff auf die Mauer unternommen hätte, wäre die Ehre Gottes geschmälert worden und sein Wille (zu helfen) hätte nachgelassen. Aber sie haben die Arbeit dem Allmächtigen überlassen, und wenn das Kampfgeschehen vom Mittelpunkt der Erde bis in den Himmel gereicht hätte, wäre das Ergebnis immer gleich gewesen, denn der Herr der himmlischen Heerscharen führte seine Legionen zum Angriff. („The Signs of the Times", 14. April 1881)

Kapitel 10

Engel in der Zeit der Richter und der frühen Könige

Christus als der „Engel des Herrn"

Wenn Gott in alter Zeit seine Engel sandte, damit sie einzelnen Menschen dienten, und diese dann merkten, daß es Engel waren, die sie gesehen und mit denen sie gesprochen hatten, waren sie von Ehrfurcht überwältigt und fürchteten, sterben zu müssen. Sie hatten eine solch beeindruckende Vorstellung von der furchtbaren Majestät und Allmacht Gottes, daß sie glaubten, zerstört zu werden, wenn sie mit einem Wesen, das direkt aus seiner heiligen Gegenwart zu ihnen kam, so engen Kontakt hatten ... Richter 6,22.23; 13,21.22; Josua 5,13-15. („Spiritual Gifts", Bd. 4b, S. 152)

Nach dem Tod ihres Anführers (Josua) und der Ältesten, die mit ihm zusammengearbeitet hatten fiel das Volk nach und nach wieder in den Götzendienst zurück ...

Der Herr sah dem Volk diese Sünden nicht nach, sondern ermahnte es. Es gab immer noch treue Gläubige in Israel, und viele nahmen auch noch nach wie vor aus Gewohnheit am Gottesdienst in der Stiftshütte teil. Anläßlich eines religiösen Festes hatte sich eine große Volksmenge eingefunden, als sich ein Engel Gottes, der zuerst in Gilgal erschienen war, der Versammlung in Silo offenbarte ...

Dieser Engel, derselbe, der Josua bei der Einnahme Jerichos erschienen war, war kein anderer als der Sohn Gottes ... Er zeigte ihnen, daß nicht er die Versprechen, die er ihnen gegeben hatte, brach, sondern daß sie selbst es waren, die den Bund mit Gott nicht einhielten.

„Und als der Engel des Herrn diese Worte zu den Israeliten gesprochen hatte, erhob das Volk seine Stimme und weinte. Und sie opferten dem Herrn". Aber ihre Reue war nicht von Dauer. („The Signs of the Times", 2. Juni 1881)

Gideon

Gideon war der Sohn Joas' aus dem Stamm Manasse. Das Geschlecht, zu dem diese Familie gehörte, hatte keine führende Stellung, aber es zeichnete sich durch Mut und Redlichkeit aus ... An Gideon erging nun Gottes Ruf, sein Volk zu befreien. Er war gerade beim Weizendreschen ... Während Gideon still und verborgen arbeitete, sann er bekümmert über Israels Lage nach und wie das Joch der Unterdrücker abzuschütteln sei.

Plötzlich erschien „der Engel des Herrn" und sprach ihn an mit den Worten: „Der Herr mit dir, du streitbarer Held!" („Patriarchen und Propheten", S. 530)

Der Engel hatte seine göttliche Herkunft verschleiert, aber es war kein anderer als Christus, der Sohn Gottes. Wenn ein Prophet oder ein Engel eine Botschaft Gottes übermittelt, sagte er üblicherweise: „Der Herr spricht, ich werde dieses oder jenes tun." Aber von der Gestalt, die mit Gideon sprach, ist uns übermittelt, daß sie sagte: „Der Herr ist mit dir, du starker Held!"

Gideon wollte seinem vornehmen Besucher eine besondere Ehre erweisen, und nachdem er sich vergewissert hatte, daß der Engel warten würde, eilte er zu seinem Zelt und bereitete aus seinen knappen Vorräten ein Zicklein und ungesäuertes Brot und brachte es ihm ...

Aber der Engel Gottes sprach zu ihm: „Nimm das Fleisch und die Brote und lege es hin auf den Fels hier und gieß die Brühe darüber." (Ri 6,20)

Gideon tat dies, und dann gab ihm der Herr das Zeichen, das er sich gewünscht hatte. Mit dem Stab, den er in seiner Hand hielt,

101

berührte der Engel das Fleisch und die ungesäuerten Brote, und ein Feuer fuhr aus dem Felsen und verzehrte alles wie ein Opfer und nicht wie ein Gastmahl, denn er war kein Mensch, sondern Gott. Nach diesem Beweis seiner göttlichen Herkunft verschwand der Engel.

Als er überzeugt war, daß er den Sohn Gottes gesehen hatte, war Gideon mit Angst erfüllt, und er rief aus: „Ach, Herr, Herr! Habe ich wirklich den Engel des Herrn von Angesicht zu Angesicht gesehen!"

Da erschien der Herr Gideon ein weiteres Mal und sagte: „Friede sei mit dir! Fürchte dich nicht! Du wirst nicht sterben." Diese wohlwollenden Worte sprach derselbe mitfühlende Erlöser, der den Jüngern im Sturm auf dem See zurief: „Ich bin es, fürchtet euch nicht!" Und es war ebenfalls er, der den Trauernden im oberen Saal erschien und sie mit den gleichen Worten begrüßte wie Gideon: „Friede sei mit dir!" (Ri 6,22.23) („The Signs of the Times", 23. Juni 1881)

Simson

Inmitten des weit verbreiteten Abfalls flehten die gläubigen Anbeter Gottes unaufhörlich um Israels Befreiung. Er schien sie nicht zu hören; mit jedem Jahr lastete die Gewaltherrschaft der Unterdrücker schwerer auf dem Land. Dennoch hatte Gottes Vorsehung Hilfe bereit. Gerade in den ersten Jahren der Bedrängnis durch die Philister wurde ein Kind geboren, durch das Gott diese mächtigen Feinde demütigen wollte.

Am Rande des Hügellandes, von dem man die Philisterebene gut überschauen konnte, lag die kleine Stadt Zora. Hier wohnte die Familie Manoahs aus dem Stamme Dan, eine der wenigen Familien, die bei dem allgemein herrschenden Abfall Jahwe treu geblieben waren. Eines Tages erschien Manoahs kinderloser Frau der „Engel des Herrn" mit der Botschaft, sie würde einen Sohn bekommen, durch den mit Gottes Hilfe Israels Befreiung anfangen sollte. Im Hinblick darauf unterwies sie der Engel über die künftige Lebensweise und auch über die Behandlung des Kindes ...

Die Frau ging zu ihrem Mann und beschrieb ihm den Engel und wiederholte dessen Botschaft. Voller Sorge, sie könnten bei der wichtigen Aufgabe etwas falsch machen, betete Manoah: „Ach Herr, laß den Mann Gottes wieder zu uns kommen, den du gesandt hast, damit er uns lehre, was wir mit dem Knaben tun sollen, der geboren werden soll." (Ri 13,8)

Als der Engel daraufhin nochmals erschien, erkundigte sich Manoah genau: „Wie sollen wir's mit dem Knaben halten und tun?" Und der Engel wiederholte: „Vor allem, was ich der Frau gesagt habe, soll sie sich hüten: sie soll nicht essen, was vom Weinstock kommt, und soll keinen Wein oder starkes Getränkt trinken und nichts Unreines essen; alles, was ich ihr geboten habe, soll sie halten." (Ri 13,12-14) („Patriarchen und Propheten", S. 542.543)

Manoah und seine Frau wußten nicht, daß der, der mit ihnen sprach, Jesus Christus war. Sie erkannten ihn zwar als Boten Gottes, waren sich aber nicht im klaren, ob es sich um einen Propheten oder um einen Engel handelte. Da sie gerne gastfreundlich sein wollten, nötigten sie ihn zu bleiben, damit sie ein Zicklein für ihn zubereiten könnten, aber da sie nicht wußten wer er war, wußten sie auch nicht so recht, ob sie ihm ein Opfer darbringen sollten oder nur ein übliches Gastmahl.

„Aber der Engel des Herrn antwortete Manoah: ,Wenn du mich auch hier hältst, so esse ich doch von deiner Speise nicht. Willst du aber dem Herrn ein Brandopfer bringen, so kannst du es opfern.' Manoah aber wußte nicht, daß es der Engel des Herrn war."

Nach diesen Worten fragte Manoah den Engel des Herrn: „Wie heißt du? Denn wir wollen dich ehren, wenn nun eintrifft, was du gesagt hast."

Die Antwort lautete: „Warum fragst du nach meinem Namen, der doch geheimnisvoll ist?" Als Manoah das göttliche Wesen seines Gastes erkannte, „nahm er ein Ziegenböcklein und Speisopfer und brachte es auf einem Feld dem Herrn dar, der geheimnisvolle Dinge tut".

Feuer kam aus dem Felsen und verzehrte das Opfer, „und als die Flammen aufloderten vom Altar gen Himmel, fuhr der Engel des Herrn auf in der Flamme des Altars. Als das Manoah und seine Frau sahen, fielen sie zur Erde auf ihr Angesicht." Jetzt gab es keine Frage mehr bezüglich der Herkunft des Besuchers. Sie wußten, daß sie den Heiligen Gottes gesehen hatten; den, der, seine Herrlichkeit in einer Wolkensäule verschleiernd, Israels Anführer und Helfer in der Wüste gewesen war.

Ehrfürchtiges Erstaunen und Angst erfüllten Manoahs Herz und er konnte nur ausrufen: „Wir werden sicher sterben, weil wir das Angesicht Gottes gesehen haben!" Aber seine Partnerin in dieser ernsten Stunde hatte einen größeren Glauben als er. Sie erinnerte ihn daran, daß der Herr ihr Opfer angenommen habe und daß er ihnen einen Sohn versprochen hatte, der mit der Befreiung Israels beginnen sollte. Das war nicht ein Zeichen des Zorns, sondern der Annahme (Ri 13, 16-22). („The Signs of the Times", 15. September 1881)

Gottes Ankündigung an Manoah erfüllte sich, als ihm zur vorbestimmten Zeit ein Sohn geboren wurde, der den Namen Simson erhielt. Aufgrund des Befehls des Engels wurde diesem Kind niemals das Haupthaar geschnitten, und er wurde von Geburt als Nasiräer an Gott geweiht. („The Signs of the Times", 6. Oktober 1881)

Samuel und Eli

Samuel war in seiner Kindheit von den verderblichsten Einflüssen umgeben. Er sah und hörte Dinge, die ihn sehr betrübten. Die Söhne Elis, die ein heiliges Amt versahen, wurden von Satan beherrscht. Sie verunreinigten ihren ganzen Einflußbereich. Männer und Frauen wurden täglich von Sünde und Unrecht gefesselt, doch Samuel blieb rein. Sein Charakter war untadelig. An den Sünden, die ganz Israel mit schrecklichen Gerüchten erfüllten, hatte er weder Anteil noch das geringste Wohlbehagen. Samuel liebte Gott. Seine Seele stand in so enger Verbindung mit dem Himmel, daß ein Engel ausgesandt wurde, um mit ihm über die Sünden der Söhne Elis zu sprechen, die Israel verderbten. („Aus der Schatzkammer der Zeugnisse", Bd. 1, S. 364)

Die Übertretungen der Söhne Elis waren dermaßen frech und anmaßend, ... daß kein Opfer ausreichte, um diese wissentlich begangenen Sünden zu sühnen ... Diese Sünder brachten die Bundeslade in das Zeltlager der Israeliten ...

Gott ließ zu, daß seine Bundeslade in die Hände der Feinde fiel, um den Israeliten zu zeigen, wie nutzlos es war, auf sie als Hilfsmittel zu vertrauen. Sie war doch nur ein Symbol seiner Gegenwart und sinnlos, wenn sie die Gebote, die in ihr aufbewahrt wurden, mißachteten ...

Die Philister triumphierten, weil sie dachten, daß sie den berühmten Gott der Israeliten, der so große Wunder für sie vollbracht und sie zum Schrecken ihrer Feinde gemacht hatte, erbeutet hätten. Sie brachten die Lade Gottes nach Asdod und stellten sie in einen Tempel, den sie zu Ehren ihres wichtigsten Gottes, Dagon, erbaut hatten. Sie stellten sie direkt neben das Götzenstandbild. Als die Priester dieses Gottes am Morgen in den Tempel kamen, erschraken sie sehr, als sie sahen, daß ihr Gott von seinem Sockel gefallen war und mit dem Gesicht auf dem Boden vor der Lade des Herrn lag ... Die Engel des Herrn, die die Bundeslade immer begleiteten, hatten den nutzlosen Götzen heruntergeworfen und verunstaltet, um zu erkennen zu geben, daß der lebendige Gott über allen Göttern stand und ein Heidengötze vor ihm nichts war. („Spiritual Gifts", Bd. 4a, S. 106.107)

Schnell verbreiteten die Leute von Beth-Schemesch die Nachricht, daß die Lade bei ihnen sei, und aus der ganzen Umgebung strömten die Menschen herbei, ihre Rückkehr zu begrüßen. Sie stellten sie auf den Stein, der zuvor als Altar gedient hatte, und brachten dem Herrn zahlreiche Opfer dar ... Statt einen geeigneten Ort für ihre Unterbringung vorzubereiten, ließen sie sie auf dem Erntefeld stehen. Als sie die heilige Truhe so betrachteten und sich darüber unterhielten, auf welch wunderbare Weise sie doch zu ihnen gekommen war, fingen sie an, Vermutungen drüber anzustellen, worin ihre wunderbare Macht eigentlich läge. Schließlich packte sie die Neugier, sie entfernten die Decken und wagten es, sie zu öffnen ...

Nicht einmal die heidnischen Philister hatten gewagt, die Decken abzunehmen, denn himmlische Engel begleiteten die Lade ungesehen auf allen Wanderungen. Die unehrerbietige Dreistigkeit der Einwohner von Beth-Schemesch wurde schnell bestraft. Viele ereilte der Tod. („Patriarchen und Propheten", S. 572)

Saul und Jonathan

Gott hatte Samuel zum Richter über Israel gemacht. Er wurde vom ganzen Volk verehrt. Gott wollte von ihnen als Herrscher anerkannt werden, aber er bestimmte Menschen, die sie regierten, rüstete sie mit seinem Geist aus und vermittelte ihnen seinen Willen durch seine Engel. („Spiritual Gifts", Bd. 4a, S. 67)

Saul hatte mit seinem vermessenen Opfer gesündigt, darum verwehrte ihm der Herr den Siegesruhm über die Philister. Jonathan, der gottesfürchtige Sohn des Königs, war zur Befreiung Israels ausersehen ... Engel beschützten Jonathan und seinen Waffenträger. Engel kämpften an ihrer Seite, und vor ihnen wichen die Philister zurück. („Patriarchen und Propheten", S. 605.606)

Engel Gottes kämpften mit Jonathan Seite an Seite, und die Philister fielen um ihn herum. Das Heer der Philister, das im Kampf lag, und auch die Soldaten im Lager bekamen große Angst. Die Erde bebte unter ihnen, so als seien Unmengen von Reitern und Kriegswagen bereit zum Kampf. Jonathan, sein Waffenträger und sogar das Heer der Philister erkannten, daß der Herr sich für die Befreiung der Israeliten einsetzte. („Spiritual Gifts", Bd. 4a, S. 70)

Davids frühe Jahre

Samuel kam nicht mehr mit Anweisungen Gottes zu Saul. Der Herr konnte ihn zur Ausführung seiner Ziele nicht gebrauchen. Aber er sandte Samuel in das Haus Jesses, damit er David salbe, den er sich anstelle von Saul, den er verworfen hatte, als Regent über Israel auserwählt hatte.

Als ihm die Söhne Jesses vorgestellt wurden, hätte Samuel Eliab gewählt, der groß und stattlich war und eine vornehme Ausstrahlung hatte, aber der Engel Gottes stand neben ihm und leitete ihn in dieser wichtigen Entscheidung. Er machte ihn darauf aufmerksam, daß er nicht nach dem äußeren Erscheinungsbild urteilen dürfe. Eliab war nicht gottesfürchtig. Er hatte in seinem Herzen keine tiefe Beziehung zu Gott. Er wäre ein stolzer, sehr bestimmender König geworden. Keiner unter den Söhnen paßte für das hohe Amt, außer David, dem Jüngsten, dessen einfache Aufgabe es war, die Schafe zu hüten. („Spiritual Gifts", Bd. 4a, S. 77.78)

David war nicht sehr groß, sah aber sehr gut aus. Seine ganze Erscheinung strahlte Demut, Ehrlichkeit und echten Mut aus. Der Engel Gottes wies Samuel darauf hin, daß David derjenige war, den er salben sollte, denn er war der Auserwählte Gottes. Von diesem Augenblick an schenkte der Herr David ein kluges und verständiges Herz. („The Spirit of Prophecy", Bd. 1, S. 368)

Davids ältester Bruder Eliab ... war eifersüchtig auf David, weil er ihm vorgezogen wurde. Er verachtetete David und dachte, daß er ihm überlegen sei. Er beschuldigte ihn vor den anderen, daß er heimlich von seinem Vater fortgelaufen sei, um den Kampf zu beobachten ... David widersprach dieser ungerechten Anschuldigung und antwortete: „Was habe ich denn getan, gibt es denn keinen Grund dafür, daß ich gekommen bin?" David macht sich nicht die Mühe, seinem Bruder zu erklären, daß er gekommen sei, um Israel zu helfen, daß Gott ihn gesandt hatte, damit er Goliath besiege.

Gott hatte ihn zum Regenten Israels erwählt, und jetzt, da die Armeen des lebendigen Gottes in einer so schlechten Lage waren, wurde er von einem Engel dorthin gelenkt, um Israel zu erretten. („The Spirit of Prophecy", Bd. 1, S. 371)

Saul begegnet einem Engel

Saul ließ sich von seinen Gefühlen leiten, bis er ein Opfer seines Jähzorns und seiner Leidenschaften wurde. Er litt an Tobsuchtsanfällen und Depressionen, und er war so weit gekommen, daß er jeden umbringen wollte, der sich seinem Willen widersetzte ... Davids einwandfreier Lebenswandel und seine Gewissenhaftigkeit hatten den Zorn des Königs erregt, und er bildete sich ein, die bloße Gegenwart Davids sei ein Angriff auf ihn ...

Er kam nach Rama und rastete an einem großen Brunnen in Sechu. Die Leute kamen dorthin, um Wasser zu schöpfen und er erkundigte sich nach dem Aufenthaltsort von David und Samuel. Als man ihm sagte, daß er in Naioth war, beeilte er sich, dorthin zu kommen. Aber der Engel des Herrn begegnete ihm auf dem Weg und beeinflußte ihn.

Gottes Macht lag auf ihm, er ging seines Wegs, betete Gott an, weissagte und sang geistliche Lieder. Er weissagte über das Kommen des Herrn als Erlöser der Welt. Als er nach Naioth in Rama kam, legte er seinen äußeren Mantel ab, der das äußere Zeichen seiner Königswürde war, und den ganzen Tag und die ganze Nacht verbrachte er unter dem Einfluß des Geistes Gottes bei Samuel und den Prophetenschülern. („The Signs of the Times", 24. August 1888)

Sauls spiritistische Sitzung und sein Tod

Wieder einmal kam es also zum Krieg zwischen Israel und den Philistern ... Saul hatte inzwischen erfahren, daß David mit seinen Leuten bei den Philistern war und rechnete stark damit, daß Isais Sohn die Gelegenheit wahrnehmen würde, sich für alles erlittene Unrecht zu rächen. Der König war in großer Sorge ...

Am nächsten Morgen mußte Saul zum Kampf gegen die Philister antreten. Immer dunkler zogen sich die Schatten des drohenden Verhängnisses über ihm zusammen. Ihn verlangte nach Hilfe und Weisung. Doch vergeblich suchte er Rat bei Gott. „Der Herr antwortete ihm nicht, weder durch Träume noch durch das Los ‚Licht' noch durch Propheten." (1 Sam 28,6) ...

Er sprach zu seinen Getreuen: „Sucht mir ein Weib, das Tote beschwören kann, daß ich zu ihr gehe und sie befrage." (1 Sam 28,7) ...

Man berichtete dem König, daß solch eine Frau mit einem Wahrsagegeist heimlich in Endor lebte. Sie hatte einen Bund mit Satan geschlossen und sich ihm ausgeliefert, um seine Pläne vollbringen zu helfen. Als Lohn wirkte der Fürst der Finsternis Wunder für sie und ließ sie geheime Dinge wissen.

Verkleidet machte sich Saul mit nur zwei Dienern nachts auf den Weg zu dem Schlupfwinkel der Zauberin ... Im Schutze der Dunkelheit suchten Saul und seine Begleiter ihren Weg über die Ebene, kamen unversehrt am Heer der Philister vorbei und überquerten den Bergsattel zu dem einsamen Haus der Zauberin von Endor ... Nachdem sie ihre Zaubersprüche gemurmelt hatte, sagte sie: „Ich sehe einen Geist heraufsteigen aus der Erde ... Es kommt ein alter Mann herauf und ist bekleidet mit einem Priesterrock.' Da erkannte Saul, daß es Samuel war, und neigte sich mit seinem Antlitz zur Erde und fiel nieder." (1 Sam 28,13.14) Der da auf die Zauberformel der Frau hervorkam, war nicht Gottes heiliger Prophet. Samuel befand sich nicht an diesem Aufenthaltsort böser Geister. Eine derartige übernatürliche Erscheinung brachte einzig Satan hervor. („Patriarchen und Propheten", S. 654.655.657)

Die ersten Worte der Frau unter dem Zauber ihrer Beschwörung waren an den König gerichtet: „Warum hast du mich betrogen? Du bist Saul." Somit warnte der böse Geist, der scheinbar den Propheten verkörperte, diese gottlose Frau zuerst vor der Täuschung, die man ihr zugedacht hatte. Die Botschaft des vorgeblichen Propheten an Saul hieß: „Warum hast du meine Ruhe gestört, daß du mich heraufsteigen lässest?' Saul sprach: ‚Ich bin in großer Bedrängnis, die Philister kämpfen gegen mich, und Gott ist von mir gewichen und antwortet mir nicht, weder durch Propheten noch durch Träume; darum hab ich dich rufen lassen, daß du mir kundtust, was ich tun soll.'" (1 Sam 28,12.15)

Zu Samuels Lebzeiten hatte er Samuels Rat verschmäht und seine Zurechtweisung übel vermerkt. Aber jetzt, in der Not und im Unglück, hielt er ihn für seine einzige Hoffnung, und um sich des Gesandten Gottes zu versichern, nahm er vergeblich seine Zuflucht bei dem Botschafter der Hölle. Saul hatte sich Satan ganz und gar ausgeliefert, der nun die Gelegenheit ausnutzte, den unglücklichen König völlig zugrunde zu richten. Sauls angstvolle Bitte wurde – angeblich aus Samuels Munde – mit dem schrecklichen Bescheid beantwortete:

„Warum willst du mich befragen, da doch der Herr von dir gewichen und dein Feind geworden ist? Der Herr hat dir getan, wie er durch mich geredet hat, und hat das Königtum aus deiner Hand gerissen und David, deinem Nächsten, gegeben. Weil du der Stimme des Herrn nicht gehorcht und seinen grimmigen Zorn nicht an Amalek vollstreckt hast, darum hat der Herr dir das jetzt getan. Dazu wird der Herr mit dir auch Israel in die Hände der Philister geben." (1 Sam 28,16-19) („Patriarchen und Propheten", S. 657)

Als Saul nach Samuel fragte, ließ der Herr nicht Samuel erscheinen. Er sah nichts. Es war Satan nicht gestattet, die Grabesruhe Samuels zu stören und ihn tatsächlich bei der Hexe von Endor erscheinen zu lassen. Gott gibt Satan nicht die Macht, Tote auferstehen zu lassen, aber Satans Engel nehmen das äußere Erscheinungsbild toter Menschen an und sprechen dann wie sie und verhalten sich wie sie, damit er durch diese vermeintlichen toten Freunde seinen Betrug an den Menschen noch besser ausführen kann. Satan kannte Samuel gut, und er wußte genau, wie er ihn vor der Hexe von Endor nachmachen und wie die richtige Aussage über das Schicksal von Saul und seinen Söhnen lauten mußte. („The Spirit of Prophecy", Bd. 1, S. 376)

Der Bericht vom Besuch Sauls bei der Hexe von Endor bereitet vielen Bibellesern Schwierigkeiten. Manche meinen, Samuel habe tatsächlich an der Unterhaltung mit Saul teilgenommen. Aber die Bibel selbst begründet hinreichend den gegenteiligen Schluß. War Samuel im Himmel, wie einige behaupten, muß er entweder durch Gottes oder Satans Macht von dorther gerufen worden sein. Aber niemand wird auch nur einen Augenblick glauben, daß Satan die Macht hatte, Gottes heiligen Propheten vom Himmel um der Zauberreien einer verlorenen Frau willen herbeizuzwingen. Wir können auch nicht annehmen, daß Gott ihn in die Höhle der Hexe schickte.

Denn der Herr hatte es bereits abgelehnt, auf Sauls Fragen durch Träume, durchs „Licht" oder durch Propheten zu antworten. Das waren die von Gott vorgesehenen Möglichkeiten, mit den Menschen umzugehen, und er hob sie nicht auf, um Botschaften durch ein Werkzeug Satans zu übermitteln.

Die Botschaft beweist ihren Ursprung. Ihr Zweck war nicht, Saul zur Umkehr zu bewegen, sondern ihn ins Verderben zu treiben; doch das ist nie Gottes Absicht, sondern Satans Ziel. Weiter wird in der Schrift Sauls Befragung einer Zauberin mit als Grund dafür angeführt, daß Gott ihn verwarf und dem Untergang preisgab: „So starb Saul um seines Treuebruchs willen, mit dem er sich an dem Herrn versündigt hatte, weil er das Wort des Herrn nicht hielt, auch weil er die Wahrsagerin befragt, den Herrn aber nicht befragt hatte. Darum ließ er ihn sterben und wandte das Königtum David, dem Sohn Isais, zu." (1 Chr 10,13.14)

Kapitel 11

Engel von der Zeit Davids bis zur Babylonischen Gefangenschaft

Davids Regentschaft

Die Bundeslade blieb im Hause Abinadabs, bis David zum König ausgerufen wurde. Er versammelte dreißigtausend ausgewählte Männer um sich und machte sich mit ihnen auf den Weg, um die Lade Gottes zu holen.

Sie setzten die Bundeslade auf einen neuen Wagen und brachten sie aus dem Hause Abinadabs fort. Usa und Achjo, die Söhne Abinadabs, führten den neuen Wagen. „David und ganz Israel tanzten vor dem Herrn her mit aller Macht im Reigen, mit Liedern, mit Harfen und Psaltern und Pauken und Schellen und Zimbeln. Und als sie zur Tenne Nachons kamen, griff Usa zu und hielt die Lade Gottes fest, denn die Rinder glitten aus. Da entbrannte des Herrn Zorn über Usa, und Gott schlug ihn dort, weil er seine Hand nach der Lade ausgestreckt hatte, so daß er dort starb bei der Lade Gottes" (2 Sam 2,5-7) Usa war ärgerlich über die Ochsen, und er bewies einen Mangel an Vertrauen in Gott, so, als sei es nicht möglich, daß der, der die Lade aus dem Philisterland heraufgeführt hatte, jetzt auf sie aufpassen konnte. Die Engel, die die Bundeslade begleiteten, streckten Usa nieder, weil er so vermessen war, seine Hand in Ungeduld an die Lade Gottes zu legen. („Spiritual Gifts", Bd. 4a, S. 111)

Zur Vorbereitung weiterer Eroberungen beschloß David, alle Männer, die im geeigneten Alter standen, zum Wehrdienst einzu-

ziehen. Das machte eine Volkszählung nötig. Der eigentliche An-
trieb dazu waren aber Stolz und Ehrgeiz. Jetzt würde sich zeigen,
wie schwach das Reich bei Davids Thronbesteigung gewesen und
wie stark und wohlhabend es unter seiner Regierung geworden war!
Dies mußte das ohnehin schon große Selbstvertrauen des Königs
und seines Volkes noch steigern ... Der Zweck des Unternehmens
stand ganz und gar im Widerspruch zur Theokratie. Selbst Joab,
der nicht gerade als vorsichtig galt, erhob folgende Einwendungen:
„Der Herr tue zu seinem Volk, wie es jetzt ist, hundertmal so viel
hinzu ... Aber des Königs Wort blieb fest gegenüber Joab ..." (1 Chr
21,3-5)

Am nächsten Morgen überbrachte der Prophet Gad David eine
Botschaft: „So spricht der Herr: Erwähle dir entweder drei Jahre
Hungersnot oder drei Monate Flucht vor deinen Widersachern und
vor dem Schwert deiner Feinde, daß es dich ergreife, oder drei Tage das Schwert des Herrn und Pest im Lande, daß der Engel des
Herrn Verderben anrichte im ganzen Gebiet Israels. So sieh nun
zu", sprach der Prophet, „was ich antworten soll dem, der mich gesandt hat."

Der König antwortete: „Mir ist sehr angst, doch ich will in die
Hand des Herrn fallen, denn seine Barmherzigkeit ist sehr groß;
aber ich will nicht in Menschenhände fallen." (1 Chr 21,11-13) („Patriarchen und Propheten", S. 721.722)

Die Folge war eine schnelle Zerstörung. Siebzigtausend wurden
durch die Pest vernichtet. David und die Ältesten Israels demütigten
sich zutiefst vor dem Herrn und trauerten. Als der Engel des Herrn
auf dem Weg nach Jerusalem war, um die Stadt zu vernichten, gebot ihm der Herr, sein Zerstörungswerk zu beenden ... Der Engel,
der mit einer Rüstung gekleidet war, wie im Krieg, hielt ein Schwert
in der Hand und streckte es aus über Jerusalem. Dies wurde David
und den Männern, die bei ihm waren, geoffenbart. David hat
furchtbare Angst und er schreit in seiner Not und in seinem Mitleid
mit Israel. Er bittet Gott, die Schafe zu retten. Und voll
Verzweiflung bekennt er: „Ich bin's doch, der gesündigt und das
Übel getan hat; diese Schafe aber, was haben sie getan? Herr, mein
Gott, laß deine Hand gegen mich und meines Vaters Haus sein und

Hand gegen mich und meines Vaters Haus sein und nicht gegen dein Volk." („The Spirit of Prophecy", Bd. 1, S. 385.386)

Vor den Toren Jerusalems hielt der Würgeengel inne. Er verweilte auf dem Berge Morija, auf der Tenne Ornans, des Jebusiters. Auf Geheiß des Propheten stieg David hinauf, „baute dem Herrn dort einen Altar und opferte Brandopfer und Dankopfer. Und als er den Herrn anrief, erhörte er ihn durch das Feuer, das vom Himmel fiel auf den Altar mit dem Opfer" (1 Chr 21,26). „Und der Herr wurde dem Land wieder gnädig, und die Plage wich von dem Volk Israel." (2 Sam 24,25)

Der Platz, auf dem der Altar errichtet wurde, sollte fortan als heiliger Boden betrachtet werden. Ornan bot ihn dem König als Geschenk an, doch dieser lehnte ab: „Nicht doch! Sondern für den vollen Preis will ich's kaufen; denn ich will nicht, was dein ist, für den Herrn nehmen und will's nicht umsonst zum Brandopfer haben ... So gab David dem Ornan für den Platz Gold im Gewicht von sechshundert Lot." (1 Chr 21.24.25) Dieser Ort war an sich schon merkwürdig; hier hatte Abraham seinen Altar errichtet, um seinen Sohn darauf zu opfern. Nun wurde er durch diese große Befreiung erneut geweiht. Später wählte Salomo ihn als Grundstück zum Tempelbau ... Vom Beginn seiner Regierung an hatte der Tempelbau zu Davids Lieblingsplänen gehört. War es ihm auch nicht vergönnt, dieses Vorhaben auszuführen, plante er doch nicht weniger eifrig und sorgfältig bei der Vorbereitung mit. („Patriarchen und Propheten", S. 722-724)

Durch seinen Engel gab Gott David Anweisungen und Pläne bezüglich des Hauses, das Salomo ihm erbauen sollte. Ein Engel war beauftragt, neben David zu stehen, während er die wichtigen Anweisungen, bezüglich des Tempelbaus, für Salomo niederschrieb. („Spiritual Gifts", Bd. 4a, S. 94)

Salomo

Die Herzen der Menschen waren Salomo ebenso zugetan, wie sie es bei David waren, und sie gehorchten ihm in allen Dingen. Während der Nacht sandte der Herr einen Engel zu Salomo, um ihn durch einen Traum zu unterweisen.

„Und Gott sprach: Bitte, was ich dir geben soll! Salomo sprach: Du hast an meinem Vater David, deinem Knecht, große Barmherzigkeit getan, wie er denn vor dir gewandelt ist in Wahrheit und Gerechtigkeit und mit aufrichtigem Herzen vor dir, und hast ihm auch die große Barmherzigkeit erwiesen und ihm einen Sohn gegeben, der auf seinem Thron sitzen sollte, wie es denn jetzt sei ...

So wollest du deinem Knecht ein gehorsames Herz geben, damit er dein Volk richten könne und verstehen, was gut und böse ist. Denn wer vermag dies dein mächtiges Volk zu richten?" (1 Kön 3,5.6.9) („Spiritual Gifts", Bd. 4a, S. 96.97)

Zusätzlich zu den Cherubim auf dem Deckel der Bundeslade ließ Salomo zwei weitere Engel anfertigen, die größer waren und rechts und links an jedem Ende der Lade aufgestellt wurden. Sie sollten die Engel symbolisieren, die immer anwesend waren, um das Gesetz Gottes zu bewahren. Es ist fast unmöglich, die Herrlichkeit dieses Tempels zu beschreiben. Dort wurde die Bundeslade, wie in der Stiftshütte in der Wüste, mit einer ehrfürchtigen, feierlichen Handlung unter den Flügeln der beiden großen Cherubim aufgestellt, die am Boden standen. („The Spirit of Prophecy", Bd. 1, S. 413)

Elia

Nachdem Elia das erste Mal bei Ahab war, um ihm das Strafgericht Gottes, zu dem es wegen seiner und des Volkes Abtrünnigkeit kommen sollte, anzukündigen, lenkte Gott seinen Weg aus Isebels Machtbereich an einen sicheren Ort am Bach Kidron. Dort ehrte er Elia dadurch, daß er ihn morgens und abends durch Engel mit Nahrung versorgen ließ.

Als dann der Bach austrocknete, sandte er ihn zu einer Witwe in Zarpat und wirkte dort ein Wunder, durch das die Familie dieser Witwe und Elia ständig mit Nahrung versorgt waren. („Testimonies", Bd. 3, S. 288)

König Ahab, den falschen Propheten und dem ringsum versammelten Israel trat Elia als einziger gegenüber, der zur Rechtfertigung der Ehre des Herrn erschienen war. Er, dem das ganze Land die Schuld an all dem schweren Leid zuschrieb, stand anscheinend schutzlos vor dem Herrscher Israels, den Propheten Baals, den Kriegsleuten sowie Tausenden Menschen. Doch Elia war nicht allein. Über ihm und um ihn her scharten sich himmlische Heerscharen, Engel von überlegener Stärke, die ihn beschirmten. ("Propheten und Könige", S. 102)

Im hellen Tageslicht steht Elia schutzlos, umgeben von Tausenden von Soldaten und Baalspriestern, scheinbar alleine da, aber er ist nicht allein. Er ist umgeben von einem mächtigen Heer des Himmels. Starke Engel sind vom Himmel gekommen, um diesen treuen und gerechten Propheten zu beschützen.

Mit mächtiger, befehlender Stimme ruft Elia: "Wie lange hinkt ihr auf beiden Seiten? Ist der Herr Gott, so folgt ihm nach, ist's aber Baal, so folgt ihm nach. Und das Volk antwortete ihm nichts." ("Testimonies", Bd. 3, S. 280)

Während Israel auf dem Berg Karmel noch zweifelte und zögerte, brach Elias Stimme abermals das Schweigen: "Ich bin allein übriggeblieben als Prophet des Herrn, aber die Propheten Baals sind hundertundfünfzig Mann. So gebt uns nun zwei junge Stiere und laßt sie wählen einen Stier und ihn zerstückeln und aufs Holz legen, aber kein Feuer daran legen; dann will ich den andern Stier nehmen und aufs Holz legen und auch kein Feuer daran legen. Und ruft ihr den Namen eures Gottes an, aber ich will den Namen des Herrn anrufen. Welcher Gott nun mit Feuer antworten wird, der ist wahrhaftig Gott." (1 Kön 18,22-24) ("Propheten und Könige", S. 104)

Satan, der wie ein Blitz vom Himmel gefallen war, wäre natürlich gerne diesen Menschen, die er beherrschte und betrogen hatte und die ihm völlig untertan waren und ihm dienten, zu Hilfe gekommen. Bereitwillig hätte er mit einem Blitz ihr Opfer entzündet, aber Gott hatte Satan Grenzen gesetzt. Seine Macht war beschnitten, und er hatte nicht die Möglichkeit, auch nur einen Funken an dem Altar Baals zu entzünden. („Review and Herald", 30. September 1873)

Verließ Gott Elia in der Stunde seiner Trübsal? Keineswegs! Auch als Elia sich von Gott und Menschen verlassen fühlte, liebte Gott seinen Diener nicht weniger als an dem Tage, da auf sein Gebet hin Feuer vom Himmel fiel und die Spitze des Berges erleuchtete.

Jetzt wurde Elia durch eine sanfte Berührung und eine freundliche Stimme aus seinem Schlaf geweckt. Erschreckt richtete er sich auf, bereit zu fliehen; denn er fürchtete, der Feind habe ihn entdeckt. Doch das mitleidsvolle Antlitz, das sich über ihn beugte, war nicht das Antlitz eines Feindes, sondern das eines Freundes. Gott hatte einen Engel vom Himmel mit Nahrung zu seinem Diener gesandt. „Steh auf und iß!", sprach der Engel. „Und er sah sich um, und siehe, zu seinen Häupten lag ein geröstetes Brot und ein Krug mit Wasser." (1 Kön 19,5.6)

Nachdem Elia den für ihn zubereiteten Imbiß zu sich genommen hatte, schlief er wieder ein. Ein zweites Mal kam der Engel zu dem erschöpften Mann, rührte ihn an und sagte: „Steh auf und iß! Denn du hast einen weiten Weg vor dir. Und er stand auf und aß und trank" und vermochte durch die Kraft dieser Speise „vierzig Tage und vierzig Nächte bis zum Berg Gottes, dem Horeb", zu gehen, wo er in einer Höhle Zuflucht fand (1 Kön 19,7.8). („Propheten und Könige", S. 116)

In der Wüste, einsam und entmutigt, hatte Elia erklärt, daß er des Lebens überdrüssig sei, und darum gebeten, daß er sterben dürfe. Aber der Herr in seiner Barmherzigkeit hatte ihn nicht beim Wort genommen. Es wartete noch eine große Aufgabe auf Elia, und nachdem diese Aufgabe erfüllt war, sollte er nicht entmutigt und vereinsamt sterben. Es war ihm nicht bestimmt, zugrunde zu gehen, sondern mit Gottes Engeln zu dessen Herrlichkeit aufzufahren. („Propheten und Könige", S. 161)

Gott sprach mit Elia durch einen mächtigen Engel: „Was machst du hier, Elia?" Mit Bitterkeit in der Seele jammerte Elia: „Ich habe geeifert für den Herrn, den Gott Zebaoth; denn Israel hat deinen Bund verlassen und deine Altäre zerbrochen und deine Propheten mit dem Schwert getötet, und ich bin allein übriggeblieben, und sie trachten danach, daß sie mir mein Leben nehmen."

Der Engel forderte ihn auf, die Höhle, in der er sich versteckt hatte, zu verlassen und am Berg vor den Herrn zu treten und auf sein Wort zu hören.

„Und ein großer starker Wind, der die Berge zerriß und die Felsen zerbrach, kam vor dem Herrn her; der Herr aber war nicht im Wind. Nach dem Wind aber kam ein Erdbeben; aber der Herr war nicht im Erdbeben. Und nach dem Erbeben kam ein Feuer; aber der Herr war nicht im Feuer. Und nach dem Feuer kam ein stilles, sanftes Sausen. Als das Elia hörte, verhüllte er sein Antlitz mit seinem Mantel und ging hinaus und trat in den Eingang der Höhle." (1 Kön 19,10-13)

Da beruhigte sich Elia, seine Niedergeschlagenheit verflog, denn jetzt begriff er, daß er sich immer auf Gott verlassen konnte in ruhigem Vertrauen darauf, daß er in Zeiten der Not immer für ihn da sein würde. („Review and Herald", 23. Oktober 1913)

Als Elia im Begriff stand, Elisa zu verlassen, sagte er zu ihm: „Bitte, was ich dir tun soll, ehe ich von dir genommen werde. Elisa sprach: Daß mir werde ein Teil zufällig von deinem Geiste." (2 Kön 2,9) („Diener des Evangeliums", S. 102)

„Da nahm Elia seinen Mantel und wickelte ihn zusammen und schlug ins Wasser; das teilte sich auf beide Seiten, daß die beiden trocken hindurchgingen. Und da sie hinüberkamen, sprach Elia zu Elisa: Bitte, was ich dir tun soll, ehe ich von dir genommen werde. Elisa sprach: Daß mir werde ein zwiefältig Teil von deinem Geiste. Er sprach: Du hast um ein Hartes gebeten ... Und da sie miteinander gingen und redeten, siehe, da kam ein feuriger Wagen mit feurigen Rossen, die schieden die beiden voneinander; und Elia fuhr also im Wetter gen Himmel. Elisa aber sah es und schrie: Mein Vater, mein Vater, Wagen Israel und seine Reiter!" (2 Kön 2,8-12) („Erziehung", S. 53)

118

Elisa

Im zweiten Buch der Könige können wir lesen, daß heilige Engel den Auftrag hatten, die auserwählten Diener des Herrn zu behüten. Der Prophet Elisa war in Dothan, und dorthin sandte der König von Syrien Pferde und Wagen und ein großes Heer, um ihn holen zu lassen.

„Und der Diener des Mannes Gottes stand früh auf und trat heraus, und siehe, da lag ein Heer um die Stadt mit Rossen und Wagen. Da sprach der Diener zu ihm: O weh, mein Herr! was sollen wir tun?" (2 Kön 6,15) („Atlantik Union Gleaner", 20. August 1902)

„Fürchte dich nicht", gab der Prophet zur Antwort, „denn derer sind mehr, die bei uns sind, als derer, die bei ihnen sind!" Damit sich der Diener aber selbst überzeugen konnte, betete Elisa und sprach: „Herr öffne ihm die Augen, und er sah, und siehe, da war der Berg voll feuriger Rosse und Wagen um Elisa her." (2 Kön 6,16.17)
Zwischen dem Diener Gottes und dem feindlichen Heer standen die himmlischen Heerscharen in einem Kreis. Sie waren mit großer Macht vom Himmel herabgekommen, weder um zu verderben, noch um eine Huldigung zu fordern, sondern um sich rings um die schwachen und hilflosen Diener des Herrn zu scharen. („Propheten und Könige", S. 182)

Elisa war es nicht beschieden, seinem Meister im feurigen Wagen zu folgen. Über ihn ließ der Herr eine langwierige Krankheit kommen. Doch während der langen Stunden menschlicher Schwäche und menschlichen Leidens verließ er sich gläubig auf Gottes Verheißungen und blickte stets auf die ihn umgebenden himmlischen Boten des Trostes und des Friedens. Wie er einst auf den Höhen von Dothan die himmlischen Heerscharen, die feurigen Wagen Israels und ihre Reiter gesehen hatte, so war er sich auch jetzt der Nähe mitfühlender Engel bewußt und fühlte sich dadurch gestärkt. („Propheten und Könige", S. 186)

Jesaja

In Jesajas Tagen rief selbst Götzendienst kein Befremden mehr hervor. Frevelhafte Gewohnheiten waren unter allen Bevölkerungsschichten so weit verbreitet, daß die wenigen, die Gott die Treue hielten, oft versucht waren, den Mut zu verlieren und sich der Enttäuschung und Verzweiflung auszuliefern ...

Solche Gedanken bedrängten Jesaja, als er im Säulengang des Tempels stand. Plötzlich schien es ihm, als würden das Tor und der innere Vorhang des Tempels emporgehoben oder entfernt, so daß er in das Allerheiligste, in das selbst er als Prophet seinen Fuß nicht setzen durfte, hineinschauen konnte. Vor sich sah er in einer Vision den Herrn, der auf einem hohen und erhabenen Throne saß, während der Saum seiner Herrlichkeit den Tempel füllte. Auf jeder Seite des Thrones schwebten Seraphim. Ihre Gesichter verhüllten sie in Anbetung, während sie vor ihrem Schöpfer dienten und sich in dem feierlichen Gebet vereinigten: „Heilig, heilig, heilig ist der Herr Zebaoth, alle Lande sind seiner Ehre voll!" (Jes 6,3) Das riefen sie, bis die Säulen, die Pfeiler und das Zedernholztor von dem Schall zu erzittern schienen und das Haus von ihrem Lobpreis erfüllt wurde. („Propheten und Könige", S. 217.218)

Eine unbeschreibliche Herrlichkeit umgab die Gestalt auf dem Thron, und seine Begleiter füllten den Tempel ... Auf jeder Seite des Gnadenthrons befanden sich Cherubim, die dort als Ehrengarde für den großen König postiert waren, und sie waren mit Licht bekleidet und widerstrahlten die Herrlichkeit Gottes, in dessen Gegenwart sie sich befanden. Und als sie voll Hingabe und Ernst ihre Loblieder sangen, erzitterten die Säulen des Tores wie bei einem Erdbeben. Diese heiligen Wesen sangen das Lob Gottes mit Lippen, die nie durch Sünde verunreinigt waren. Der Unterschied zwischen dem schwachen Lob Gottes, das Jesaja gewöhnt war, und dem inbrünstigen Lob der Seraphim erstaunte und beschämte den Propheten. Für einen Augenblick war es ihm gewährt, den vollkommen reinen Charakter und die Größe Gottes zu erleben und zu erkennen.

Während er dem Gesang der Engel zuhörte, als sie ausriefen: „Heilig, heilig, heilig ist der Herr der Heerscharen, und die ganze Erde ist erfüllt von seiner Herrlichkeit", sah er in einer Vision die Herrlichkeit Gottes, seine unendliche Macht und die unübertreffliche Majestät des Herrn, und das hinterließ einen unauslöschlichen Eindruck in seiner Seele. In den Strahlen dieses unvergleichlichen Lichtes, das ihm so viel von Gottes Wesen offenbarte, wie er ertragen konnte, sah er seine eigene innere Beschmutzung mit solcher Klarheit, daß ihm jedes Wort, das er aussprach unrein erschien. („Review and Herald", 16. Oktober 1888)

Die Seraphim hielten sich in der Gegenwart Jesu auf, aber sie bedeckten ihre Gesichter und ihre Füße mit ihren Flügeln. Sie sahen die Schönheit des Königs und bedeckten sich selbst. Als Jesaja die Herrlichkeit Gottes sah, war er seelisch niedergeschmettert. Aufgrund seiner Vision, die er aus Gnaden erfahren durfte, fühlte er sich völlig wertlos. Wenn die Sonne der Gerechtigkeit Menschenherzen ausleuchtet, werden die Auswirkungen immer so sein ... Je mehr die Herrlichkeit Christi in einem Menschenleben offenbar wird, desto weniger wird dieser Mensch sich selbst verherrlichen, denn dann werden die versteckten Belastungen seiner Seele erkennbar und alle Selbstverherrlichung wird verschwinden. Das Ich wird begraben und Christus wird leben. („Bible Echo and Signs of the Times", 3. Dezember 1894)

Dieser Anblick bot sich Jesaja, als er zum Prophetenamt berufen wurde. Er ließ sich aber nicht entmutigen; denn noch immer klang das Lied der Engel, die den Thron Gottes umgaben, in seinen Ohren: „Alle Lande sind seiner Ehre voll!" (Jes 6,3) Sein Glaube wurde dadurch gestärkt, daß er die herrlichen Siege der Gemeinde Gottes schauen durfte: „Das Land wird voll Erkenntnis des Herrn sein, wie das Wasser das Meer bedeckt." (Jes 11,9) („Propheten und Könige", S. 262)

Hesekiel

An den Ufern des Flusses Kebar schaute Hesekiel einen Wirbelsturm, der vom Norden zu kommen schien, „eine mächtige Wolke und loderndes Feuer, und Glanz war rings um sie her, und mitten im Feuer war es wie blinkendes Kupfer" (Hes 1,4). Mehrere Räder, die jedes „mitten durch das andere" (Hes 1,16) ging, wurden von vier Lebewesen bewegt. Hoch über diesen „sah es aus wie ein Saphir, einem Thron gleich, und auf dem Thron saß einer, der aussah wie ein Mensch" (Hes 1,26). „Und es erschien an den Cherubim etwas wie eines Menschen Hand unter ihren Flügeln." (Hes 10,8)

Die Räder waren so kompliziert angeordnet, daß es auf den ersten Blick aussah, als seien sie durcheinandergeraten; doch sie bewegten sich in vollkommener Harmonie. Himmlische Wesen, unterstützt und geleitet durch die Hand unter den Flügeln der Cherubim, trieben die Räder an. Über ihnen, auf dem saphirnen Thron, saß der Ewige, und um den Thron spannte sich ein Regenbogen, das Zeichen der göttlichen Gnade.

Wie das räderähnliche Gewirr von der Hand unter den Cherubimflügeln gelenkt wurde, so untersteht auch das verworrene Spiel menschlichen Geschehens der göttlichen Herrschaft. Inmitten des Streites und Aufruhrs der Völker lenkt der Herr, der über den Cherubim thront, die Geschehnisse auf dieser Erde. („Propheten und Könige", S. 374.375)

Kapitel 12

Engel von der Zeit der Babylonischen Gefangenschaft bis zu der Zeit Johannes des Täufers

Daniel und seine drei Freunde

Daniel liebte und fürchtete Gott, und er übte und nutzte alle seine Begabungen, um auf diese Weise die liebevolle Fürsorge seines großen Lehrers zu erwidern. Er war sich seiner Abhängigkeit von Gott voll bewußt. Diese vier hebräischen Jugendlichen wollten nicht, daß selbstsüchtige Motive und Vergnügungssucht die wichtigen Dinge dieses Lebens verdrängten. Sie arbeiteten mit willigem Herzen und wachem Verstand. Das waren keine höheren Ziele als jene, die sich jeder Christ setzen kann. Gott erwartet von jedem christlichen Schüler, daß er die Gaben oder Talente, die er ihm gegeben hat, vermehrt. Ihr seid ein „Schauspiel für die Welt, für Engel und Menschen". („Fundamentals of Christian Education", S. 192)

Wer sich so verhält, wie Daniel und seine Freunde, kann sicher sein, daß er von Gott und den Engeln unterstützt wird. („Manuscript Releases", Bd. 4, S. 125)

Nebukadnezars Feuerofen

Wie in den Tagen Schadrachs, Meschachs und Abed-Negos wird der Herr auch vor Abschluß der Weltgeschichte mächtig für die wirken, die fest für das Recht eintreten. Er, der mit den heldenmütigen Hebräern im Feuerofen weilte, wird bei seinen Nachfolgern sein, wo immer sie sich befinden. Seine ständige Gegenwart wird sie trösten und aufrichten. Mitten in der Zeit der Not – einer Not, wie nie zuvor, seitdem es Völker gibt – werden seine Auserwählten unerschütterlich standhalten. Mit all seinem bösen Heer kann Satan nicht einmal die Schwächsten der Heiligen Gottes verderben. Engel, starke Helden, werden sie schützen, und um ihretwillen wird sich der Herr als „Gott aller Götter" offenbaren, der diejenigen, die sich ihm anvertraut haben, wirklich retten kann. („Propheten und Könige", S. 359)

Belsazars Festmahl

In dieser Nacht, mitten in ihrer götzendienerischen Ausgelassenheit, wurde der König plötzlich blaß, und es schien, als sei er gelähmt vor Angst, denn plötzlich erschien eine gespenstische, blasse Hand an der Wand ihm gegenüber. Als die ausgelassenen Zecher die seltsame und für sie unverständliche Handschrift an der Wand sahen, verebbte ihr lautes Gegröle und eine bedrückende Stille breitete sich aus.

Der König dachte an seine Worte und die Knie zitterten ihm. Und er rief laut, „daß man die Weisen, Gelehrten und Wahrsager herbeiholen solle ... Und er ließ den Weisen von Babel sagen: Welcher Mensch diese Schrift lesen kann und mir sagt, was sie bedeutet, der soll mit Purpur gekleidet werden und eine goldene Kette um den Hals tragen und der Dritte in meinem Königreich sein." (Da 5,7)

Aber diese Männer waren genauso wenig in der Lage, diese Schrift, die ein Engel an die Wand geschrieben hatte, zu entziffern, wie sie in der Lage waren, den Traum Nebukadnezars zu deuten. („Review and Herald", 8. Februar 1881)

Es gab einen Zeugen bei Belsazars Fest, ... nämlich den Engel, der die Buchstaben an die Wand des Palastes schrieb. („Ellen G. White 1888 Materials", S. 517)

Daniel in der Löwengrube

Daniel betete dreimal täglich zu seinem Gott. Satan war zornig über diese ernsthaften Gebete, weil er wußte, daß er dadurch Verluste erleiden würde.

Daniel war beliebt in Regierungskreisen und bei den Prinzen, weil er einen hervorragenden Geist verbreitete. Die gefallenen Engel befürchteten, daß sie durch ihn ihren Einfluß auf die führenden Persönlichkeiten des Königreiches verlieren könnten ...

Die satanischen Ankläger, die bösen Engel, stachelten die hohen Beamten und die Prinzen zu Neid und Mißgunst auf, und sie beobachteten Daniel ganz genau, um einen Anlaß zu finden, weswegen sie ihn beim König hätten verklagen können.

Aber sie fanden nichts; denn Satans Engel hatten die Absicht, ihn aufgrund seiner Treue zu Gott zu zerstören. Sie konstruierten die Pläne, und ihre menschlichen Helfer führten sie willig aus. Der König wußte nichts von den hinterhältigen Intrigen, die gegen Daniel angezettelt wurden.

Obwohl Daniel den Erlaß des Königs genau kannte, beugte er (Daniel) sich nach wie vor vor seinem Gott, bei geöffnetem Fenster.

Es ist ihm so wichtig, Gott zu gehorchen, daß er bereit ist, dafür sein Leben aufs Spiel zu setzen. Und weil er zu seinem Gott betete, wurde er schließlich in die Löwengrube geworfen. Soweit hatten die bösen Engel ihr Ziel erreicht. Aber Daniel betete weiter, sogar in der Löwengrube ...

Hatte Gott ihn dort vergessen? Natürlich nicht!

Jesus, der mächtige Befehlshaber des himmlischen Heeres, sandte seine Engel, damit diese den hungrigen Löwen das Maul zuhielten, so daß sie dem betenden Mann Gottes kein Leid zufügen konnten. Es ging sehr friedlich zu in dieser Löwengrube. Der König wurde Zeuge dieser wunderbaren Errettung, holte Daniel heraus und ehrte ihn.

Satan und seine Engel waren bezwungen und wütend. Ihre menschlichen Gehilfen wurden zum Tode verurteilt und mußten genau auf die Weise sterben, die sie Daniel zugedacht hatten. („Spiritual Gifts", Bd. 4b, S. 85.86)

Gabriel wird gesandt, um
die Vision in Daniel 8 zu erklären

Als Daniel kurz vor dem Fall Babylons über diese Weissagungen nachdachte und Gott um Einsicht in diese Zeitangaben bat, wurde ihm eine Reihe von Gesichten über den Aufstieg und Niedergang von Königreichen geschenkt. Zu dem ersten Gesicht, das im siebten Kapitel des Buches Daniel überliefert ist, wurde ihm auch eine Deutung gegeben, doch wurde dem Propheten nicht alles erklärt. Über sein damaliges Erlebnis schrieb er: „Ich, Daniel, wurde sehr beunruhigt in meinen Gedanken, und jede Farbe war aus meinem Antlitz gewichen; doch behielt ich die Rede in meinem Herzen." (Da 7,28)

Eine weitere Vision warf noch mehr Licht auf die Ereignisse der Zukunft, und ein anderer sprach zu dem, der da redete: „Wie lange gilt dieses Gesicht?" Die Antwort, die gegeben wurde, erfüllte Daniel mit Ratlosigkeit: „Bis zweitausenddreihundert Abende und Morgen vergangen sind; dann wird das Heiligtum wieder geweiht werden." (Da 8,13.14) Mit allem Ernst forschte er nach der Bedeutung dieses Gesichts. Er konnte nicht verstehen, welche Beziehung zwischen den siebzig Jahren Gefangenschaft, die Jeremia vorausgesagt hatte, und den zweitausenddreihundert Jahren bestand. Diese sollten vergehen, hatte er den himmlischen Besucher im Gesicht sagen hören, ehe das Heiligtum Gottes „wieder geweiht" werde. Der Engel Gabriel deutete ihm das Gesicht teilweise. Doch als der Prophet die Worte hörte: „Es ist noch eine lange Zeit bis dahin", wurde er ohnmächtig ...

Weil Daniel sich Israels wegen immer noch bedrückt fühlte, studierte er nochmals die Weissagungen Jeremias. Sie waren sehr klar ...

Mit einem Glauben, der sich auf das sichere Wort der Prophetie gründete, flehte Daniel den Herrn um die rasche Erfüllung dieser Verheißungen an. („Propheten und Könige", S. 388.389)

Als Daniel nicht aufhörte zu beten, kam der Engel Gabriel aus dem Himmel geflogen und teilte ihm mit, daß seine Gebete gehört und erhört worden seien. Dieser mächtige Engel hatte den Auftrag,

Daniel die Fähigkeit und das Verständnis zu vermitteln, damit ihm die Geheimnisse zukünftiger Zeiten offenbart werden konnten. Weil er so ernsthaft danach trachtete, die Wahrheit zu verstehen, wurde ihm die Beziehung zu diesem Boten des Himmels ermöglicht. („Review and Herald", 8. Februar 1881)

Noch bevor Daniel mit seiner Bitte an Gott zu Ende gekommen war, erschien ihm der Engel Gabriel erneut und erinnerte ihn an die Vision, die er vor dem Niedergang Babylons beim Tode Belsazars gesehen hatte. Der Engel erläuterte ihm dann die Zeit der siebzig Wochen in Einzelheiten. („Review and Herald", 21. März 1907)

Der Kampf um den Einfluß auf den König von Persien

Die himmlischen Boten müssen sich mit Hindernissen auseinandersetzen, bevor die Absichten Gottes zur gegebenen Zeit verwirklicht werden können. Der König von Persien wurde vom höchsten aller bösen Engel beherrscht. Wie Pharao weigerte er sich, dem Wort des Herrn zu gehorchen. Gabriel berichtet, daß er (Satan) ihm einundzwanzig Tage lang mit seinen Anschuldigungen gegen die Juden widerstand. Dann aber kam ihm Michael zu Hilfe, blieb beim persischen König, hielt die Stellung gegen die bösen Mächte und gab guten Rat gegen schlechten Rat. („The SDA Bible Commentary", Bd. 4, S. 1173)

Darius (Cyrus), der persische König, hatte sich drei Wochen lang dem Eindruck des Geistes Gottes verweigert, während Daniel betete und fastete. Aber der Prinz des Himmels, der Erzengel Michael, wurde gesandt, um das Herz des störrischen Königs zu beeinflussen, damit er die entscheidenden Schritte unternahm, die die Antwort auf Daniels Gebete waren. („Review and Herald", 8. Februar 1881)

Kein Geringerer als der Sohn Gottes war Daniel erschienen. Die Beschreibung seiner Person ähnelt der des Johannes, wenn er berichtet, wie ihm auf der Insel Patmos Christus geoffenbart wurde. Unser Herr erschien Daniel nun in Begleitung eines anderen himmlischen Boten, der Daniel erklären sollte, was in späteren Zeiten geschehen würde. („Review and Herald", 8. Februar 1881)

Daniel ... konnte dem Engel nicht ins Gesicht sehen, und er war total kraftlos. Also nahm ihn der Engel und setzte ihn vor sich auf seine Knie. Aber auch da konnte er ihn nicht ansehen, und so kam der Engel dann in der Gestalt eines Menschen, damit Daniel seinen Anblick ertragen konnte. („Manuscript Releases", Bd. 2, S. 348)

Letztendlich wurde der Sieg errungen, und das Heer des Feindes konnte in Schach gehalten werden, so lange Darius (Cyrus) lebte. Er regierte sieben Jahre, und während der Regierungszeit seines Sohnes Ahasveros, der siebeneinhalb Jahre regierte, war es ebenso. („Review and Herald", 5. Dezember 1907)

Der zweite Tempel

Der zweite Tempel konnte sich nicht mit der Großartigkeit des ersten messen. Er wurde auch nicht durch jene sichtbaren Zeichen der göttlichen Gegenwart geheiligt, die dem ersten Tempel eigen waren. Keine Bekundung übernatürlicher Kraft zeichnete seine Einweihung aus. Man sah keine Wolke der Herrlichkeit das neu errichtete Heiligtum erfüllen. Kein Feuer fiel vom Himmel, um das Opfer auf seinem Altar zu verzehren. Die Herrlichkeit Gottes wohnte nicht länger zwischen den Cherubim im Allerheiligsten; die Bundeslade, der Gnadenstuhl und die Tafeln des Zeugnisses wurden dort nicht mehr gefunden. Kein Zeichen vom Himmel tat dem fragenden Priester den Willen des Herrn kund. („Propheten und Könige", S. 418)

Esra

Die Kinder der Verbannung, die mit Esra zurückgekehrt waren, „opferten Brandopfer dem Gott Israels" – als Sündopfer und als

Zeichen ihrer Dankbarkeit für den Schutz heiliger Engel auf der Reise. („Propheten und Könige", S. 434)

Nehemia

Vier Monate wartete Nehemia auf eine günstige Gelegenheit, seine Bitte dem König vorzutragen. Obwohl sein Herz vor Kummer niedergedrückt war, versuchte er während dieser Zeit in des Königs Gegenwart heiter zu wirken; denn in den Hallen des Luxus und des Glanzes mußten alle fröhlich und glücklich erscheinen. Keines königlichen Dieners Gesicht durfte von Kummer überschattet sein. Doch Nehemias Stunden der Zurückgezogenheit – verborgen vor menschlichen Blicken – waren reich an Gebeten, Bekenntnissen und Tränen, gehört und gesehen nur von Gott und den Engeln. („Propheten und Könige", S. 442)

Sacharjas Visionen

„Und ich hob meine Augen auf und sah und siehe, ein Mann hatte eine Meßschnur in der Hand. Und ich sprach. Wo gehst du hin? Er sprach zu mir: Jerusalem auszumessen und zu sehen, wie lang und breit es werden soll.

Und siehe, der Engel, der mit mir redete, stand da, und ein anderer Engel ging heraus, ihm entgegen und sprach zu ihm: Lauf hin und sage diesem jungen Mann: Jerusalem soll ohne Mauern bewohnt werden wegen der großen Menge der Menschen und des Viehs, die darin sein wird. Doch ich will, spricht der Herr, eine feurige Mauer rings um sie her sein und will mich herrlich darin erweisen." (Sach 2,5-9) („Review and Herald", 26. Dezember 1907)

Die Vision von Jeschua und dem Engel

Es wurde dem Propheten gezeigt, wie Satan anklagte. Er sagt: „Und er ließ mich sehen den Hohenpriester Jeschua, wie er vor dem Engel des Herrn stand, und der Satan stand zu seiner Rechten, um ihn zu verklagen." (Sach 3,1) („Review and Herald", 22. August 1893)

In einem äußerst treffenden und eindrucksvollen Bilde beschreibt die Weissagung Sacharjas das Wirken Satans, aber auch das Wirken Christi und seine Macht, den Verkläger seines Volkes zu überwinden. In heiligem Gesicht schaut der Prophet den Hohenpriester Josua, wie er in unreinen Kleidern vor dem Engel des Herrn steht und Gott um Gnade für sein Volk anfleht, das sich in großer Trübsal befindet. Satan steht zu seiner Rechten, ihm zu widerstehen. Weil Israel erwählt worden war, die Erkenntnis Gottes auf Erden zu erhalten, ist es vom Anfang seiner nationalen Existenz an das besondere Ziel der Feindschaft Satans gewesen, der entschlossen war, dieses Volk zu vernichten.

Solange die Israeliten Gott gehorchten, konnte Satan ihnen keinen Schaden zufügen; deshalb wandte er all seine Macht und List an, um sie zur Sünde zu verleiten. Durch seine Versuchungen verstrickt, hatten sie Gottes Gesetz übertreten und sich dadurch von der Quelle der Kraft getrennt; nun wurden sie eine Beute ihrer heidnischen Feinde. Sie wurden als Gefangene nach Babylon geführt und mußten dort viele Jahre bleiben. Doch hatte der Herr sie nicht verlassen. Er sandte ihnen seine Propheten mit Zurechtweisungen und Warnungen. Das Volk wurde wachgerüttelt und erkannte seine Schuld; sie demütigten sich vor Gott und kehrten in echter Reue zu ihm zurück. Dann sandte der Herr ihnen Botschaften zur Ermutigung und erklärte, daß er sie aus der Gefangenschaft befreien und wieder in Gnaden annehmen wolle. Gerade das wollte Satan entschieden verhindern. Die übrigen von Israel waren bereits in die Heimat zurückgekehrt; nun suchte Satan die heidnischen Völker, die ja seine Werkzeuge waren, zu bewegen, sie gänzlich zu vernichten ...

Der Hohepriester (Josua) kann sich und sein Volk gegen die Anklagen Satans nicht verteidigen. Er behauptet nicht, daß Israel schuldlos sei. In seinen unreinen Kleidern, dem Symbol für die Sünden des Volkes, die er als ihr Vertreter trägt, steht er vor dem Engel; er bekennt ihre Schuld, weist aber auch auf ihre demütige Reue hin. Er baut auf die Gnade und Vergebung des Erlösers und beruft sich im Glauben auf die Zusagen Gottes.

Dann bringt der Engel – dieser Engel ist Christus selbst, der Sünderheiland – den Verkläger seines Volkes zum Schweigen und

130

spricht: „Der Herr schelte dich, du Satan! Ja, der Herr schelte dich, der Jerusalem erwählt hat! Ist dieser nicht ein Brand, der aus dem Feuer errettet ist?" (Sach 3,2) Israel war lange im Ofen der Trübsal gewesen. Die von Satan und seinen Dienern zu ihrer Vernichtung geschürten Flammen hatten sie um ihrer Sünden willen fast verzehrt; doch nun hatte Gott seine Hand ausgestreckt, um sie herauszuführen. Wo sein Volk Reue und Demut zeigt, wird es der Heiland in seinem Erbarmen nicht der grausamen Gewalt der Heiden überlassen ...

Als die Fürbitte Josuas angenommen ist, ergeht der Befehl: „Tut die unreinen Kleider von ihm!" Und zu Josua spricht der Engel: „Siehe, ich habe deine Sünde von dir genommen und habe dich mit Feierkleidern bekleidet, mit der Gerechtigkeit Christi, die ihnen zugerechnet wurde." Der Hut, der auf Josuas Haupt gesetzt wurde, war ein Hut, wie die Priester ihn trugen, und zeigte die Inschrift „Heilig dem Herrn". Damit war ausgedrückt, daß er jetzt trotz seiner früheren Übertretungen für würdig befunden wurde, vor Gott in seinem Heiligtum zu dienen.

Nachdem der Engel ihm auf diese feierliche Weise die Würde des Priestertums verliehen hatte, sprach er: „So spricht der Herr Zebaoth: Wirst du in meinen Wegen wandeln und meines Dienstes warten, so sollst du regieren mein Haus und meine Höfe bewahren; und ich will dir geben von diesen, die hier stehen, daß sie dich geleiten sollen." (Vers 7) Er sollte als Richter oder Oberster des Tempels und des Tempeldienstes geehrt werden; er sollte selbst in diesem Leben unter dienstbaren Engeln wandeln und schließlich zu der verherrlichten Schar um den Thron Gottes gehören. („Aus der Schatzkammer der Zeugnisse", Bd. 2, S. 151-153)

Diese Zusicherung ist allen gegeben, die auf Gott vertrauen: „So spricht der Herr Zebaoth: Wirst du in meinen Wegen wandeln und meinen Dienst recht versehen, so sollst du mein Haus regieren und meine Vorhöfe bewahren. Und ich will dir Zugang zu mir geben mit diesen, die hier stehen."

Wer sind „diese, die hier stehen"? Das Heer der Helfer des Feindes, die versuchen, das Volk Gottes bei ihm in Mißkredit zu bringen, und die Mitarbeiter Gottes, zehntausendmal zehntausend Engel, die über das Volk Gottes in der Versuchung wachen und es bewahren, aufbauen und stärken. Das sind „diese, die hier stehen". Und Gott sagt zu seinen Gläubigen: „Ihr sollt unter ihnen wandeln. Ihr werdet von der Macht der Finsternis nicht überwältigt werden. Ihr sollt vor mir stehen, in der Gegenwart der heiligen Engel, die ausgesandt werden, um den Erben der Erlösung zu dienen." („Review and Herald", 30. April 1901)

Die Vision von den goldenen Leuchtern und den zwei Ölbäumen

Unmittelbar im Anschluß an die Vision über Jeschua und den Engel, die dem Hohenpriester zur Ermutigung und auch dem gesamten Volk zur Ermutigung gegeben wurde, erhielt der Prophet ein persönliches Zeugnis bezüglich der Aufgabe Serubabels. „Und der Engel, der mit mir redete", berichtet Sacharja, „weckte mich abermals auf, wie man vom Schlaf erweckt wird, und sprach zu mir: Was siehst du? Ich aber sprach: Ich sehe, und siehe, da steht ein Leuchter, ganz aus Gold, mit einer Schale oben darauf, auf der sieben Lampen sind und sieben Schnauzen an jeder Lampe, und zwei Ölbäume dabei, einer zu seiner Rechten, der andere zu seiner Linken." (Sach 4,1-3) („Review and Herald", 16. Januar 1908)

„Und ich hob an und sprach zu ihm: Was sind die zwei Ölbäume zur Rechten und zur Linken des Leuchters? Und ich sprach weiter zu ihm: Was sind die beiden Zweige der Ölbäume bei den zwei goldenen Röhren, aus denen das goldenen Öl herabfließt? Und er sprach: ... Es sind die zwei Gesalbten, die vor dem Herrscher aller Lande stehen." (Sach 4,11-14)

Die „zwei Gesalbten, die vor dem Herrscher aller Lande stehen", nehmen die Position ein, die einst Satan hatte, als er noch ein Cherub war.

Durch die heiligen Wesen, die sich rund um seinen Thron aufhalten, hält der Herr ständigen Kontakt mit den Bewohnern der Erde. („Review and Herald", 20. Juli 1897)

Engel in der Zeit Esters

Des Königs (Ahasversos) Entscheid gegen die Juden wurde durch Vorwände und eine falsche Darstellung dieses eigenartigen Volkes erreicht. Satan stiftete den Plan an, um die Welt von denen zu säubern, die die Erkenntnis des lebendigen Gottes bewahrten. Aber sein Anschlag wurde von einer Macht vereitelt, die unter den Menschenkindern herrscht. Starke Engel wurden beauftragt, das Volk Gottes zu schützen, und die Anschläge ihrer Gegner fielen auf deren eigenes Haupt zurück. („Aus der Schatzkammer der Zeugnisse", Bd. 2, S. 131)

An dem für ihre Vernichtung festgesetzten Tag „versammelten sich die Juden in ihren Städten in allen Ländern des Königs Ahasveros, um Hand anzulegen an die, die ihnen übelwollten. Und niemand konnte ihnen widerstehen; denn die Furcht vor ihnen war über alle Völker gekommen." (Est 9,2) Engel, die sich durch ihre Stärke auszeichneten, waren von Gott beauftragt worden, sein Volk zu beschützen, während es sein Leben verteidigte. („Propheten und Könige", S. 423)

Der Vater Johannes des Täufers

Zacharias wohnte „auf dem ... Gebirge Judäas", aber er war nach Jerusalem hinaufgegangen, um eine Woche lang im Tempel zu dienen. Die Priester jeder Ordnung waren verpflichtet, dies zweimal im Jahr zu tun ...

Er stand vor dem goldenen Altar im Heiligen, der ersten Abteilung des Heiligtums ... Plötzlich wurde er sich der Gegenwart eines göttlichen Wesens bewußt. Ein Engel des Herrn „stand zur rechten Hand am Räucheraltar" (Lk 1,11). Die Stellung des Engels war ein Zeichen der Gunst, doch Zacharias nahm dies gar nicht wahr. Seit vielen Jahren hatte er um das Kommen des Erlösers gebetet; nun endlich sandte Gott einen Boten mit der Nachricht, daß seine Gebete Erhörung finden sollten. Aber diese Gnade schien Zacharias zu groß, um an sie glauben zu könne; Furcht und Selbstanklagen erfüllten ihn. Ihm wurde die frohe Versicherung zugerufen: „Fürchte dich nicht, Zacharias, denn dein Gebet ist erhört, und dein Weib Elisabeth wird dir einen Sohn gebären, des Namen sollst du Johannes heißen ... Und Zacharias sprach zu dem Engel: Woran soll ich das erkennen? Denn ich bin alt, und mein Weib ist betagt." (Lk 1,13.18) ...

Auf die Frage des Zacharias erwiderte der Engel: „Ich bin Gabriel, der vor Gott steht, und bin gesandt, um mit dir zu reden und dir diese frohe Botschaft zu bringen." (Lk 1,9) Fünfhundert Jahre früher hatte Gabriel Daniel den prophetischen Zeitabschnitt angegeben, der bis zum Kommen Christi reichen sollte. Das Bewußtsein, daß das Ende dieses Zeitabschnitts bevorstand, hatte Zacharias veranlaßt, um die Ankunft des Messias zu beten. Und jetzt gerade war der Bote, der die Prophezeiung ausgesprochen hatte, gekommen, um deren Erfüllung anzukündigen.

Die Worte des Engels: „Ich bin Gabriel, der vor Gott steht" zeigen, daß er in den himmlischen Höfen eine hohe Stellung innehat. Als er mit einer Botschaft zu Daniel kam, sagte er: „Es ist keiner, der mir hilft gegen jene, außer eurem Engelfürsten Michael [Christus]." (Da 10,21)

Von Gabriel spricht der Heiland in der Offenbarung, indem er sagt: „Er [Christus] hat sie durch einen Engel gesandt und gedeutet seinem Knecht Johannes." (Offb 1,1) Und Johannes gegenüber erklärte der Engel: „Ich bin dein Mitknecht und der Mitknecht deiner Brüder, der Propheten." (Offb 22,9) Welch ein wunderbarer Gedanke – der Engel, der dem Sohn Gottes am nächsten steht, ist es, der berufen wurde, Gottes Absichten sündhaften Menschen zu offenbaren! („Das Leben Jesu", S. 79-81)

Der Engel Gabriel gab den Eltern des Johannes besondere Anweisungen bezüglich seiner Ernährung. Damit erteilte ein hoher Engel vom Thron des Himmels auch uns eine Lektion in der Gesundheitsreform. („The Spirit of Prophecy", Bd. 2, S. 43)

Johannes der Täufer wurde von Gott herangezogen als Bote, der dem Herrn den Weg bereiten sollte. Er war dazu auserwählt, der

Welt ein unerschütterliches Zeugnis zu geben, die Sünde anzuprangern und zur Buße aufzurufen. Als der Engel die Aufgabe des Johannes ankündigte, sagte er: „Und er wird vor ihm hergehen im Geist und in der Kraft Elias, zu bekehren die Herzen der Väter zu den Kindern und die Ungehorsamen zu der Klugheit der Gerechten, zuzurichten dem Herrn ein Volk, das wohl vorbereitet ist." (Lk 1,17) („Review and Herald", 2. August 1898)

Kapitel 13

Die Menschwerdung Jesu und seine frühen Lebensjahre

Die Menschwerdung Jesu, ein unergründliches Geheimnis

Denkt man über die Menschwerdung Christi nach, steht man vor einem tiefgründigen Geheimnis, das der menschlichen Denkweise unverständlich ist. Je länger wir uns damit beschäftigen, desto erstaunlicher erscheint es uns. Wie groß ist der Unterschied zwischen dem hilflosen Baby im Stall von Bethlehem und dem göttlichen Christus! Wie können wir diese Kluft zwischen dem allmächtigen Gott und dem hilflosen Kind überbrücken? Aber es war der Schöpfer von Welten, der die Vollkommenheit der Gottheit verkörperte, der da als hilfloses Kind in der Krippe lag. Er war viel mehr als die Engel, dem Vater gleich an Würde und Herrlichkeit, und trug trotzdem jetzt das Kleid der Menschlichkeit. Göttlichkeit und Menschlichkeit wurden auf geheimnisvolle Weise miteinander verbunden, und Gott und Mensch wurden eins. In dieser Vereinigung ist die Hoffnung der gefallenen Menschheit begründet. („The Signs of the Times", 30. Juli 1896)

Das ganze Universum sah zu

Das erste Kommen Jesu in diese Welt war ein großes Ereignis, nicht nur für diese Welt, sondern für alle Welten des Universums Gottes.

Die himmlischen Wesen wurden Zeugen, wie er unsere Natur auf sich nahm, um versucht zu werden wie wir. („The Signs of the Times", 20. Februar 1893)

Die Menschen stellten sich zwar vor, wie Gott sein könnte oder sein müßte, aber mit der Wirklichkeit hatte das meist wenig zu tun. Deshalb entschloß sich Gott, seinen Sohn auf diese Erde zu senden, damit die Menschen begriffen, wie Gott tatsächlich ist; liebevoll und mitfühlend ...
Diese Selbstoffenbarung war aber nicht nur für die Bewohner der Erde bestimmt, sonder galt allen Geschöpfen im weiten Universum. („Jesus von Nazareth", S. 11)

Warum Christus Mensch wurde

Satan hatte vor den himmlischen Engeln stolz damit geprahlt, daß Christus bei seinem Erscheinen auf der Erde die menschliche Natur annehmen würde und folglich dann schwächer sei als er, so daß er ihn leicht überwinden könne. Er gab damit an, daß Adam und Eva im Garten Eden seinen Verführungskünsten nicht widerstehen konnten, als er sie in ihrer Eßlust versuchte. („Review and Herald", 28. Juli 1874)

Der eingeborene Sohn Gottes kam als Mensch auf diese Erde, um zu beweisen, daß der Mensch in der Lage wäre, die Gebote Gottes zu halten.
Satan, der gefallene Engel, hatte behauptet, daß nach Adams Ungehorsam kein Mensch mehr die Gebote Gottes halten könne. („Manuscript Releases", Bd. 6, S. 334)

Satan behauptete, daß es für die Menschen unmöglich sei, die Gebote Gottes zu halten. Um zu beweisen, daß diese Behauptung falsch war, verließ Christus seine hohe Position, nahm die menschliche Natur an und kam auf die Erde, reihte sich in der Spitze der gefallenen Menschheit ein und zeigte, daß es möglich ist, den Versuchungen Satans zu widerstehen. („The Upward Look", S. 172)

Christi menschliche Natur

Christus wurde als wahrer Mensch geschaffen; er verfügte nicht einmal mehr über die Macht, die Engel besaßen. Er war ein Mensch genau wie wir. („Selected Messages", Bd. 3, S. 129)

In seiner menschlichen Schwachheit mußte sich Christus mit Versuchungen auseinandersetzen, die angemessen gewesen wären für jemanden, der über die Kraft verfügte, die Gott den Engeln gegeben hatte. („Review and Herald", 28. Januar 1909)

Die Geschichte von Bethlehem ist ein unerschöpfliches Thema. In ihm verborgen liegt die „Tiefe des Reichtums, beides, der Weisheit und der Erkenntnis Gottes" (Rö 11,33). Wir staunen über das Opfer des Heilands, der den Himmelsthron mit der Krippe und die Gesellschaft der anbetenden Engel mit jener der Tiere im Stall vertauschte. Tief beschämt stehen vor ihm der Stolz und der Eigendünkel der Menschen. Die armselige Geburt des Heilands war erst der Anfang seiner außerordentlichen Erniedrigung. Hätte der Sohn Gottes Menschengestalt angenommen, als Adam noch unschuldig im Paradies lebte, dann schon wäre solche Tat eine geradezu unbegreifliche Herablassung gewesen; nun aber kam Jesus auf die Erde, nachdem das Menschengeschlecht bereits durch vier Jahrtausende im Dienst der Sünde geschwächt worden war. Und dennoch nahm er wie jeder andere die Folgen auf sich, die das unerbittliche Gesetz der Vererbung zeitigte. Das Erleben seiner irdischen Vorfahren lehrt uns, worin diese Folgen bestanden. Mit einem solchen Erbteil belastet, teilte er unsere Nöte und Versuchungen und gab uns das Beispiel eines sündlosen Lebens. („Das Leben Jesu", S. 33.34)

Christus war Gott, und als solcher konnte er nicht versucht werden, außer in seiner Treue dem Himmel gegenüber, und das war für ihn keine Versuchung. Als er sich aber demütigte, um die menschliche Natur anzunehmen, wurde er versuchbar. Er hat sich nicht etwa für die überirdische Natur der Engel entschieden, sondern ist Mensch geworden, total identisch mit unserem Wesen, abgesehen von der ererbten Neigung zur Sünde. Er hatte einen menschlichen Körper, und er dachte und fühlte wie ein Mensch. Er hatte alle die besonderen Eigenschaften, die die Menschen von anderen Lebewesen unterscheiden, und bestand wie wir aus Knochen, Gehirn und Muskeln. Er war ein Mensch aus Fleisch und Blut wie wir und war ebenso betroffen von den Schwachheiten der menschlichen Natur.

Seine Lebensumstände waren so, daß er sich mit den unangenehmen Seiten des Menschseins auseinandersetzen mußte. Er wurde nicht in Reichtum und Wohlergehen hineingeboren, sondern erlebte Armut, Bedürftigkeit und Demütigung. Er atmete genau die gleiche Luft, die wir Menschen atmen müssen. Er ging über diese Erde als wahrer Mensch. Er hatte Verstand, Gewissen, Erinnerungsvermögen, Willen und Gefühle eines Menschen, und das alles war vereint mit seiner göttlichen Natur. („Manuscript Releases", Bd. 16, S. 182)

War auch die Wolke der Herrlichkeit vom Heiligtum gewichen, so verhüllte sich doch jetzt in dem Kind von Bethlehem die Herrlichkeit, vor der sich die Engel beugten. Dieses sich seiner noch gar nicht bewußte Kind war nichts anderes als der verheißene Same, auf den schon der erste Altar an der Pforte des Paradieses hinwies. („Das Leben Jesu", S. 37)

Die Ankündigung Jesu

Vor seiner Geburt hatte der Engel zu Maria gesagt: „Der wird groß sein und ein Sohn des Höchsten genannt werden; und Gott der Herr wird ihm den Thron seines Vaters David geben, und er wird ein König sein über das Haus Jakob ewiglich." (Lk 1,32.33) Diese Worte hatte Maria in ihrem Herzen hin und her bewegt; doch während sie daran glaubte, daß ihr Kind der Messias Israels sein sollte, blieb ihr seine Sendung unverständlich. („Das Leben Jesu", S. 65)

Engel begleiteten die müden Wanderer Joseph und Maria, die auf dem Weg waren in die Stadt Davids, um sich wegen des Steuererlasses des Kaisers Augustus schätzen zu lassen. Die Vorsehung Gottes hatte Maria und Joseph auf diesen Weg geschickt, denn es war vorhergesagt, daß Christus in dieser Stadt geboren werden sollte. Sie suchten nach einem Übernachtungsplatz in der Herberge, wurden jedoch abgewiesen, weil sie überfüllt war. Die Reichen und Vornehmen waren dort aufgenommen worden und es wurde ihnen Wohnraum und Erfrischung geboten, während diese müden Wanderer aufgefordert wurden, in einem einfachen Gebäude, in dem Tiere ihren Unterschlupf hatten, zu übernachten. („Review and Herald", 17. Dezember 1872)

Vor Christi Geburt

Im Himmel war man sich bewußt, daß jetzt die Zeit für Jesu Advent in die Welt gekommen war, und die Engel verließen die Herrlichkeit des Himmels, um auf Erden Zeugen des Empfangs dessen zu werden, der kam, um zu segnen und zu erretten. Sie kannten seine Herrlichkeit im Himmel und erwarteten, daß er mit der Ehre empfangen würde, die seinem Wesen, seiner Würde und seiner Aufgabe entsprach. Als die Engel sich der Erde näherten, wandten sie sich zuerst dem Volk zu, das Gott vor allen anderen Völkern als sein besonderes Eigentum auserwählt hatte. Sie fanden aber kein besonderes Interesse, kein ungeduldiges Warten und auch kein Ausschauhalten nach den Zeichen seiner Ankunft, damit sie vorrangig vor allen anderen den Erlöser empfangen könnten. („Review and Herald", 17. Dezember 1872)

Ein Engel besuchte die Erde, um zu sehen, wer vorbereitet war, Jesus willkommen zu heißen. Aber er konnte kein Zeichen der Erwartung erkennen. Er hörte weder Lob noch Jubel darüber, daß die Zeit der Ankunft des Messias da war. Der Engel schwebte eine Zeitlang über der auserwählten Stadt und dem Tempel, wo Jahrhunderte hindurch die göttliche Gegenwart offenbar geworden war; doch auch hier herrschte dieselbe Gleichgültigkeit ... Erstaunt wollte der himmlische Bote mit der schmählichen Kunde wieder gen Himmel zurückkehren, als er einige Hirten entdeckte, die ihre Herden nachts bewachten und, zum sternbesäten Himmel aufblickend, über die Weissagung von einem Messias, der auf Erden erscheinen sollte, nachdachten und sich nach der Ankunft des Welterlösers sehnten. Hier waren Menschen, die sich auf den Empfang der himmlischen Botschaft vorbereitet hatten. Und plötzlich erschien der Engel des Herrn und verkündigte die frohe Botschaft. Himmlische Herrlichkeit überflutete die ganze Ebene, eine große Schar Engel wurde sichtbar, und als ob die Freude zu groß wäre, um nur von einem himmlischen Boten offenbart zu werden, hob ein stimmgewaltiger Chor den Gesang an, den einst alle Erlösten singen werden: „Ehre sei Gott in der Höhe und Friede auf Erden und den Menschen ein Wohlgefallen!" (Lk 2,14) („Der große Kampf zwischen Licht und Finsternis", S. 317.318)

Der Engel ging an der Prophetenschule und an den Königspalästen vorbei. Er erschien den einfachen Hirten, die auf der Ebene von Bethlehem nachts ihre Schafe hüteten. Zuerst erschien nur ein Engel, der ausgestattet war mit dem Glanz des Himmels, und die Hirten waren so überrascht und erschrocken, daß sie den himmlischen Boten nur mit äußerstem Erstaunen anstarren konnten. Der Engel des Herrn trat zu ihnen und sagte: „Fürchtet euch nicht, denn ich bringe euch große Freude, die allem Volk widerfahren wird; denn euch ist heute der Heiland geboren, welcher ist Christus der Herr, in der Stadt Davids. Und das habt zum Zeichen: ihr werdet finden das Kind in Windeln gewickelt und in einer Krippe liegen." (Lk 2,10-12)

Sobald sich die Hirten an die Anwesenheit des einen Engels gewöhnt hatten, wurde plötzlich die ganze Ebene hell erleuchtet mit der Herrlichkeit Tausender von Engeln. Der Engel, der zuerst da war, besänftige jedoch die Befürchtungen der Hirten, bevor er ihnen die Augen öffnete und sie den himmlischen Chor sehen konnten, der Gott lobte und sang: „Ehre sei Gott in der Höhe, und Friede auf Erden und den Menschen ein Wohlgefallen!" („Review and Herald", 9. Dezember 1884)

Die Hirten sind erfüllt von dieser frohen Botschaft, und als der helle Glanz langsam vergeht, und die Engel in den Himmel zurückgekehrt sind, beeilen sie sich, nach dem Kind zu suchen. Sie finden den Heiland als Kind, wie es ihnen die himmlischen Boten verkündigt hatten, in einer engen Krippe liegend, in einem Stall. („Review and Herald", 17. Dezember 1872)

Satan sah die Ebene von Bethlehem hell erleuchtet mit der Herrlichkeit der himmlischen Engel. Er hörte ihren Gesang: „Ehre sei Gott in der Höhe, und Friede auf Erden, und den Menschen ein Wohlgefallen." Der Herrscher der Finsternis sah die erstaunten Hirten, die von Angst erfüllt waren, als sie den Glanz des Lichtes auf der Ebene sahen. Sie zitterten vor dem Schauspiel, das ihre ganzen Sinne gefangennahm; und auch der Herr der rebellischen Engel zitterte, als der Engel den Hirten sagte: „Siehe, ich verkündige euch große Freude, die allem Volk widerfahren wird; denn euch ist heute der Heiland geboren, welcher ist Christus der Herr, in der Stadt Davids." ...

Der Gesang der Engel, durch den die Ankunft des Erlösers für diese gefallene Welt angekündigt wurde, und die Freude über dieses wunderbare Ereignis war für Satan keine frohe Botschaft. Dunkle Vorahnungen überfielen ihn, wenn er daran dachte, welche Auswirkungen dieser Advent für diese Welt, für sein Reich haben würde. („Review and Herald", 3. März 1874)

Die Magier

Nicht nur auf den Höhen Judäas, nicht allein unter den einfachen Hirten fanden die Engel Menschen, die die Ankunft des Messias erwarteten. Im Heidenlande waren ebenfalls etliche, die seiner harrten.

Es waren weise, reiche und edle Männer – Philosophen des Ostens. Naturforscher und Weise hatten Gott in seiner Schöpfung erkannt. Aus den hebräischen Schriften hatten sie von dem Stern erfahren, der aus Jakob aufgehen sollte, und mit begierigem Verlangen warteten sie auf sein Erscheinen, der nicht nur der „Trost Israels", sondern auch ein Licht zu erleuchten die Heiden, das Heil bis an das Ende der Erde sein sollte. („Der große Kampf", S. 318)

Die weisen Männer ... hatten die Prophezeiungen studiert und wußten, daß die Zeit für Christi Geburt gekommen war. Sie warteten gespannt auf die Vorzeichen dieses großen Ereignisses, damit sie unter den Ersten sein konnten, die diesen himmlischen König, der als Kind geboren werden sollte, gebührend empfangen und anbeten würden. Diese weisen Männer hatten das Lichtphänomen am Himmel gesehen, das die Engel umgab, die den Hirten Israels die Ankunft Jesu verkündigt hatten. Und nachdem die Engelsboten in den Himmel zurückgekehrt waren, erschien ein heller Stern am Himmel. Diese ungewöhnliche Erscheinung eines großen Sterns, den sie vorher nie gesehen hatten, zog ihre Aufmerksamkeit auf sich, und der Geist Gottes veranlaßte sie, den himmlischen Gast in einer gefallenen Welt zu suchen. („Redemption or the First Advent of Christ With His Life and Ministry", S. 16)

In jener Nacht, da die Herrlichkeit Gottes die Höhen von Bethlehem überflutete, sahen die Weisen ein geheimnisvolles Licht am Himmel. Als es verblaßte, erschien ein leuchtender Stern und blieb am Himmelsgewölbe stehen. Es war weder ein Fixstern noch ein Planet; deshalb erweckte diese Erscheinung die größte Aufmerksamkeit. Davon, daß jener Stern eine weit entfernte Gruppe strahlender Engel war, konnten die Weisen natürlich nichts wissen. Doch sie gewannen den Eindruck, daß dieser Stern von besonderer Wichtigkeit für sie sei. Sie befragten daraufhin Priester und Philosophen und durchforschten auch selbst die alten Schriften. Dabei fanden sie die Weissagung Bileams: „Es wird ein Stern aus Jakob aufgehen und ein Zepter aus Israel aufkommen." (4 Mo 24,17) Konnte nicht dieser fremdartige Stern als Vorbote des Verheißenen gesandt sein? Sie, die das Licht der Wahrheit vom Himmel schon freudig begrüßt hatten, erhielten es nun in noch größerem Maße und wurden durch Träume angewiesen, den neugeborenen Fürsten zu suchen. („Das Leben Jesu", S. 27)

Engel Gottes in der Erscheinungsform eines Sterns führten die Weisen bei ihrer Suche nach Jesus. Sie brachten Geschenke und Opfergaben, Weihrauch und Myrrhe, um dem königlichen Kind, das prophetisch vorausgesagt war, Ehre zu erweisen. Sie folgten den strahlenden Gottesboten ohne zu zögern und mit großer Freude. („Review and Herald", 9. Dezember 1884)

Die weisen Männer folgten dem Stern, wohin er sie führte, aber als sie sich der Stadt Jerusalem näherten, war er in der Dunkelheit verschwunden und führte sie nicht mehr weiter. Sie überlegten sich, daß die Juden in Jerusalem von diesem wichtigen Ereignis der Geburt des Messias wissen müßten, und so zogen sie in der Umgebung der Stadt Erkundigungen ein. Sie sprachen offen über ihr Anliegen. Sie sagten, daß sie auf der Suche seien nach dem neugeborenen König der Juden, weil sie im Osten seinen Stern gesehen hätten, und nun seien sie gekommen, um ihn anzubeten. („Redemption or the First Advent of Christ With His Life and Ministry", S. 16)

Die Ankunft der Weisen wurde in Jerusalem schnell bekannt. Ihre ungewöhnliche Botschaft brachte viel Aufregung unter das Volk, die bis in den Palast des Königs Herodes drang. Der listige Edomiter erschrak schon bei der bloßen Erwähnung eines möglichen Nebenbuhlers ...

Herodes hatte die Priester in Verdacht, daß sie mit den Fremdlingen gemeinsame Sache machten, um einen Volksaufstand heraufzubeschwören und ihn zu entthronen. Zwar verbarg er sein Mißtrauen, doch er beschloß, sie bei der Ausführung ihrer Pläne zu überlisten. Er ließ die Hohenpriester und Schriftgelehrten zu sich rufen und erkundigte sich bei ihnen, was ihre heiligen Bücher über den Ort lehrten, wo der Messias geboren werden sollte.

Diese Erkundigungen des Thronräubers, noch dazu durch die Fremden angeregt, verletzten den Stolz der jüdischen Lehrer. Die offenkundige Gleichgültigkeit wieder, mit der sie sich an die Durchsicht der prophetischen Schriften begaben, erregte die Eifersucht des Herrscher, glaubte er doch, sie suchten nur zu verbergen, was sie von dieser Sache wußten. Mit einer Bestimmtheit, über die sie sich nicht hinwegzusetzen wagten, befahl er ihnen deshalb, genaue Nachforschungen anzustellen und ihm den Geburtsort des von ihnen erwarteten Königs zu nennen. Sie sagten ihm: „Zu Bethlehem im jüdischen Lande; denn also steht geschrieben durch den Propheten." (Mt 2,5.6) ...

Die Priester und Ältesten von Jerusalem waren nicht so unwissend hinsichtlich der Geburt Christi, wie sie vorgaben. Die Nachricht von dem Besuch der Engel bei den Hirten war auch nach Jerusalem gelangt, nur hatten sie die Rabbiner nicht beachtet. So mußten, obwohl sie selber hätten Jesus finden und die Magier nach seinem Geburtsort bringen können, erst die Weisen kommen und sie auf die Geburt des Messias aufmerksam machen. Sie sprachen: „Wo ist der neugeborene König der Juden? Wir haben seinen Stern gesehen im Morgenland und sind gekommen, ihn anzubeten." (Mt 2,2) ... Auch brachten es diese gebildeten Lehrer nicht fertig, von denen Belehrungen anzunehmen, die sie Heiden nannten. Es war nach ihrer Meinung nicht möglich, daß Gott sie übergangen hätte, um sich dafür unwissenden Hirten und unbeschnittenen Heiden zu offenbaren. So beschlossen sie, diese Nachrichten, die den König Herodes und ganz Jerusalem in Aufregung versetzt hatten, mit Verachtung zu strafen. Sie wollten sich nicht einmal nach Bethlehem begeben, um festzustellen, wie sich die Dinge verhielten ...

Einsam verließen die Weisen Jerusalem. Als sie aber im Dunkel des Abends die Tore Jerusalems hinter sich ließen, da sahen sie zu ihrer großen Freude wieder den Stern, der sie nach Bethlehem führte. Sie hatten nicht wie die Hirten einen Hinweis erhalten, unter welch ärmlichen Verhältnissen sie Jesus finden würden ...

In Bethlehem fanden sie keine Wache, um den neugeborenen König zu schützen, und niemand von den weltlichen Fürsten bildete seinen Hofstaat. Jesus lag in eine Krippe gebettet. Seine Eltern, ungebildete Landleute, waren seine einzigen Hüter ... Sie aber „gingen in das Haus und fanden das Kindlein mit Maria seiner Mutter, und fielen nieder und beteten es an." (Mt 2,11) Auch unter der unscheinbaren Hülle erkannten sie die Gottheit Jesu. („Das Leben Jesu", S. 45-47)

Nachdem die weisen Männer ihr Ziel erreicht hatten, beabsichtigten sie, zu Herodes zurückzukehren, um ihm die frohe Botschaft vom Erfolg ihrer Reise mitzuteilen. Aber Gott sandte in der Nacht seinen Engel zu ihnen, der sie auf einen anderen Weg lenkte. In einer Traumvision wurde ihnen klar gezeigt, daß sie nicht mehr zu Herodes gehen sollten. Sie gehorchten dem himmlischen Boten und zogen auf einem anderen Weg nach Hause. („Redemption or the First Advent of Christ With His Life and Ministry", S. 19)

In der gleichen Weise wurde Joseph aufgefordert, mit Maria und dem Kinde nach Ägypten zu fliehen. „Bleibe allda, bis ich dir's sage; denn Herodes geht damit um, daß er das Kindlein suche, es umzubringen." (Mt 2,13)

Joseph gehorchte ohne Zögern, trat aber der größeren Sicherheit wegen die Reise erst in der Nacht an ...

Herodes wartete inzwischen in Jerusalem ungeduldig auf die Rückkehr der Weisen. Als die Zeit verstrich, ohne daß sie erschienen, wurde sein Argwohn aufs neue wach ...

Sofort sandte Herodes Kriegsknechte nach Bethlehem mit dem Befehl, alle Kinder im Alter von zwei Jahren und darunter zu töten. („Das Leben Jesu", S. 48.49)

Aber es war eine höhere Macht am Werk gegen den Fürsten der Finsternis. Engel Gottes durchkreuzten seine Pläne und beschützten das Kind, das der Erlöser war. („The Signs of the Times", 4. August 1887)

Joseph, der immer noch in Ägypten weilte, erhielt jetzt von einem Engel Gottes die Aufforderung, nach Israel zurückzukehren ... als er aber erfuhr, das Archelaus an seines Vaters Statt über Judäa regierte, fürchtete er, daß nun der Sohn die Absichten des Vaters gegen Christus ausführen könnte ...

Abermals erhielt Joseph einen Zufluchtsort angewiesen. Er kehrte nach Nazareth zurück, seinem früheren Wohnsitz, wo Jesus dreißig Jahre seines Lebens zubringen sollte ... Deshalb beauftragte er (Gott) Engel damit, Jesus zu geleiten und zu schützen, bis er seine Aufgabe auf Erden vollbracht hätte und durch die Hände derer, die zu retten er gekommen war, sterben würde. („Das Leben Jesu", S. 50)

Die stillen Jahre

Von früher Jugend an führte Christus hier ein arbeitsreiches Leben. Die meiste Zeit seiner frühen Jahre verbrachte er mit geduldiger Arbeit in der Zimmererwerkstatt in Nazareth. In der Kleidung eines einfachen Handwerkers ging der Herr des Lebens durch die Straßen des kleinen Dorfes und erledigte seine Arbeit. Dienende Engel waren immer bei ihm, während er Seite an Seite mit Bauern und Arbeitern sein Leben verbrachte, unerkannt und ohne besondere Verehrung. („Review and Herald", 3. Oktober 1912)

Schon während seiner (Christi) Kindheit und Jugend zeigte sich der vollkommene Charakter, der in seinem späteren Leben sichtbar wurde. Er nahm zu an Weisheit und Verstand. Als er an den Opferritualen teilnahm, lehrte ihn der Heilige Geist, daß er es war, der für die Errettung dieser Welt geopfert würde. Er wuchs in einer behüteten Umgebung auf, nicht in einer lauten Großstadt, in der Wettbewerbsdenken und das alltägliche Chaos vorherrschen, sondern in einer friedlichen Landschaft aus Tälern und Hügeln.

Von seiner frühesten Kindheit an wurde er von himmlischen Engeln behütet, und doch war sein ganzes Leben ein immerwährender Kampf gegen die Mächte der Finsternis. Satanische Mächte verbündeten sich mit menschlichen Helfern, um ihm sein Leben durch Versuchungen und Prüfungen zu erschweren. Durch diese übernatürlichen Mächte wurden seine Worte, die Leben und Erlösung bedeuteten für alle, die sie annehmen und sich danach richten wollten, verdreht und mißdeutet. („The Signs of the Times", 6. August 1896)

Jesus heiligte den demütigenden Weg des menschlichen Lebens durch sein Beispiel. Dreißig Jahre lang wohnte er in Nazareth. Er führte ein ordentliches, arbeitsames Leben. Er, der Herr des Himmels, ging in einfacher Arbeiterkleidung durch die Straßen und wanderte bergauf und bergab, um überall seine Arbeit zu erledigen. Es wurden keine Engel geschickt, um ihm auf wundersame Weise die Arbeit zu erleichtern. Und doch war es so, daß er, als er seine alltägliche Arbeit tat, um zum Unterhalt seiner Familie beizutragen, bereits über die gleiche Macht verfügte, die es ihm möglich machte, an den Ufern des Sees Genezareth, durch ein Wunder fünftausend hungrige Menschen zu sättigen. („The Health Reformer", 1. Oktober 1876)

Kapitel 14

Engel bei Jesu Taufe und bei der Versuchung in der Wüste

Jesu Taufe

Als Jesus dann vor ihm stand, wußte Johannes: Das ist der Gottgesandte! Noch nie war er einem Menschen begegnet, der so viel Würde und Reinheit ausstrahlte. Deshalb scheute er sich zunächst, Jesus zu taufen. Wie sollte er, der Sünder, die Taufe an dem Sündlosen vollziehen? Wie kam Jesus dazu, sich einer Handlung zu unterziehen, die als Sinnbild dafür galt, daß Sünde abgewaschen werden mußte? Von daher läßt sich verstehen, daß Johannes ausrief: „Ich müßte von dir getauft werden, und du kommst zu mir?" (Mt 3,14 GN) Jesus ließ diesen Einwand nicht gelten, sondern sagte: „Sträub dich nicht: Das ist es, was wir jetzt zu tun haben, damit alles geschieht, was Gott verlangt." (Mt 3,15 GN) Johannes fügte sich und taufte ihn. Als Jesus aus dem Fluß stieg, „öffnete sich der Himmel, und er sah den Geist Gottes wie eine Taube auf sich herabkommen. Und eine Stimme aus dem Himmel sagte: „Dies ist mein Sohn, ihm gilt meine Liebe, ihn habe ich erwählt." (Mt 3,16.17 GN) („Jesus von Nazareth", S. 69.70)

Die himmlischen Engel nahmen großen Anteil an der Taufe Jesu, und wären den umstehenden Zuschauern die Augen geöffnet worden, hätten sie mit Staunen das himmlische Heer gesehen, von dem der Sohn Gottes umgeben war, als er am Ufer des Jordans niederkniete. („The Youth's Instructor", 23. Juni 1892)

Nach der Taufe beugte sich Jesus am Flußufer im Gebet vor seinem himmlischen Vater, denn er wußte, daß für ihn nun ein Lebensabschnitt voller Widerstand und Gefahren begann. Wohl war er der „Fürst des Friedens", doch die meisten würden sein Kommen eher als Kampfansage empfinden. Das Reich, das er aufrichten wollte, war ganz das Gegenteil von dem, was die Israeliten sich wünschten. Als Feind des jüdischen Glaubens, als Gesetzesübertreter und sogar als Handlanger Satans würde man ihn bezeichnen. Kaum einer würde ihn verstehen, seine engsten Freunde nicht, seine Mutter nicht – ganz zu schweigen von den übrigen Familienangehörigen. Jesus wußte, daß er einen schweren Weg vor sich hatte. Deshalb suchte er von Anfang an Trost und Hilfe bei Gott ...

Nie zuvor hatten die Engel Gottes solch ein Gebet gehört. Es drängte sie, dem Gottessohn Trost zuzusprechen, aber die Antwort auf Jesu Bitte hatte sich Gott selbst vorbehalten. Als sich der Himmel öffnete und eine Lichtgestalt „wie eine Taube" auf Jesus herabkam, wurde offenbar, daß Gott sich bedingungslos zu seinem Sohn bekannte.

Wer Jesus beten sah, mußte den Eindruck gewinnen, daß da Außergewöhnliches geschah. Das wurde vollends bestätigt, indem sich Gott auch hörbar zu seinem Sohn bekannte: „Dies ist mein Sohn, ihm gilt meine Liebe, ihn habe ich erwählt." („Jesus von Nazareth", S. 70.71)

Der Herr hatte Johannes versprochen, ihm ein Zeichen zu geben, damit er den Erlöser der Welt erkennen könne, und jetzt, als Jesus aus dem Wasser stieg, war dieses Zeichen da, denn er sah den Himmel offen und den Geist Gottes herabschweben wie eine Taube aus glänzendem Gold. Als diese Erscheinung über dem Kopf Christi war, sagte eine Stimme aus dem Himmel: „Dies ist mein lieber Sohn, an dem ich Wohlgefallen habe." („The Youth's Instructor", 23. Juni 1892)

Außer Johannes sahen vermutlich nur wenige die himmlische Erscheinung; und die sie sahen, begriffen nicht, was das alles zu bedeuten hatte.

Als Jesus sich taufen ließ, mußte Satan vernehmen, wie Gott sich eindeutig zu seinem menschgewordenen Sohn bekannte. In der Zeit davor hatte der Vater immer nur *durch* Christus zu den Menschen gesprochen, jetzt verkehrte er mit ihnen *in* Christus. Satan hatte damit gerechnet, daß die Sünde der Menschen Gott davon abhalten würde, jemals wieder Verbindung zu ihnen aufzunehmen. Aber da hatte er sich getäuscht. Am Jordan wurde für alle sichtbar, daß Jesus Christus zum Mittler zwischen den sündigen Menschen und dem heiligen Gott bestimmt war. Deshalb gab es für Satan nur zwei Möglichkeiten: Sieg oder Niederlage! Und weil alles für ihn auf dem Spiel stand, zog Satan in der Wüste gegen Jesus zu Felde. („Jesus von Nazareth", S. 71.75)

Satan konnte im Menschen Jesus die Reinheit und Herrlichkeit des Einen erkennen, mit dem er im Himmel zusammen war, und der Versucher erinnerte sich daran, daß er einmal selbst ein schimmernder Cherub gewesen war, der große Schönheit und Heiligkeit besaß. („Bible Echo and Signs of the Times", 23. Juli 1900)

Christi dreifache Versuchung in der Wüste

Satan hatte seinem Engelsgefolge erklärt, daß er Christus auf dem Gebiet der Eßlust überwinden würde. Er hoffte, daß er ihn aufgrund seiner Schwächung besiegen konnte. („The Signs of the Times", 4. April 1900)

Satan erkannte, daß es für ihn darum ging, zu siegen oder aber besiegt zu werden. Von dem Ausgang des Kampfes hing zuviel ab, um ihn seinen Verbündeten, den Geistern in der Luft, zu überlassen; er mußte selbst die Führung in diesem Streit übernehmen. („Das Leben Jesu", S. 99)

Als Jesus sich in der Wüste aufhielt, fastete er, aber er verspürte keinen Hunger ... Er verbrachte seine Zeit mit ernstem Gebet in enger Gemeinschaft mit Gott. Es war, als befände er sich wieder in der Gegenwart Gottes ...

151

Der Gedanke an den Kampf, der ihm bevorstand, machte ihn unzugänglich für alles andere, und seine Seele wurde mit Lebensbrot gestärkt ... Er sah, wie Satans Macht über die versuchten und verführten Menschen gebrochen wurde. Er sah, wie er selbst Kranke heilte, Hoffnungslose tröstete und Trauernde aufmunterte.

Er sah sich den Armen das Evangelium verkündigen und all das erfüllen, was Gott ihm aufgetragen hatte, und er merkte nichts von seinem Hunger bis zu dem Tag, an dem er seine Fastenzeit beenden wollte.

Als die Vision vorüber war, meldete sich Christi menschliche Natur und er verspürte ein starkes Hungergefühl. Jetzt sah Satan die Gelegenheit für seinen Angriff gekommen. Er entschied sich dafür, in der Gestalt eines der Engel des Lichts zu erscheinen, die Christus während seiner Vision erschienen waren. („Manuscript Releases", Bd. 21, S. 8.9)

Plötzlich erschien ihm (Christus) ein Engel, anscheinend einer der Engel, die er kurz zuvor gesehen hatte ...

Die Worte: „Dies ist mein lieber Sohn, an dem ich Wohlgefallen habe" klangen Satan noch in den Ohren, und es war sein Ziel, Christus diese Aussage unglaubwürdig erscheinen zu lassen. („Manuscript Releases", Bd. 21, S. 9)

Satan erschien ihm (Christus) ... als wunderbarer Engel vom Himmel, der vorgab, daß er den Auftrag habe, die Fastenzeit Jesu zu beenden. („Review and Herald", 14. Januar 1909)

Er (Satan) sagte dem Erlöser, daß er nicht mehr länger zu fasten brauche, daß das Opfer seines langen Verzichts von Gott angenommen sei, er aber jetzt genug des Guten getan habe und nun durchaus ein Wunder für seine persönlichen Zwecke wirken dürfe. („The Signs of the Times", 29. Juli 1889)

In dem Glauben, daß er in der Gestalt eines himmlischen Engels ... nicht zu erkennen sei, begann Satan nun, die Göttlichkeit Christi in Zweifel zu ziehen. („The Spirit of Prophecy", Bd. 2, S. 91)

Die erste Versuchung

Satan argumentierte mit Christus so: Wenn die Worte, die bei seiner Taufe zu hören waren, tatsächlich Worte Gottes gewesen seien, brauche er ja jetzt nicht Hunger zu leiden. Er könne ihm vielmehr einen Beweis seiner Göttlichkeit geben und seine Macht zeigen, indem er die Steine dieser Wildnis in Brot verwandelte. („Redemption or the First Advent of Christ With His Life and Ministry", S. 48)

Satan sagte Christus, daß es schon genüge, daß er sich bereit erklärt habe, den tödlichen Weg zu gehen, aber er brauche das Opfer nicht auszuführen. Wie Abraham werde er nur geprüft, inwieweit er bereit sei das Opfer zu bringen, und er behauptete, daß er der Engel sei, der die Hand Abrahams angehalten habe, als dieser das Messer gegen Isaak erhob. Jetzt sei er gekommen, um sein Leben zu retten, weil es nicht nötig sei, daß er diesen quälenden Hunger aushalte und am Ende gar verhungere. Außerdem wolle er ihm einen Teil des Erlösungsplanes abnehmen. („Review and Herald", 4. August 1874)

Dann machte er (Satan) Christus auf seine eigene wunderbare Erscheinung als Engel des Lichts und auf seine Macht aufmerksam. Er gab vor, ein Bote zu sein, der direkt vom Thron Gottes gekommen sei und der das Recht habe, von ihm einen Beweis dafür zu fordern, daß er der Sohn Gottes sei. („Review and Herald", 4. August 1874)

Nicht an seiner Erscheinung erkannte der Erlöser den Satan, sondern an seinen Worten. („Review and Herald", 22. Juli 1909)

Da er die menschliche Natur angenommen hatte, ähnelte Christus in seinem Äußeren nicht den Engeln des Himmels, aber das war eine der notwendigen Erniedrigungen, die er willig auf sich genommen hatte, als er sich bereit erklärte, der Erlöser der Menschen zu werden. Satan bedrängte ihn, ihm doch ein Zeichen seines göttlichen Wesens zu geben, wenn er tatsächlich der Sohn Gottes sei. Er wollte ihm einreden, daß Gott seinen Sohn niemals in eine solch jämmerliche Situation geraten ließe, und daß ein Engel aus dem Himmel ausgestoßen worden sei und sich auf Erden aufhalte, und sein Zustand eher vermuten ließe, daß er dieser Engel sei und nicht der König des Himmels. Er selbst war dieser gefallene Engel, aber er machte Christus darauf aufmerksam, daß seine heruntergekommene Erscheinung ein beleidigender Gegensatz zu seiner schönen, kraftvollen Lichtgestalt und Herrlichkeit sei. („The Spirit of Prophecy", Bd. 2, S. 91)

Die zweite Versuchung

„Da führte ihn der Teufel mit sich in die heilige Stadt und stellte ihn auf die Zinne des Tempels und sprach zu ihm: Bist du Gottes Sohn, so wirf dich hinab; denn es steht geschrieben: ‚Er wird seinen Engeln deinetwegen Befehl geben; und sie werden dich auf Händen tragen, damit dein Fuß nicht an einen Stein stößt.'" (Mt 4,5.6)

Um seine Macht zu beweisen, führte Satan Christus auf die Zinne des Tempels. („Spiritual Gifts", Bd. 1, S. 32)

Und wieder forderte er (Satan) Christus auf, zu beweisen, daß er wirklich Gottes Sohn sei, indem er sich aus der schwindelnden Höhe, auf die er ihn gestellt hatte, hinabstürze. Er versuchte, ihm einzureden, daß er sein Vertrauen in die bewahrende Fürsorge seines Vaters beweisen könne, wenn er sich von der Zinne des Tempels herabstürze.

In seiner ersten Versuchung war Satan bestrebt, Gottes Liebe und Fürsorge für seinen Sohn in Frage zu stellen, indem er behauptete, daß diese wüste Umgebung und der Hunger nicht darauf schließen ließen, daß er eine gute Beziehung zu Gott habe. Damit hatte er keinen Erfolg.

Als nächstes versuchte er, den Glauben und das vollkommene Vertrauen Christi in seinen himmlischen Vater, für seine Zwecke auszunutzen. Er wollte ihn zu einer Herausforderung Gottes verleiten: „Bist du Gottes Sohn, so wirf dich hinab, denn es steht geschrieben: ‚Er wird seinen Engeln deinetwegen befehlen, und sie werden dich auf Händen tragen, damit dein Fuß nicht an einen Stein stößt."" („Review and Herald", 18. August 1874)

Er (Satan) bedient sich heuchlerisch göttlicher Worte. Immer noch erscheint er als Engel des Lichts und beweist, daß er mit der Schrift vertraut ist und das Geschriebene versteht. Wie Jesus das Wort der Schrift anwandte, um seinen Glauben zu begründen, so gebraucht Satan es jetzt, um seinen Betrug zu unterstützen. Er betont, daß er nur die Treue des Herrn habe erproben wollen, und lobt dessen Beharrlichkeit. Da der Heiland Gottvertrauen bekundet hat, veranlaßt Satan ihn zu einem erneuten Beweis seines Glaubens.

Doch gleich die nächste Versuchung leitet er ein, indem er Mißtrauen sät. „Wenn du Gottes Sohn bist ..."

Christus wurde versucht, auf dieses „Wenn" einzugehen; aber er enthielt sich des geringsten Zweifels. Er wollte sein Leben nicht gefährden, nur um Satan einen Beweis seiner Göttlichkeit zu geben. („Das Leben Jesu", S. 109)

Als Satan aus dem Versprechen in Psalm 91 zitierte: „Denn er hat seinen Engeln befohlen ...", ließ er bewußt die Worte: „... daß sie dich behüten auf allen deinen Wegen" weg, denn damit sind Wege gemeint, die sich am Willen Gottes orientieren. Und Christus weigerte sich, einen anderen Weg als den des Gehorsams einzuschlagen. Obwohl er seinem Vater vollkommen vertraute, wollte er sich nicht unnötigerweise in eine Lage bringen, die das Eingreifen Gottes erfordert hätte, um ihn vor dem Tod zu bewahren. Er wollte nicht die Vorsehung herausfordern, und damit den Menschen ein schlechtes Beispiel bezüglich Gottvertrauen und Demut geben. („The Signs of the Times", 10. Dezember 1902)

Wenn sich Jesus von der Zinne des Tempels herabgestürzt hätte, wäre das nicht zur Ehre Gottes gewesen, denn niemand anders als Satan und die Engel Gottes hätten es gesehen. Christus sollte herausgefordert werden, seinem erbittertsten Feind seine Macht zu beweisen. Das wäre ein Zugeständnis an den gewesen, den Jesus besiegen sollte. („Spiritual Gifts", Bd. 1, S. 33)

Die dritte Versuchung

Jesus war auch aus der zweiten Versuchung als Sieger hervorgegangen, und nun zeigte sich Satan in seinem wahren Charakter: nicht als furchterregendes Ungeheuer mit Pferdehufen und Fledermausflügeln, sondern als mächtiger Engel, der er trotz seines Abfalls noch geblieben war. Er bekannte sich nun offen als Empörer und als Gott dieser Welt.

Er zeigte Jesus, den er auf einen hohen Berg geführt hatte, alle Reiche der Welt in ihrer ganzen Herrlichkeit. („Das Leben Jesu", S. 112)

In den ersten beiden Versuchungen hatte er (Satan) nicht sein wahres Gesicht und seine Absichten gezeigt, sondern sich als Bote des Himmels ausgegeben; jetzt aber gibt er sich zu erkennen als Fürst der Finsternis und beansprucht die Erde als seinen Herrschaftsbereich. („The Spirit of Prophecy", Bd. 2, S. 95)

Der große Verführer hoffte nun, Christus mit dem vordergründigen Glanz dieser Welt blenden zu können und zeigte ihm alle Königreiche der Erde mit all ihrer Herrlichkeit. Er, der aus dem Himmel gefallen war, versuchte, die Welt so darzustellen, als verfüge sie über den Glanz der himmlischen Welten, damit Christus seinen Raub als erstrebenswert ansehen und vor ihm niederfallen und ihn anbeten würde. („The Signs of the Times", 28. März 1895)

Sonnenlicht lag über der weiten Flur und schien auf die mit Tempeln und Marmorpalästen geschmückten Städte, auf fruchttragende Felder und riesige Weinberge.

Die Spuren der Sünde waren verborgen. Jesu Augen, die soeben nur Verwüstung und öde Flächen gesehen hatten, wurden jetzt beim Anblick von so viel unvergleichlicher Schönheit gefesselt. Dazu erklang des Versuchers Stimme: „All diese Macht will ich dir geben und ihre Herrlichkeit; denn sie ist mir übergeben und ich gebe sie, welchem ich will. Wenn du nun mich willst anbeten, so soll es dein sein." (Lk 4,6.7) ...

Jetzt erbot sich Satan sogar, auf die ganze Macht, die er sich an-
gemaßt hatte, zu verzichten.

Es gab für Christus die Möglichkeit, der furchtbaren Zukunft zu
entgehen, wenn er die Oberhoheit Satans anerkannte. Das wäre
jedoch gleichbedeutend gewesen mit einer Niederlage in diesem
Kampf. („Das Leben Jesu", S. 112)

Jesus weist den Betrüger zurück, indem er ihn bei seinem wahren Namen nennt. Seine Göttlichkeit wird hinter der leidvollen
Menschlichkeit erkennbar, und durch die Worte, die er spricht, fe-
stigt er die Autorität des Himmels. Er weist den Betrüger darauf hin,
daß sein wahrer Charakter trotz der Verkleidung als Engel des
Lichts dem Erlöser der Welt nicht verborgen geblieben ist. Er nennt
ihn Satan, den Engel der Finsternis, der seine erste Heimat verlassen und Gott die Treue verweigert hat. („The Signs of the Times",
28. März 1895)

Satan mußte das Feld als endgültig geschlagener Feind verlassen.
Als Christus ausrief: „Weiche von mir, Satan!", blieb dem mächtigen gefallenen Engel keine andere Wahl, als zu gehorchen. Mächti-
gere Engel als er waren zum Kampf angetreten und wachten über
die versuchte Seele, jederzeit bereit, dem Feind zu widerstehen.
(„Review and Herald", 24. April 1894)

Himmlische Engel beobachteten
Christus während der Versuchung

Obwohl es den Anschein hatte, daß Christus in der Wüste den Versuchungen Satans allein ausgeliefert war, war er doch nicht allein,
denn er war umgeben von Engeln; so wie immer Engel Gottes beauftragt werden, um denen zu helfen, die den beängstigenden Angriffen des Feindes ausgesetzt sind. („Manuscript Releases", Bd. 16,
S. 180)

Der ganze Himmel beobachtete die Auseinandersetzung zwischen dem Fürsten des Lichts und dem Fürsten der Finsternis. Die

Engel standen bereit, um einzugreifen, falls Satan die ihm gesetzten Grenzen überschritten hätte. („Bible Echo and Signs of the Times", 3. September 1900)

Dies waren reale und keine Scheinversuchungen. Christus litt wirklich und wurde versucht (Hbr 2,18). Himmlische Engel waren anwesend und wachten darüber, daß Satan nicht seine Grenzen überschritt und die menschliche Natur Christi überwältigte. („Für die Gemeinde geschrieben", Bd. 1, S. 99)

Nach der dritten Versuchung

Hinter all dem steckte kein anderer als Satan. Mit seinem Angriff in der Wüste hatte er bei Jesus nichts erreichen können, nun bediente er sich anderer Mittel, um den Gottessohn an der Erfüllung seiner messianischen Aufgabe zu hindern. Zunächst begann er damit, seinen Haß auf Christus in die Herzen der jüdischen Oberen zu pflanzen. Das würde diese Leute dazu treiben, daß sie Jesus ablehnten und ihm das Leben so schwer wie möglich machten. Irgendwann, so spekulierten sie, würde dann der Sohn Gottes wohl entmutigt aufgeben und seine Mission auf Erden für gescheitert erklären. („Jesus von Nazareth", S. 145.146)

Kapitel 15

Gute und böse Engel während Christi Dienst auf Erden

Besessenheit in den Tagen Jesu

Die Zeit, in der Christus den Menschen persönlich diente, war auch eine Zeit eifrigster Tätigkeit der Mächte der Finsternis. Stets hatte Satan mit seinen bösen Engeln danach getrachtet, die Herrschaft über Leib und Seele der Menschen zu gewinnen und Sünde und Krankheit über sie zu bringen ... („Das Leben Jesu", S. 241)

Der Betrug der Sünde hatte (zu der Zeit, als Jesus seinen irdischen Dienst begann) seinen Höhepunkt erreicht. Alle Wirksamkeit, die Seelen der Menschen moralisch zu verderben, war in vollem Gange ... Satanisches Wirken vermischte sich mit menschlichem Tun. Die Leiber menschlicher Wesen, dazu geschaffen, daß Gott darin wohnte, wurden zu einer Behausung der Teufel. Die Sinne, Nerven, Triebe und Organe der Menschen wurden durch übernatürliche Kräfte angestachelt, der niedrigsten Begierde zu frönen. Den Angesichtern der Menschen war geradezu der Stempel der Dämonen aufgeprägt. Sie spiegelten die Legionen des Bösen wider, von dem sie besessen waren ...

Satan frohlockte, daß es ihm gelungen war, das Bild Gottes bei den Menschen herabzusetzen. Darum kam Jesus auf diese Erde, um im Menschen das Bild seines Schöpfers wiederherzustellen ... Er kam, die bösen Geister zu vertreiben, die den Willen beherrscht hatten. Er kam, um uns aus dem Staub aufzuhelfen, um unseren entstellten Charakter nach dem Vorbild seines göttlichen Wesens umzuformen und ihn mit seiner eigenen Herrlichkeit zu schmücken. („Das Leben Jesu", S. 28.29)

Die Tatsache, daß Menschen von Dämonen besessen sein können, wird im neuen Testament eindeutig beschrieben. Die Menschen, die davon betroffen waren, litten nicht an einer natürlichen Krankheit. Christus wußte ganz genau, womit er es zu tun hatte, und er erkannte die unmittelbare Gegenwart böser Geister. („The Spirit of Prophecy", Bd. 4, S. 332)

Während Christi Erdenleben waren Satan und seine Engel sehr stark damit beschäftigt, die Menschen zu Unglauben, Haß und Spott zu verführen. („Spiritual Gifts", Bd. 1, S. 36)

Die Ablehnung Jesu in Nazareth

In seiner Kindheit und Jugendzeit hatte Jesus gemeinsam mit seinen Brüdern an den Gottesdiensten in der Synagoge zu Nazareth teilgenommen. Seit er jedoch seinen Dienst aufgenommen hatte, war er nicht bei ihnen gewesen. Trotzdem war es ihnen nicht verborgen geblieben, was mit ihm geschehen war. Als er nun wieder unter ihnen erschien, steigerte sich ihr Interesse und ihre Erwartung außerordentlich ...

Nahm ein Rabbiner am Gottesdienst in der Synagoge teil, dann erwartete man, daß er die Andacht hielt. Den Prophetenabschnitt hingegen durfte jeder Israelit übernehmen. An diesem Sabbat nun wurde Jesus gebeten, den Gottesdienst zu übernehmen. Er „stand auf und wollte lesen. Da ward ihm das Buch des Propheten Jesaja gereicht" (Lk 4,16.17).

Jesus stand als lebendige Erfüllung der Weissagungen, die sich auf ihn bezogen, vor dem Volk. Als er die Texte, die er gelesen hatte, erläuterte, sprach er vom Messias als einem, der den Unterdrückten hilft, die Gefangenen befreit, die Kranken heilt, den Blinden das Augenlicht wiedergibt und vor der Welt das Licht der Wahrheit offenbart ... Als ihre Herzen durch den Geist Gottes bewegt wurden, antworteten sie mit inbrünstigem Amen und priesen den Herrn. („Das Leben Jesu", S. 220.221)

Als Jesus sagte: „Diese Prophezeiung erfüllt sich heute vor euren Augen und euren Ohren", dachten sie plötzlich an sich selbst und an den Anspruch, den seine Worte an sie richteten. („The Signs of the Times", 14. September 1882)

Wer ist dieser Jesus? fragten sie. Er, der die Herrlichkeit des Messias für sich in Anspruch nahm, war der Sohn eines Zimmermanns und hatte gemeinsam mit seinem Vater Joseph sein Handwerk ausgeübt ... Obgleich sein Leben makellos geblieben war, glaubten sie dennoch nicht, daß er der Verheißene war ...

Als sie dem Zweifel die Tür öffneten, verhärteten sich ihre Herzen so sehr, daß sie sich nicht einmal für einen Augenblick erweichen ließen. Satan war entschlossen, zu verhindern, daß an jenem Tage blinde Augen geöffnet oder in Sklaverei gehaltene Seelen befreit würden. Mit aller Kraft bemühte er sich, sie in ihrem Unglauben zu bestätigen ...

Mit seinen Worten in der Synagoge traf Jesus seine Hörer an der Wurzel ihrer Selbstgerechtigkeit, indem er ihnen nachdrücklich die bittere Wahrheit vor Augen führte, daß sie sich von Gott abgewandt und den Anspruch, sein Volk zu sein, verspielt hatten ... Jetzt verhöhnten sie den Glauben, den Jesus erst in ihnen entfacht hatte. Sie wollten nicht zugeben, daß jener, der aus Armut und Niedrigkeit hervorgegangen war, mehr darstellte als einen gewöhnlichen Menschen. („Das Leben Jesu", S. 221-223)

Engel des Lichts befanden sich in dieser Versammlung und beobachteten mit großem Interesse den Ausgang dieser Stunde. Aber es waren auch satanische Engel anwesend, die Zweifel und Vorurteile säten ...

Der Unglaube führte zur Böswilligkeit. Daß ein Mann, der arm und von einfacher Herkunft war, es wagte, sie zu ermahnen, erfüllte die Herzen der Nazarener mit Haß und Wut. Es entstand ein aufgeregtes Durcheinander, und die Versammlung wurde abgebrochen.

161

Die Leute legten Hand an Jesus und warfen ihn aus der Synagoge und aus ihrer Stadt. („The Signs of the Times", 16. Juni 1887)

Es schien ihnen allen sehr daran gelegen, ihn umzubringen. Sie zerrten ihn auf einen Berg, vor eine steil abfallende Felswand, und beabsichtigten, ihn kopfüber hinunterzustürzen. Sie brüllten herum und verfluchten ihn. Manche warfen mit Steinen und Erde nach ihm, aber plötzlich war er aus ihrer Mitte verschwunden, und sie wußten nicht, wie und wann. Engel Gottes waren inmitten dieses aufgebrachten Pöbels bei Jesus und retteten sein Leben. Die himmlischen Boten waren an seiner Seite, als er in der Synagoge sprach, und sie standen ihm auch zur Seite, als er von den wütenden, ungläubigen Juden bedrängt wurde. Diese Engel verschlossen der wütenden Menge die Augen und führten Jesus an einen sicheren Ort. („The Spirit of Prophecy", Bd. 2, S. 114.115)

Der Besessene in der Synagoge von Kapernaum

Jesus sprach in der Schule vom Reich Gottes, zu dessen Aufrichtung er gekommen war, und von seiner Aufgabe, die Gefangenen Satans zu befreien. Seine Rede wurde durch laute Rufe unterbrochen. Ein Wahnsinniger drängte sich durch die Menge und schrie: „Halt, was haben wir mit dir zu schaffen, Jesus von Nazareth? Du bist gekommen, uns zu verderben. Ich weiß wer du bist: der Heilige Gottes." (Mk 1,24)

Alles geriet in Aufregung und Bestürzung. Die Aufmerksamkeit der Zuhörer wurde von der Rede Christi abgelenkt, und seine Worte blieben unbeachtet. Zu diesem Zweck hatte Satan sein Opfer hierhergeführt. Aber Jesus bedrohte den unsauberen Geist und sprach: „Verstumme und fahre aus von ihm! Und der Teufel warf ihn mitten unter sie und fuhr von ihm aus und tat ihm keinen Schaden." (Lk 4,35)

Der Verstand dieses Unglücklichen war von Satan verfinstert worden, aber in des Heilandes Gegenwart hatte ein Lichtstrahl das Dunkel durchbrochen. In dem Kranken erwachte das Verlangen, von der Herrschaft Satans freizukommen; doch der Teufel widerstand der göttlichen Macht. Als der Unglückliche versuchte, Jesus um Hilfe zu bitten, legte der Böse ihm jene üblen Worte in den Mund, und er schrie vor Angst und Furcht. Er begriff ganz gut, daß er sich in der Gegenwart dessen befand, der ihn befreien konnte. Als er aber versuchte, in den Bereich der göttlichen Hand zu kommen, hielt der Wille eines anderen ihn zurück, und die Worte eines anderen wurden von ihm ausgesprochen. Ein schrecklicher Kampf tobte zwischen der Macht Satans und seinem Verlangen nach Freiheit. („Das Leben Jesu", S. 239.240)

Er, der den Erzfeind in der Wüste besiegt hatte, befreite jetzt diesen bedauernswerten Gefangenen Satans aus dessen Umklammerung. Jesus wußte genau, daß dieser Geist der gleiche war wie jener, der ihn in der Wüste versuchte, wenn er jetzt auch eine andere Erscheinung angenommen hatte. („The Spirit of Prophecy", Bd. 2, S. 180)

Der Teufel wandte alle Kräfte an, sein Opfer in der Gewalt zu behalten; denn jetzt zu verlieren, hieße Jesus einen Sieg zu überlassen. Es schien, als ob der Unglückliche im Kampf mit dem bösen Feind, der ihm seine kostbaren Kräfte geraubt hatte, sein Leben verlieren würde. Aber der Heiland sprach gewaltig und befreite den Gefangenen Satans. Nun stand der vorher Besessene glücklich, wieder sich selbst gehörend, vor der verwunderten und staunenden Menge ...

Der Geheilte lobte Gott für seine Rettung. Das Auge, das eben noch im Feuer des Irrsinns geglüht hatte, strahlte jetzt klar und vernünftig und floß über von Dankestränen. („Das Leben Jesu", S. 240)

Die Heilung des Dieners eines römischen Hauptmanns

Mit den Augen des Glaubens sah der römische Hauptmann, daß sich in der Umgebung Jesus himmlische Engel befanden und daß er nur einen von diesen Engeln zu beauftragen brauchte, um zu dem Leidenden zu gehen. Er wußte, daß er durch sein Wort das Krankenzimmer erreichen würde und sein Knecht dadurch gesund werden konnte. („Review and Herald", 11. März 1890)

Der Besessene von Gadara

Am nächsten Morgen, als gerade das Licht der aufgehenden Sonne wie ein Friedensgruß Land und See berührte, kam der Heiland mit den Jüngern ans Ufer ... Zwei Irrsinnige stürzten sich aus einem Versteck zwischen den Gräbern hervor und auf sie zu, als wollten sie sie in Stücke zerreißen. An ihren Füßen hingen Glieder von Ketten, die sie gesprengt hatten; ihr Körper zeigte blutende Wunden, die sie sich an den scharfen Steinen geholt hatten; ihre Augen stierten wild unter dem langen wirren Haar hervor; alles Menschliche schien ihnen von den Dämonen, die in ihnen wohnten, genommen zu sein; sie sahen wilden Tieren ähnlicher als Menschen.

Die Jünger und andere Begleiter des Herrn flohen vor Schrecken. Bald aber bemerkten sie, daß Christus nicht bei ihnen war. Sie schauten sich um und sahen ihren Herrn dort stehen, wo sie ihn verlassen hatten. Der den Sturm gestillt, der schon früher Satan begegnet war und ihn besiegt hatte, floh nicht vor diesen bösen Geistern. Die Wahnsinnigen hatten sich zähneknirschend und vor Wut schäumend dem Herrn genähert. Da erhob Jesus die Hand, die den wilden Wogen Ruhe geboten hatte, und die Männer vermochten nicht näher zu kommen. Sie standen wütend, aber hilflos vor ihm.

Mit Macht gebot er nun den unreinen Geistern, aus den Männern auszufahren. Seine Worte durchdrangen die umnachteten Sinne der Unglücklichen, und sie erkannten, wenn auch noch dunkel, die Gegenwart des Einen, der sie von den bösen Geistern erlösen konnte. Sie fielen dem Heiland zu Füßen, ihn anzubeten. Als sie jedoch die Lippen öffneten, um seine Gnade zu erflehen, sprachen die Dämonen aus ihnen und schrien ihn ungestüm an: „Ach Jesus, du Sohn Gottes, was haben wir mit dir zu tun? Bist du hergekommen, uns zu quälen, ehe denn es Zeit ist?" (Mt 8,29) ...

Nicht weit davon, am Abhang eines kleinen Berges, weidete eine Herde Säue. In diese wollten die Dämonen fahren. Jesus erlaubte es ihnen, und sofort wurde die Herde von panischem Schrecken ergriffen. Die Säue rasten wild die Klippen hinunter, stürzten sich, da sie ihren Lauf nicht hemmen konnten, in den See und ertranken.

Während dieser Zeit war mit den Irrsinnigen eine wunderbare Veränderung vor sich gegangen; es war licht geworden in ihrem Geist, die Augen blickten klug und verständig, die bisher zum Bilde Satans entstellten Gesichter wurden sanft und die blutbefleckten Hände ruhig. Mit freudiger Stimme lobten sie Gott für ihre Erlösung. („Das Leben Jesu", S. 328.329)

Die Heilung des besessenen Kindes

Der Knabe wurde gebracht. Sobald der Blick des Heilands auf ihn fiel, warf der unreine Geist den Knaben in schmerzhaften Zuckungen zur Erde; dieser wälzte sich, schäumte und erfüllte die Luft mit gräßlichen Schreckenslauten.

Wieder standen sich der Herr des Lebens und der Fürst der Mächte der Finsternis gegenüber – Christus bei der Erfüllung seines Dienstes, „zu predigen den Gefangenen, daß sie los sein sollen, und den Blinden das Gesicht und den Zerschlagenen, daß sie frei und ledig sein sollen" (Lk 4,18), und Satan, der versuchte, seine Beute in seiner Gewalt zu behalten. Engel des Lichts und Scharen böser Geister drängten sich ungesehen heran, um dem Kampf zuzuschauen. Für Augenblicke erlaubte Jesus dem bösen Geist, seine Macht zu entfalten, damit die anwesende Menge das folgende Erlösungswerk besser erfassen konnte ...

Nun wendet sich der Heiland an den Besessenen und sagt: „Du sprachloser und tauber Geist, ich gebiete dir, daß du von ihm ausfahrest und fahrest hinfort nicht in ihn!" (Mk 9,25)

Man hört einen Schrei und erlebt einen qualvollen Kampf; es scheint, als ob der Dämon seinem Opfer das Leben entreißt; der Knabe liegt ohne Bewegung und anscheinend leblos da. In der Menge flüstert man sich zu: „Er ist tot."

Jesus aber ergreift seine Hand, richtet ihn auf und übergibt ihn seinem Vater – vollkommen gesund an Leib und Seele! Vater und Sohn loben den Namen ihres Erlösers. („Das Leben Jesu", S. 423.424)

Jesus wird beschuldigt, selbst besessen zu sein

Jesus sagte, daß er der wahre Hirte sei, der sein Leben für die Schafe hingeben werde ...

Jesus sprach diese Worte vor einer großen Zuhörerschaft, und sie hinterließen einen starken Eindruck in den Herzen vieler dieser Menschen. Die Schriftgelehrten und Pharisäer waren von Neid erfüllt, weil sie sahen, daß viele Jesus den Vorzug gaben ... Während er darüber sprach, daß er der wahre Hirte sei, sagten die Pharisäer: „Er ist vom Teufel besessen und verrückt, warum hört ihr ihm eigentlich zu?" Aber andere erkannten die Stimme das wahren Hirten und antworteten ihnen: „Dies sind nicht die Worte eines Besessenen; kann denn ein böser Geist die Augen der Blinden auftun?"

„Es war damals ein Fest der Tempelweihe in Jerusalem, und es war Winter. Jesus ging im Tempel umher, in der Halle Salomos. Da umringten ihn die Juden und sprachen zu ihm: Wie lange hältst du uns im Ungewissen? Bist du Christus, so sage es frei heraus. Jesus antwortete ihnen: Ich habe es euch gesagt, und ihr glaubt nicht. Die Werke, die ich tue in meines Vaters Namen, die zeugen von mir ... Ich und der Vater sind eins." (Jo 10,21-25.30)

Die Juden verstanden die Bedeutung der Worte Jesu ... und sie hoben Steine auf, um ihn umzubringen. Jesus sah sie ruhig und ohne Angst an und sagte zu ihnen: „Viele gute Werke habe ich euch gezeigt vom Vater, um welches dieser Werke willen wollt ihr mich steinigen?" (Jo 10,32)

Der Herr des Himmels stand, sich seiner Göttlichkeit gewiß, ganz ruhig vor seinen Widersachern. Ihre wutverzerrten Gesichter und ihre Hände voller Steine konnten ihm keine Angst einjagen. Er wußte, daß unsichtbare Mächte, Legionen von Engeln, um ihn her waren, und daß er nur ein Wort zu sagen brauchte, und die Menge würde mit Schrecken geschlagen, sollte sie versuchen, auch nur einen einzigen Stein nach ihm zu werfen. („The Signs of the Times", 27. November 1893)

Obwohl Jesus Zeichen seiner göttlichen Macht gegeben hatte, war es nicht möglich, daß er lehrte, ohne unterbrochen zu werden.

Die religiösen Führer versuchten, ihn vor dem Volk lächerlich zu machen. Sie gaben ihm keine Gelegenheit, seine Gedanken und Lehren im Zusammenhang vorzutragen, aber obwohl sie ihn ständig unterbrachen, begriffen Hunderte das Licht, das ihre Herzen berührte, und wenn die Schriftgelehrten die Worte Jesu hörten und erkannten, mit welcher Vollmacht er sprach und wie gefesselt die Menschen zuhörten, wurden sie ärgerlich und sagten: „Du bist ein Samariter und vom Teufel besessen!" Jesus begegnete diesen Angriffen ganz ruhig und ohne Furcht und erklärte ihnen deutlich, daß der Bund des Volkes mit Gott nicht in Abraham gegründet war, sondern in ihm. „Denn", sagte er, „ich war vor Abraham."

Die Wut des Volkes kannte nun keine Grenzen mehr, und sie bereiteten sich darauf vor, um ihn zu steinigen, aber die unsichtbaren Engel Gottes brachten ihn schnell aus dieser Versammlung fort. („The Signs of the Times", 26. Mai 1890)

Satanische Engel mischen sich als Menschen unter die Zuhörer Christi

Unter seine (Christi) Zuhörer mischten sich Engel in menschlicher Gestalt und machten Vorschläge, kritisierten, und legten die Worte des Erlösers falsch aus oder wandten sie in falscher Weise an. („Review and Herald", 11. August 1903)

Christus war der Leiter der Versammlungen dieser Engel gewesen, bevor sie ihre himmlische Wohnung verlassen mußten. („Selected Messages", Bd. 3, S. 410)

Die Auferstehung des Lazarus

Christus hätte dem Stein gebieten können, daß er sich erhebe, und dieser würde dem Machtwort des Herrn gehorcht haben; er hätte dies auch den Engeln, die ihn umgaben, befehlen können. Auf sein Gebot hin würden unsichtbare Hände den Stein weggewälzt haben; doch sollten Menschenhände dieser Aufforderung nachkommen.

Dadurch wollte Christus zeigen, daß die Menschen mit Gott zusammenwirken sollen. Was menschliche Kraft ausführen kann, dazu
wird keine göttliche berufen. („Das Leben Jesu", S. 527)

Jesus wird von Stadt zu Stadt gejagt

Während seines Wirkens auf Erden wurde Jesus von Ort zu Ort
gejagt. Priester und Beamte waren ihm ständig auf der Spur. Sie
mißdeuteten seine Mission und seine Arbeit. Er kam in das Seine,
aber die Seinen nahmen ihn nicht auf. Engel waren die ständigen
Beobachter dieses Konflikts. Sie erkannten den Geist und das Werk
des Feindes und sahen mit Staunen, mit welchen Mitteln Satan gegen den Sohn des ewigen Gottes agierte. Sie sahen, daß der, der
einmal fast genauso viel Macht und Herrlichkeit besessen hatte wie
Jesus, so tief gefallen war, daß er es fertigbrachte, die Schritte Christi von einer Stadt in die nächste zu verfolgen. („The Signs of the
Times", 25. November 1889)

Immer wieder versuchte man, ihn (Jesus) umzubringen, und es
wäre gelungen, wenn nicht die himmlischen Engel, die ihn umgaben, sein Leben bewacht hätten, bis über das Schicksal des jüdischen Volkes entschieden wurde. („Review and Herald", 12. Oktober 1897)

Kapitel 16

Engel während der Leidensgeschichte Christi bis zu seinem Tod

Jesus und seine Jünger gehen nach Gethsemane

Langsam wanderte der Heiland mit seinen Jüngern nach dem Garten Gethsemane. Der Passa-Mond stand hell und voll am wolkenlosen Himmel ...

Als sie den Garten erreichten, bemerkten die Jünger die Veränderung, die mit ihrem Herrn vor sich gegangen war; sie hatten ihn noch nie so über alle Maßen traurig und still gesehen. Je weiter er ging, desto tiefer wurde diese ungewöhnliche Betrübnis ...

In der Nähe des Eingangs zum Garten ließ Jesus seine Jünger bis auf drei zurück und forderte sie auf, für sich selbst und für ihn zu beten. Mit Petrus, Jakobus und Johannes ging er an jenen Ort der Abgeschiedenheit ...

„Bleibt hier", sagte er ihnen, „und wacht mit mir!" (Mt 26,38)

Er ging einige Schritte abseits, gerade so weit, daß sie ihn noch sehen und hören konnten, und fiel auf die Erde nieder. Die Sünde trennte ihn von seinem Vater, das fühlte er. Der Abgrund war so breit, so dunkel und so tief, daß sein Geist davor zurückschauderte ...

Als der Heiland fühlte, daß sein Einssein mit dem himmlischen Vater unterbrochen war, fürchtete er, in seiner menschlichen Natur unfähig zu sein, den kommenden Kampf mit den Mächten der Finsternis zu bestehen. Schon in der Wüste der Versuchung hatte das Schicksal des Menschengeschlechts auf dem Spiel gestanden – doch Jesus war Sieger geblieben.

Jetzt war der Versucher zum letzten schrecklichen Kampf gekommen, auf den er sich während der dreijährigen Lehrtätigkeit des Herrn vorbereitet hatte. Alles hing von dem Ausgang dieses Kampfes ab. Verlor Satan, dann war seine Hoffnung auf die Oberherrschaft gebrochen; die Reiche der Welt würden schließlich Christus gehören; er selbst würde überwältigt und ausgestoßen werden. Ließe sich Christus aber überwinden, dann würde diese Erde Satans Reich werden und das Menschengeschlecht für immer in seiner Gewalt bleiben.

Die Folgen dieses Streites vor Augen, war Christi Seele erfüllt von dem Entsetzen über die Trennung von Gott. Satan sagte dem Herrn, daß er als Bürge für die sündige Welt ewig von Gott getrennt wäre; er würde dann zu Satans Reich gehören und niemals mehr mit Gott verbunden sein ...

In härtesten Zügen schilderte Satan dem Herrn die Lage: Alle jene, die für sich in Anspruch nehmen, ihre Mitmenschen in zeitlichen und geistlichen Dingen zu überragen, haben dich verworfen ... Einer deiner eigenen Jünger, der diesen Unterweisungen gelauscht hat, der einer der ersten deiner Mitarbeiter gewesen ist, wird dich verraten; einer deiner eifrigsten Nachfolger wird dich verleugnen, ja, alle werden dich verlassen! ...

In seiner Angst krallt er sich fest in die kalte Erde, als ob er verhindern wolle, seinem Vater noch ferner zu rücken. Der frostige Tau der Nacht legt sich auf seine hingestreckte Gestalt, aber er merkt es nicht. Seinen bleichen Lippen entringt sich der qualvolle Schrei: „Mein Vater, ist's möglich, so gehe dieser Kelch an mir vorüber." Und er fügt hinzu: „Doch nicht, wie ich will, sondern wie du willst!" (Mt 26,39) („Das Leben Jesu", S. 682-685)

Engel in Gethsemane

Das ganze himmlische Universum beobachtete das Leben Jesu mit außerordentlich großem Interesse, jeden seiner Schritte, von der Krippe bis hin zu dieser grauenhaften Szene. Welch ein Anblick war das für die tausendmal zehntausend Engel, Seraphim, wie Cherubim! („The Signs of the Times", 9. Dezember 1897)

Engel schwebten über Gethsemane und beobachteten, was dort geschah. („Spiritual Gifts", Bd. 1, S. 47)

Sie sahen den Sohn Gottes, ihren geliebten Herrn, wie er unmenschlich litt und offensichtlich sterben würde im Kampf um die Errettung einer verlorenen und zugrunde gerichteten Welt. Der ganze Himmel hörte das Gebet Christi.

Seine entsetzliche Seelenangst, die ihn dazu veranlaßte, dreimal zu bitten: „Mein Vater, wenn es möglich ist, laß diesen Kelch an mir vorübergehen, aber nicht mein, sondern dein Wille geschehe!", erschütterte den ganzen Himmel. Sie sahen ihren Herrn, eingeschlossen von Legionen von Satans Helfern, und in seiner Menschlichkeit wurde er furchtbar niedergedrückt von dieser schrecklichen, mysteriösen Bedrohung. („The Signs of the Times", 9. Dezember 1897)

Die Engel, die Christus im Himmel gedient hatten, hätten ihn sehr gerne getröstet, aber es stand nicht in ihrer Macht, ihm in seinem Leid beizustehen. Sie hatten die Auswirkungen der Sünden dieser zugrunde gerichteten Welt niemals verspürt, und sie beobachteten mit Staunen, wie der, den sie angebetet hatten, einer solch unbeschreiblich großen Traurigkeit unterworfen wurde. Auch wenn die Jünger in der Stunde der Not und Versuchung ihres Herrn versagten und ihm nicht beistanden, so nahm doch der ganze Himmel Anteil an diesem Geschehen und wartete mit schmerzlichem Interesse auf dessen Ausgang. („The Present Truth", 3. Dezember 1885)

Dreimal hatte Jesus im Gebet um Erlösung gefleht, und im Himmel konnte man diesen Anblick nicht mehr länger ertragen. So sandte man einen Boten des Trostes zu dem niedergeschmetterten Sohn Gottes, der ohnmächtig war und unter der Last der Schuld der ganzen Welt zu sterben drohte. („The Present Truth", 18. Februar 1886)

Als die Krise den Höhepunkt erreicht und die Seele und das Herz unter der Last der Sünde zu zerbrechen droht, wird Gabriel gesandt, um dem göttlichen Leidenden Kraft zu vermitteln für den blutbefleckten Weg, der vor ihm liegt. („The Signs of the Times", 9. Dezember 1897)

In dieser furchtbaren Krise, da alles auf dem Spiel stand, da der geheimnisvolle Kelch in den Händen Jesu zitterte, öffnete sich der Himmel, und ein Licht durchbrach das unruhige Dunkel dieser entscheidungsschweren Stunde; der Engelfürst, der anstelle des ausgestoßenen Satans in der Gegenwart Gottes seinen Platz hat, trat an Jesu Seite. Der Engel kam nicht, um Christus den Leidenskelch aus der Hand zu nehmen, sondern um ihn durch die Versicherung der Liebe des Vaters zu stärken, den Kelch zu trinken ...

Die schlafenden Jünger waren durch das helle Licht, das den Heiland umstrahlte, plötzlich aufgeweckt worden. Sie sahen den Engel sich über ihren hingestreckt liegenden Meister beugen, dessen Haupt gegen seine Brust lehnen und die Hand zum Himmel erheben. Sie hörten den wundersamen Wohllaut seiner Stimme, die Worte des Trostes und der Hoffnung sprach ...

Doch wieder überlassen sich die Jünger in ihrer Müdigkeit jenem ungewöhnlichen Dämmerzustand, und Jesus findet sie abermals schlafend ...

Traurig blickt er auf die Schlafenden und spricht zu ihnen: „Ach, wollt ihr nun schlafen und ruhen? Siehe, die Stunde ist hier, daß des Menschen Sohn in der Sünder Hände überantwortet wird."

Noch während er diese Worte sprach, hörte er die Schritte derer, die ihn suchten, und er fügte hinzu: „Stehet auf, laßt uns gehen. Siehe, er ist da, der mich verrät!" (Mt 26,45.46)

Jesus zeigte keinerlei Spuren mehr des eben überstandenen inneren Ringens, als er dem Verräter entgegentrat. Allein vor seinen Jüngern stehend, sagte er: „Wen sucht ihr?" Sie antworteten: „Jesus von Nazareth." Da sprach Jesus zu ihnen: „Ich bin's!" (Jo 18,4.5) („Das Leben Jesu", S. 689-691)

Es hätte in der Macht Christi gestanden, sich selbst zu befreien; denn als er die Worte „Ich bin's" sprach, scharten sich sofort Engel um ihn, und dieses Heer wußte sehr genau, daß Christus die Macht Gottes war. („This Day With God", S. 267)

Es fiel den Engeln schwer, diesen Anblick zu ertragen. Sie wollten Jesus befreien, aber die befehlenden Engel verboten es ihnen ... Jesus wußte, daß Engel seine Demütigung beobachteten ... Der schwächste Engel hätte die Menschenmenge kraftlos zu Boden fallen lassen und Jesus befreien können. („Spiritual Gifts", Bd. 1, S. 50.51)

In diesem Augenblick trat der Engel, der Jesus kurz zuvor erst gedient hatte, zwischen ihn und die Schar der Häscher. Göttliches Licht erhellte Jesu Angesicht, und ein taubenähnlicher Schatten fiel auf seine Gestalt. Die Gegenwart dieser himmlischen Herrlichkeit konnten die Mordgesellen nicht ertragen; sie wichen zurück, und Priester, Älteste, Soldaten, selbst Judas sanken wie tot zu Boden. Der Engel zog sich zurück, und das Licht verblaßte. („Das Leben Jesu", S. 691)

Der Engel verschwand und ließ Jesus zurück, der ruhig und selbstsicher dastand. Das helle Mondlicht leuchtete in sein blasses Gesicht. Er war noch immer umgeben von den niedergestürzten, hilflosen Männern, und die Jünger waren so erstaunt, daß sie kein einziges Wort herausbrachten. Als sich der Engel zurückzieht, springen die harten römischen Soldaten auf ihre Füße, und gemeinsam mit den Priestern und Judas bewegen sie sich auf Jesus zu, so als schämten sie sich ihrer Schwäche und als fürchteten sie, er könnte ihnen doch noch entkommen. („The Signs of the Times", 21. August 1879)

Die Jünger hatten nicht gedacht, daß sich ihr Meister gefangennehmen ließe. Die gleiche Macht, die die Verfolger wie tot zu Boden gestreckt hatte, konnte diese doch so lange zur Hilflosigkeit verurteilen, bis sie und ihr Meister gerettet wären. Sie waren enttäuscht und aufgebracht, als sie die Stricke sahen, mit denen die Hände dessen gebunden werden sollten, den sie liebten. Petrus zog in seinem Zorn rasch sein Schwert und wollte seinen Meister verteidigen; er traf den Diener des Hohenpriesters und hieb ihm ein Ohr ab. Als Jesus sah, was geschehen war, befreite er seine Hände aus der Gewalt der römischen Soldaten und sagte: „Haltet ein! Und er rührte sein Ohr an und heilte ihn." (Lk 22,51)

Dann sagte er zu dem heftigen Petrus: „Stecke dein Schwert an seinen Ort! Denn wer das Schwert nimmt, der soll durchs Schwert umkommen. Oder meinst du, daß ich nicht könnte meinen Vater bitten, daß er mir zuschickte mehr denn zwölf Legionen Engel?" (Mt 26,52.53) („Das Leben Jesu", S. 692)

Als er (Christus) diese Worte sprach, nahmen die Gesichtszüge der Engel einen entschlossenen Ausdruck an. Sie wünschten sich, daß sie ihren Herrn auf der Stelle umringen und diesen aufgebrachten Pöbel verjagen dürften.

Aber es breitete sich wieder Traurigkeit auf ihren Gesichtern aus, als Jesus hinzufügte: „Wie aber sollte sich dann die Schrift erfüllen, die sagt, daß es so geschehen muß?" Das Herz der Jünger wurde schwer vor Verzweiflung und bitterer Enttäuschung, als Jesus sie (den Mob) aufforderte, ihn abzuführen. („Spiritual Gifts", Bd. 1, S. 48)

Christus im Gerichtshof vor Hannas und Kaiphas

Nach der Voruntersuchung durch Hannas sollte Jesus vor dem Hohen Rat verhört werden ...

Als der Rat in der Gerichtshalle versammelt war, nahm Kaiphas seinen Platz als Vorsitzender dieser Versammlung ein ... Doch als Kaiphas ... auf den Gefangenen blickte, konnte er eine in ihm aufsteigende Bewunderung für dessen edles und würdiges Verhalten nicht unterdrücken. Es ging ihnen auf, daß dieser Mann göttlicher Herkunft sein mußte. Doch schon im nächsten Augenblick wies er diesen Gedanken verächtlich von sich. („Das Leben Jesu", S. 694.698.699)

Der ganze Himmel sah die Grausamkeiten, die Christus angetan wurden. Mit diesen schrecklichen Szenen, die sich in dem Gerichtssaal abspielten, zeigte Gott dem beobachtenden Universum, welch ein Geist sich in Menschen zeigt, die nicht gewillt sind, sich den Geboten Gottes zu beugen. („Manuscript Releases", Bd. 12, S. 412)

Für die Engel war es schwer, diesen Anblick zu ertragen, und sie hätten Jesus sofort aus den Händen seiner Richter befreit, aber die befehlenden Engel verboten es ihnen ... Jesus wußte, daß die Engel Zeugen seiner Demütigung waren.

Jesus stand bescheiden und demütig vor der aufgebrachten Menge, die ihn auf die gemeinste Weise beleidigte. Sie spuckten ihm ins Gesicht – in das Gesicht, von dem sie sich einmal wünschen werden, sie könnten sich davor verstecken, das die Lichtquelle der heiligen Stadt sein und heller leuchten wird als die Sonne –, aber kein zorniger Blick streifte diese Beleidiger. Er hob bescheiden seine Hand und wischte sich ab. Sie bedeckten seinen Kopf mit einem alten Kleidungsstück, verbanden ihm die Augen, schlugen ihm ins Gesicht und schrien dann: „Wenn du ein Prophet bist, dann sag uns doch, wer dich geschlagen hat!"

Das brachte Bewegung unter die Engel. Sie hätten ihn sofort gerettet, aber die befehlenden Engel hielten sie zurück. („Spiritual Gifts", Bd. 1, S. 50.51)

Bei Pilatus

Als die Menschen sich dafür entschieden, Barrabas, einen Dieb und Mörder, dem Sohn Gottes vorzuziehen, wurden sie von einem satanischen Geist beeinflußt. Die dämonischen Mächte triumphierten über die Menschheit; von Legionen böser Engel total beherrscht, kreischten sie auf die Frage des Pilatus, wen er ihnen freigeben solle: „Fort mit diesem Menschen, gib uns Barrabas frei!" Und als ihnen Pilatus noch einmal Jesus nahelegte, überschlugen sich ihre Stimmen, als sie schrien: „Kreuzige ihn, kreuzige ihn!" Indem sie den dämonischen Mächten nachgaben, wurden die Menschen dazu verleitet, sich auf die Seite des großen Widersachers zu schlagen.

Die nicht in Sünde gefallenen Welten sahen diese Szenen mit Erstaunen und konnten nicht fassen, welches Ausmaß an Niedertracht die Sünde verursacht hatte. Legionen böser Engel beherrschten die Priester und Schriftgelehrten, und diese liehen ihre Stimme den Einflüsterungen Satans und überzeugten und verführten die Leute durch Falschheit und Bestechung dazu, den Sohn Gottes abzulehnen und sich an seiner Stelle für einen Räuber und Mörder zu entscheiden ... Was für ein Anblick für Gott und für die Seraphim und Cherubim! Der eingeborene Sohn Gottes, der König des Himmels, die herrliche Majestät Gottes, wurde verhöhnt und verspottet, beleidigt, abgelehnt und zuletzt gekreuzigt von denen, die er retten wollte, weil sie sich der Herrschaft Satans überlassen hatten. („Review and Herald", 14. April 1896)

Die Engel waren Zeugen dieses ganzen Geschehens. Sie bemerkten die Überzeugung des Pilatus und seine Sympathie für Jesus ...

Satan und seine Engel versuchten, Pilatus zu verführen und ihn in seinen Untergang zu treiben. Sie redeten ihm ein, wenn er Jesus nicht verurteilte, würde es eben ein anderer tun. („Spiritual Gifts", Bd. 1, S. 54.56)

Sogar jetzt noch brauchte Pilatus nicht unbesonnen zu handeln. Eine von Gott gesandte Botschaft warnte ihn vor der Tat, die er im Begriff war zu vollziehen. Auf Christi Gebet hin war die Frau des Pilatus von einem himmlischen Engel aufgesucht worden, und in einem Traum hatte sie Jesus erblickt und mit ihm gesprochen ... Sie sah ihn beim Verhör im Gerichtshaus; sie sah seine Hände gefesselt wie die eines Verbrechers. Sie sah Herodes und seine Soldaten ihr entsetzliches Werk tun; sie hörte die neiderfüllten, heimtückischen Priester und Obersten ihn hartnäckig anklagen und vernahm die Worte: „Wir haben ein Gesetz, und nach dem Gesetz muß er sterben." (Jo 19,7)

Sie sah auch, wie Pilatus ihn geißeln ließ, nachdem er erklärt hatte: „Ich finde keine Schuld an ihm." (Jo 18,38) Sie hörte, wie Pilatus das Todesurteil sprach, und sah, wie er Christus den Mördern übergab. Sie sah das Kreuz auf Golgatha und die Erde in Finsternis gehüllt, und sie hörte den geheimnisvollen Schrei: „Es ist vollbracht!" (Jo 19,30) Dann schaute sie noch ein anderes Bild. Sie erkannte Jesus auf einer großen, weißen Wolke sitzend, während die

Erde im Weltraum hin und her taumelte und seine Mörder vor der Offenbarung seiner Herrlichkeit flohen. Mit einem Schrei des Entsetzens erwachte sie, und unverzüglich schrieb sie Pilatus eine Warnungsbotschaft.

Während Pilatus noch überlegte, was er tun solle, drängte sich ein Bote durch die Menge und übergab ihm das Schreiben seiner Frau, in dem es hieß: „Habe du nichts zu schaffen mit diesem Gerechten; ich habe heute viel erlitten im Traum seinetwegen." (Mt 27,19)

Pilatus erbleichte. Einander widerstrebende Empfindungen verwirrten ihn. Doch während er noch entschlußlos zögerte, schürten die Priester und Obersten noch weiter die Erregung des Volkes ...

Pilatus hätte Jesus gern freigegeben. Anderseits erkannte er, daß er seine Freilassung nicht durchsetzen durfte, wenn er seine Stellung und sein Ansehen behalten wollte. Lieber opferte er ein unschuldiges Leben, als daß er seine irdische Machtstellung verlöre ...

Pilatus gab den Forderungen des Volkes nach. Er übergab den Heiland lieber dem Kreuzestode, als Gefahr zu laufen, seine Stellung zu verlieren. („Das Leben Jesu", S. 731.738.739)

Christi Kreuzigung

Der Sohn Gottes wurde an die Menschen ausgeliefert, damit man ihn kreuzigte ... Sie legten ihm das schwere Kreuz auf ... aber Jesus brach unter der Last zusammen. Sie holten ... einen Mann, der sich bisher zwar nicht öffentlich zu Jesus bekannt hatte, aber an ihn glaubte. Sie legten das Kreuz auf ihn, damit er es an den tödlichen Ort trage. Große Gruppen von Engeln wurden dorthin befohlen und schwebten über dem Geschehen in der Luft. („Spiritual Gifts", Bd. 1, S. 57)

Wer war Zeuge des Geschehens? Das himmlische Universum, Gott der Vater, Satan und seine Engel. („Bible Echo and Signs of the Times", 29. Mai 1899)

Himmlische Engel ... hörten den Hohn und den Spott und sahen das Kopfschütteln. Wie froh wären sie gewesen, aus ihren Reihen auszubrechen, um dem Sohn Gottes in dieser Demütigung und körperlichen Not zu helfen, aber es war ihnen nicht erlaubt.

„Andern hat er geholfen; sich selbst aber kann er nicht helfen!" wurde Christus während seines Todeskampfes am Kreuz verhöhnt. Er hätte sich jeder Zeit selbst helfen können und nur vom Kreuz herunterzusteigen brauchen. Hätte er dies jedoch getan, wäre die Welt unter die Herrschaft des großen Widersachers gefallen. Für die Engel war es ein Wunder, daß Christus den Spöttern nicht durch den Tod die Lippen verschloß. („The Youth's Instructor", 14. Juni 1900)

Die Menschen, die Christus verspotteten, als er am Kreuz hing, waren Stellvertreter Satans und seiner Engel. Er erfüllte sie mit gemeinen, ordinären Reden und gab ihnen ihre Lästerungen ein. („Manuscript Releases", Bd. 18, S. 72)

Die Anführer und Mächtigen der Finsternis versammelten sich um das Kreuz. Der Erzfeind, der sich noch immer eine überhebliche Haltung anmaßte, führte dieses abgefallene Heer, das sich in seinem Angriff gegen Gott mit Menschen vereinigt hatte, an. („The Signs of the Times", 14. April 1898)

Er (Christus) mußte sich mit der Macht Satans auseinandersetzen, der behauptete, daß er Christus in seiner Gewalt habe, ihm, dem Sohn Gottes, an Kraft überlegen sei und Gott seinen Sohn verstoßen habe und dieser bei Gott jetzt auch nicht besser angesehen sei als er selbst. („Testimonies", Bd. 2, S. 214)

Christus ging nicht auf den quälenden Feind ein, auch nicht in seinem bittersten Leid. Legionen von Engeln hielten sich in seiner Umgebung auf, aber sie waren dazu angehalten, nicht aus ihren Reihen auszubrechen und sich nicht auf eine Auseinandersetzung mit dem höhnenden, schimpfenden Gegner einzulassen. Ebenso wenig war es ihnen erlaubt, der gequälten Seele des göttlichen Leidenden beizustehen. Es war in dieser schrecklichen dunklen Stunde, in der er zwar von einer Legion Engeln umgeben war, aber das Angesicht seines Vaters nicht mehr sehen konnte und die Last der Sünde der ganzen Welt tragen mußte, daß Christus mit bleichen Lippen ausrief: „Mein Gott, mein Gott, warum hast du mich verlassen?" („Bible Echo and Signs of the Times", 1. Januar 1887)

Die Dunkelheit, die die Erde bei seiner Kreuzigung umhüllte, verbarg die Menge der himmlischen Mächte, aber die Erde erbebte angesichts ihrer großen Zahl. Die Felsen wurden bewegt; drei Stunden lang wurde die Erde von undurchdringlicher Dunkelheit eingehüllt; das dunkle Gewand der Natur verbarg die Leiden des Sohnes Gottes. („Manuscript Releases", Bd. 5, S. 353)

Der Vater war mit seinen Engeln verborgen in dieser tiefen Dunkelheit, aber Gott war nahe bei seinem Sohn, auch wenn er sich nicht zu erkennen gab, weder ihm, noch irgend einem Menschen. Wenn auch nur ein Strahl seine Herrlichkeit und Macht die Wolke, die ihn verbarg, durchdrungen hätte, wären alle Zuschauer ausgelöscht worden. („Manuscript Releases", Bd. 12, S. 385)

Wie konnte der Himmel schweigen? Müssen wir uns wundern über die unnatürliche Dunkelheit, die das Kreuz umgab? Müssen wir uns wundern, daß es blitzte und donnerte, die Berge erzitterten und die Erde bebte unter den Tritten der himmlischen Heerscharen, die mit ansehen mußten, wie ihr geliebter Herr eine solche Entwürdigung erfuhr? („Review and Herald", 1. September 1891)

Als Christus ausrief: „Es ist vollbracht!", waren die Welten, die nicht gefallen waren, in Sicherheit. Für sie war der Kampf ausgefochten und der Sieg errungen. Von nun an hatte Satan keine Rechte mehr im Universum. („Review and Herald", 12. März 1901)

Die heiligen Engel waren entsetzt, daß einer aus ihren Reihen so tief fallen konnte, daß er zu solcher Grausamkeit, wie sie gegen den Sohn Gottes auf Golgatha ausgeübt wurde, fähig war. Das geringste Gefühl des Bedauerns und Mitleids, das sie jemals für Satan in seinem Exil empfunden hatten, war nun in ihren Herzen ausgelöscht. („The Signs of the Times", 23. September 1889)

Nicht durch die Hand des Priesters wurde der wunderbare Vorhang, der das Heilige vom Allerheiligsten trennte, zerrissen, sondern von der Hand Gottes. Als Christus ausrief: „Es ist vollbracht!", sprach der heilige Beobachter, der auch als ungesehener Gast auf Belsazars Festgelage anwesend war, daß die jüdische Nation in Zukunft ein Volk ohne einigende Religion sein werde. Es war die gleiche Hand, die die Buchstaben an die Wand schrieb, durch die der Untergang Belsazars und das Ende des Babylonischen Reiches angekündigt wurde, die jetzt den Vorhang im Tempel von oben nach unten zerriß. („Bible Commentary", Bd. 5, S. 1109)

Sie (die jüdischen Anführer) nahmen den Leichnam Christi ab und legten ihn in Josephs frisches Grab, und sie rollten einen großen Stein davor. Sie begründeten dies damit, daß seine Jünger kommen könnten, um den Leichnam bei Nacht zu stehlen. Die bösen Engel frohlockten in der Nähe des Grabes, weil sie dachten, daß sie Christus überwältigt hätten. Eine Anzahl römischer Soldaten wurde vor das Grab gestellt, um es zu bewachen, und es wurden von den Juden die größten Vorsichtsmaßnahmen angeordnet, damit ihr Triumph vollkommen würde. Aber himmlische Engel bewachten den Ort, an dem ihr geliebter Herr schlief. („Review and Herald", 9. Oktober 1888)

Erst beim Tod Christi wurde den Engeln und den ungefallenen Welten der wahre Charakter Satans offenbar. Erst dann sahen sie seine Verlogenheit und seine Anschuldigungen im richtigen Licht. („The Signs of the Times", 27. August 1902)

Der Tod Christi am Kreuz besiegelte die Zerstörung dessen, der die Macht des Todes besitzt und der Urheber der Sünde war. Wenn Satan zerstört ist, wird es keinen mehr geben, der zum Bösen verführt; die Versöhnung muß nie wiederholt werden; und es besteht keine Gefahr einer neuen Rebellion im Universum Gottes. Das, was alleine vor Sünde in dieser dunklen Welt bewahren kann, wird Sünde im Himmel verhindern.

Die Bedeutung des Todes Christi wird von den Erlösten und Engeln erkannt. Die gefallenen Menschen könnten nicht im Paradies Gottes leben, ohne das Lamm Gottes, das ausgewählt war vor der Grundlegung der Welt ... Die Engel loben und preisen Christus, denn auch sie könnten sich nicht sicher sein, es sei denn sie sehen auf die Leiden des Sohnes Gottes. Durch die Auswirkungen des Kreuzes werden die Engel des Himmels vor Abtrünnigkeit bewahrt. Ohne das Kreuz wären sie genauso wenig gegen das Böse geschützt wie jene Engel vor dem Abfall Satans. Die Vollkommenheit der Engel versagte im Himmel. Menschliche Vollkommenheit reichte auch in Eden nicht aus ...

Der Erlösungsplan, der die Gerechtigkeit und Liebe Gottes offenbarte, ist für alle Ewigkeit ein Schutz für die Welten, die nicht gefallen sind ... Der Tod Christi am Kreuz von Golgatha ist unsere einzige Hoffnung in dieser Welt und wird auch in der kommenden Welt unsere Gedanken beherrschen. („The Signs of the Times", 30. Dezember 1889)

Durch Christi Leben und Tod wurde für immer die tiefgreifende und umfangreiche Frage geklärt, ob Gott zur Selbstverleugnung bereit sei und ob Gott Licht und Liebe ist. Das war die Frage, mit der die Auseinandersetzung im Himmel angezettelt wurde, der Anfang der Feindschaft Satans gegen Gott. Er forderte die Veränderung oder die Abschaffung der Gebote der Herrschaft Gottes im Himmel als Liebesbeweis Gottes. („Review and Herald", 21. Oktober 1902)

Kapitel 17

Engel in der Zeit von der Auferstehung Christi bis zu seiner Himmelfahrt

Der Auferstehungsmorgen

Die Jünger ruhten am Sabbat und trauerten über den Tod ihres Herrn, während Jesus, der König der Herrlichkeit, im Grab lag. Als der Abend herannahte, wurden Soldaten zur Bewachung des Ruheortes Jesu aufgestellt. Engel hielten sich unbemerkt über dem heiligen Ort auf. („Frühe Schriften von Ellen G. White", S. 167)

Der Sabbat war vergangen und der erste Wochentag angebrochen. Es war die Zeit der dunkelsten Stunde, kurz vor Tagesanbruch. Christus lag noch als Gefangener in dem engen Grab; der große Stein lag noch davor, das Siegel war ungebrochen, und die römischen Soldaten hielten ihre Wache. Auch unsichtbare Wächter, Scharen böser Engel, hatten sich um den Platz gelagert. Wäre es möglich gewesen, dann hätte der Fürst der Finsternis mit seinem Heer von Abgefallenen auf ewig das Grab versiegelt gelassen, das den Sohn Gottes gefangenhielt. Aber auch eine himmlische Schar umgab die Grabstätte. Mit besonderer Kraft ausgestattete Engel wachten ebenfalls und warteten darauf, den Fürsten des Lebens zu begrüßen. („Das Leben Jesu", S. 783)

Die Nacht verging langsam, und als es noch dunkel war, wußten die wachenden Engel, daß die Zeit für die Befreiung des teuren

Sohnes Gottes, ihres geliebten Gebieters, nun fast gekommen war. Als sie so in tiefster Gemütserregung auf die Stunde seines Sieges warteten, kam ein mächtiger Engel schnell vom Himmel geflogen. („Frühe Schriften von Ellen G. White", S. 167)

Der mächtigste Engel des Himmels, der die Position hatte, von der Satan gestürzt worden war, erhielt vom Vater den Auftrag und machte sich auf den Weg. Angesichts seiner himmlischen Erscheinungsform floh die Dunkelheit. Sein Gesicht leuchtete wie ein Blitz und seine Kleider waren weiß wie Schnee. („Bible Commentary", Bd. 5, S. 1110)

Einer aus dem Engelheer, der Zeuge der Erniedrigung Jesu gewesen war und jetzt über seinen Ruheplatz wachte, schloß sich diesem Engel vom Himmel an, und gemeinsam kamen sie an das Grab. Die Erde zitterte und bebte, als sie sich näherten, und es geschah ein großes Erdbeben. („Spiritual Gifts", Bd. 1, S. 66)

Was sie vor sich sahen, war nicht der Anblick eines sterblichen Kriegers; sie sahen das Angesicht des Mächtigsten im Heer des Herrn. Dieser Himmelsbote war kein anderer als der, der Luzifers einstige Stellung eingenommen hatte; es war derselbe, der auch auf Bethlehems Fluren die Geburt des Heilands verkündigt hatte. Die Erde erzitterte bei seinem Herannahen, die Scharen der Finsternis flohen erschreckt ... („Das Leben Jesu", S. 783)

Der Engel ging an das Grab, rollte den Stein weg, als wäre er ein trockenes Blatt, und setzte sich darauf. Das Licht des Himmels umgab die Grabstätte, und der ganze Himmel war erleuchtet von der Herrlichkeit der Engel. („Bible Commentary", Bd. 5, S. 1110)

Der Engelfürst legte Hand an den großen Stein. Mehrere Männer waren notwendig gewesen, um ihn an Ort und Stelle zu bringen. Er rollte ihn weg und setzte sich darauf, während sein Begleiter in die Grabhöhle ging und die Binden von Jesu Kopf und Händen löste.

Dann hörte man den mächtigen Engel mit einer Stimme, die die Erde erbeben ließ, rufen: „Jesus, du Sohn Gottes, dein Vater ruft dich!" Und dann kam der, der den Tod und das Grab besiegt hatte, aus der Höhle heraus und betrat die schwankende Erde, auf der es donnerte und blitzte. („The Spirit of Prophecy", Bd. 3, S. 192)

Er, der sagte: „Ich gebe mein Leben, um es zu gewinnen", kam aus dem Grab heraus zum Leben, das in ihm selbst war. Das Menschliche an ihm starb, aber die Göttlichkeit starb nicht. Aus dieser Göttlichkeit heraus hatte Christus die Macht, die Fesseln des Todes zu sprengen. („The Youth's Instructor", 4. August 1898)

Die Göttlichkeit Christi wurde hell erkennbar, als er aus dem Grab herausbrach und auferstand als Sieger über den Tod und das Grab. („The Signs of the Times", 30. Mai 1895)

Die römischen Soldaten ... wurden befähigt, diesen Anblick zu ertragen, denn als Zeugen der Auferstehung Jesu sollten sie diese Botschaft weitertragen. („Bible Commentary", Bd. 5, S. 1110)

Die Wachposten überfiel fürchterliche Angst. Wo war jetzt ihre Macht über den Körper Jesu? Sie dachten nicht mehr an ihre Pflicht oder an die Jünger, die ihn hätten stehlen können. Sie waren verwundert und verängstigt, weil das Licht, das von dem Engel ausging, heller leuchtete als die Sonne. Der römische Soldat sah die Engel und fiel wie tot auf die Erde. („Spiritual Gifts", Bd. 1, S. 66)

Staunend sah das Heer der Engel auf das Geschehen, und als Christus als König aus der Grabhöhle heraustrat, fielen diese glänzenden Engel auf die Erde nieder und beteten ihn an; sie lobten und priesen ihn mit Liedern des Sieges und Triumphs. („Spiritual Gifts", Bd. 1, S. 66.67)

Die Soldaten hörten die Himmelsbewohner in großer Freude und Siegesgewißheit singen: „Du hast Satan und die Mächte der Finsternis besiegt! Der Tod ist verschlungen in den Sieg!" „Und ich hörte eine große Stimme, die sprach im Himmel: Nun ist das Heil und die Kraft und das Reich unseres Gottes geworden und die Macht seines Christus; denn der Verkläger unserer Brüder ist verworfen, der sie verklagte Tag und Nacht vor unserem Gott." (Offb 12,10) („The Spirit of Prophecy", Bd. 3, S. 194)

Als sich das Engelheer in den Himmel zurückgezogen hatte und die leuchtende Herrlichkeit verging, richteten sich die römischen Soldaten auf, um festzustellen, ob es ungefährlich sei, sich umzusehen.

Sie waren völlig überrascht, als sie sahen, daß der große Stein von der Tür der Grabhöhle weggerollt und Christus auferstanden war. („Spiritual Gifts", Bd. 1, S. 68)

Jetzt triumphierte Satan nicht mehr. Seine Engel waren vor dem hellen, durchdringenden Licht, das die himmlischen Engel verbreiteten, geflohen. Sie beklagten sich bitter bei ihrem König, daß ihnen ihre Beute mit Gewalt genommen worden, und daß der, den sie so sehr haßten, von den Toten auferstanden war. („Spiritual Gifts", Bd. 1, S. 67)

Unmittelbar nach Christi Auferstehung

Für kurze Zeit schien Satan traurig und ein wenig verzweifelt zu sein. Er hielt eine Beratung mit seinen Engeln ab, um zu entscheiden was sie als nächstes gegen die Herrschaft Gottes unternehmen wollten.

Satan sagte: „Ihr müßt euch beeilen, um rechtzeitig zu den Ältesten und Priestern zu kommen. Wir haben sie erfolgreich betrogen, ihre Augen verschlossen und ihre Herzen gegen Jesus verhärtet. Wir brachten sie dazu, zu glauben, er sei ein Hochstapler. Nun werden die römischen Soldaten die hassenswerte Nachricht verbreiten, daß Jesus auferstanden ist. Wir verleiteten die Priester und Ältesten dazu, Jesus zu hassen und ihn umzubringen. Nun müßt ihr ihnen in aller Deutlichkeit klar machen, daß, wenn es bekannt würde, daß Jesus auferstanden sei, sie als seine Mörder vom Volk zu Tode gesteinigt würden, weil sie einen unschuldigen Menschen getötet haben." („Spiritual Gifts", Bd. 1, S. 67.68)

Überwältigt von dem, was sie gesehen und gehört hatten, wandten sie (die römischen Soldaten) sich vom Grab ab und begaben sich eilig auf den Weg in die Stadt. Unterwegs berichteten sie allen, die ihnen begegneten, von dem wundersamen Geschehen, dessen Zeugen sie geworden waren ... Außerdem schickten sie einen Boten zu den Priestern und Ältesten, der ihnen berichtete: Christus, den ihr gekreuzigt habt, ist von den Toten auferstanden!

Sofort wurde ein Diener ausgeschickt, der die römischen Wachsoldaten persönlich auffordern sollte, in den Palast des Hohenpriesters zu kommen. Sie wurden eingehend befragt und gaben genau Auskunft über das was sie am Grab erlebt hatten.

Sie sagten, daß ein angsteinflößender Bote vom Himmel gekommen sei, dessen Gesicht geleuchtet habe wie ein Blitz und dessen Kleid so weiß gewesen sei wie der Schnee; daß die Erde bebte und zitterte und sie kraftlos zusammengebrochen seien. Dann habe der Engel den riesigen Stein genommen und ihn weggerollt wie ein vertrocknetes Blatt, und dann sei eine Gestalt von großer Herrlichkeit aus dem Grab herausgekommen, und der Gesang eines vielstimmigen Chores habe mit Liedern des Sieges und der Freude Himmel und Erde erfüllt.

Als das Licht verschwunden und die Musik verklungen war, seien sie wieder zu Kräften gekommen, aber das Grab sei leer gewesen, und Jesus hätten sie nirgendwo mehr finden können. („Redemption: Or the Ressurection of Christ; and His Ascension", Sektion 6, S. 14.15)

Sie (die römischen Soldaten) eilten mit der wunderbaren Geschichte, die sie erlebt hatten, zu den Obersten der Priester und den Ältesten; und als diese Mörder den erstaunlichen Bericht hörten, wurden sie blaß. Es packte sie das Entsetzen über das, was sie getan hatten. Und dann wurde ihnen bewußt, daß sie, falls dieser Bericht zutraf, verloren waren. Für kurze Zeit waren sie ratlos, sahen sich gegenseitig betroffen an und wußten nicht, was sie sagen oder tun sollten. Sie befanden sich in einer Situation, in der sie nicht glauben konnten, weil sie sich damit selbst verurteilt hätten.

Sie zogen sich zurück, um miteinander zu beratschlagen, wie sie mit dieser Botschaft umgehen sollten. Sie beschlossen, daß nicht bekannt werden dürfe, daß und unter welch wunderbaren Umständen Jesus auferstanden sei, genauso wenig, daß die Soldaten wie tot zu Boden gefallen seien, da die Leute sonst mit Sicherheit aufgebracht wären und sie umbrächten. So beschlossen sie, die Soldaten zu bestechen, um die Sache geheimzuhalten. Sie boten ihnen viel Geld und sagten zu ihnen: „Sagt, seine Jünger sind bei Nacht gekommen und haben ihn gestohlen, während wir schliefen." Und als die Wachen zu bedenken gaben, was mit ihnen geschähe, wenn sie zugeben würden, während ihres Dienstes geschlafen zu haben, sagten die Priester und Ältesten, daß sie den Statthalter beeinflussen würden, um sie zu retten. („Spiritual Gifts", Bd. 1, S. 68)

Die Frauen kommen zum Grab

Die Frauen, die unter dem Kreuz Jesu gestanden hatten, warteten darauf, daß die Sabbatstunden vergingen. Am ersten Tag der Woche machten sie sich schon sehr früh auf den Weg zum Grab und nahmen kostbare Spezereien mit, um den Körper des Heilandes zu salben ...

Sie hatten keine Ahnung, was gerade geschah, als sie sich dem Garten näherten; sie überlegten nur: „Wer wälzt uns den Stein von des Grabes Tür?" (Mk 16,3) Sie wußten, daß sie den schweren Stein nicht bewegen konnten; dennoch setzten sie ihren Weg fort. Da erhellte den Himmel plötzlich ein Glanz, der nicht von der aufgehenden Sonne kam. Die Erde zitterte und bebte. Die Frauen sahen, daß der große Stein zur Seite gewälzt und die Gruft selbst leer war.

Sie waren nicht alle aus derselben Richtung zum Grabe gekommen. Maria Magdalena hatte als erste die Stätte erreicht. Als sie nun sah, daß das Grab offen war, eilte sie hinweg, um es den Jüngern mitzuteilen. Inzwischen hatten auch die anderen Frauen den Garten erreicht. Sie sahen Jesu Grab von einem hellen Licht umleuchtet, aber den Leichnam des Herrn fanden sie nicht. Als sie noch etwas verweilten, bemerkten sie plötzlich, daß sie nicht allein waren. Ein Jüngling in weißem Gewand saß im Innenraum des Grabes. Es war der Engel, der den schweren Stein von der Tür gewälzt hatte. Er hatte Menschengestalt angenommen, um die Freunde Jesu nicht zu beunruhigen. Dennoch umleuchtete ihn das Licht der himmlischen Herrlichkeit. („Das Leben Jesu", S. 791.792)

Die Frauen waren sehr verängstigt und neigten ihre Köpfe zu Boden, weil sie den Anblick des himmlischen Wesens kaum ertragen konnten. Der Engel sah sich veranlaßt, seine Herrlichkeit noch mehr zu verbergen, damit er ein Gespräch mit ihnen führen konnte. („The Youth's Instructor", 21. Juli 1898)

„Entsetzt euch nicht!" sprach er zu ihnen. „Ihr sucht Jesus von Nazareth, den Gekreuzigten; er ist auferstanden, er ist nicht hier. Siehe da die Stätte, da sie ihn hinlegten! Geht aber hin und sagt seinen Jüngern und Petrus, daß er vor euch hingehen wird nach Galiläa." (Mk 16,6.7)

Die Frauen schauten erneut in die Gruft hinein, und abermals hörten sie die wunderbare Botschaft. Noch ein anderer Engel in Menschengestalt war dort, und dieser sagte jetzt: „Was sucht ihr den Lebendigen bei den Toten? Er ist nicht hier; er ist auferstanden. Gedenkt daran, wie er euch sagte, da er noch in Galiläa war und sprach: Des Menschen Sohn muß überantwortet werden in die Hände der Sünder und gekreuzigt werden und am dritten Tage auferstehen." (Lk 24,5-7)

Er ist auferstanden! Er ist auferstanden! Die Frauen wiederholten immer wieder diese Worte. („Das Leben Jesu", S. 792)

Christi Auffahrt zu seinem Vater

„Geht aber hin", so hatten die Engel den Frauen aufgetragen, „und sagt seinen Jüngern und Petrus, daß er vor euch hingehen wird nach Galiläa; dort werdet ihr ihn sehen, wie er euch gesagt hat." (Mk 16,7) Die Engel waren während seines Erdenlebens die Beschützer Jesu gewesen; sie hatten dem Verhör und der Kreuzigung beigewohnt und Christi Worte an seine Jünger gehört. („Das Leben Jesu", S. 794.795)

„Erschrocken und doch voll Freude liefen die Frauen vom Grab weg. Sie eilten zu den Jüngern, um ihnen alles zu erzählen." (Mt 28,8 GN)

Bis zu Maria aber war diese gute Nachricht noch nicht gedrungen. Sie ging „zu Simon Petrus und zu dem Jünger, den Jesus liebte und berichtete ihnen: ‚Man hat den Herrn aus dem Grab genommen, und wir wissen nicht, wohin er gebracht worden ist!'" (Jo 20,2 GN) ...

„Maria stand noch vor dem Grab und weinte." Ihr Herz war schwer. „Dabei beugte sie sich vor und schaute hinein. Da sah sie zwei weißgekleidete Engel. Sie saßen an der Stelle, wo Jesus gelegen hatte, einer am Kopfende und einer am Fußende. ‚Warum weinst du?' fragten die Engel. Maria antwortete: ‚Sie haben meinen Herrn fortgetragen, und ich weiß nicht, wohin sie ihn gebracht haben!'"

Sie mag sich gedacht haben: Ich muß jemanden finden, der mir sagt, was sie mit Jesus gemacht haben! „Als sie sich umdrehte, sah sie Jesus dastehen. Aber sie wußte nicht, daß es Jesus war. Er fragte sie: ‚Warum weinst du? Wen suchst du?' Sie dachte, es sei der Gärtner, und sagte zu ihm: ‚Wenn du ihn fortgenommen hast, so sage mir, wohin du ihn gebracht hast. Ich möchte hingehen und ihn holen.'" (Jo 20,11-15 GN)

Was mag Maria alles durch den Kopf gegangen sein! Hatte vielleicht jemand das Grab des reichen Josef zu ehrenvoll gehalten, als daß ein Gekreuzigter darin hätte liegen dürfen? Dann wollte sie selbst für Jesus eine Grabstätte suchen. Sie wußte ja, daß das Grab des Lazarus auf Jesu Ruf hin leer geworden war, das Grab, in dem Lazarus vier Tage gelegen hatte. Doch in diese Überlegung hinein hörte sie ihren Namen nennen. „Maria!" sagte Jesus zu ihr.

Der da vor ihr stand, war der lebendige Christus! Maria „wandte sich ihm zu und sagte: ‚Rabuni!' Das ist hebräisch und heißt: Mein Herr!" Sie lief auf ihn zu, als wollte sie seine Füße umfassen, Christus aber wehrte ab und sagte: „Rühre mich nicht an, denn ich bin noch nicht aufgefahren zu meinem Vater." (Jo 20,16.17) ...

Jesus wollte keine Huldigung von den Seinen, bevor ihm nicht im Himmel von Gott selbst bestätigt worden war, daß sein Opfer für die Tilgung der Schuld aller Menschen ausreichend sei und daß durch sein Blut alle das ewige Leben erlangen können ...

Nachdem Jesus beim Vater gewesen war, erschien er den anderen Frauen und sagte: „Geht und sagt meinen Brüdern, sie sollen nach Galiläa gehen. Dort werden sie mich sehen!" (Mt 28,10) („Jesus von Nazareth", S. 543-546)

Weitere Erscheinungen nach der Auferstehung

Am Auferstehungstag – es ging schon auf den Abend zu – waren zwei Jünger unterwegs nach Emmaus, einer kleinen Stadt, zwölf Kilometer von Jerusalem entfernt. Die beiden hatten das Passafest in Jerusalem besucht und waren noch ganz verwirrt von dem, was sie da gehört und erlebt hatten. Man hatte Jesus zum Tode verurteilt; aber dann sei sein Leichnam verschwunden. Frauen hätten berichtet, Engel gesehen zu haben und sogar Jesus selbst begegnet zu sein. Auf ihrem Heimweg nun unterhielten sich die beiden Jünger über all die Geschehnisse seit der Kreuzigung Jesu. Sie waren völlig verzweifelt.

Da schloß sich ihnen ein Fremder an. Doch weil sie so bedrückt und traurig waren, ganz von ihrem düsteren Gedanken in Anspruch genommen, beachteten sie den anderen nicht weiter und redeten nur von dem, was sie belastete ...

Jesus hätte sie gern getröstet und ihre Tränen abgewischt, aber zuvor mußte er ihnen Grundsätzliches sagen, was sie nie wieder vergessen sollten ...

Der Herr fing nun an bei Mose, also mit dem Beginn der biblischen Geschichte, und erklärte ihnen aus den heiligen Schriften alles, was den Messias betraf. Hätte sich Jesus den beiden Jüngern gleich vorgestellt, dann hätten sie vielleicht auf alle weiteren Erklärungen verzichtet. Aber es war wichtig, daß sie die Bilder und Weissagungen des Alten Testaments verstanden ...

Inzwischen war die Sonne untergegangen, und die Arbeiter auf den Feldern hatten ihren Heimweg angetreten. So „waren sie in die

Nähe von Emmaus gekommen. Jesus tat als wollte er weitergehen. Aber sie hielten ihn zurück und baten: ‚Bleib doch bei uns! Es ist fast Abend, und gleich wird es dunkel.' Da folgte er ihrer Einladung und blieb bei ihnen." (Lk 24,28.29 GN) ...

Eine einfache Mahlzeit war bald angerichtet. Der Gast hatte an der Stirnseite des Tisches Platz genommen. Nun streckte er die Hände aus, um die Speise zu segnen – so wie er es immer tat. Die beiden Jünger waren starr vor Staunen! In seinen Händen erkannten sie die Nägelmale; und wie aus einem Munde riefen sie: Es ist der Herr! Sie wollten sich ihm zu Füßen werfen. „Aber im selben Augenblick verschwand er vor ihnen."

Plötzlich waren Hunger und Müdigkeit vergessen. „Sie machten sich sofort auf den Rückweg nach Jerusalem. Als sie dort ankamen, waren die Elf mit allen übrigen versammelt und riefen ihnen zu: ‚Der Herr ist wirklich auferweckt worden!'" (Lk 24,33.34 GN) („Jesus von Nazareth", S. 547-549)

Von Emmaus aus kamen die beiden Jünger durch das Osttor nach Jerusalem ... Schließlich fanden die beiden Männer den oberen Saal, wo Jesus die letzte Nacht vor seinem Tod verbracht hatte ... Die Tür war verriegelt; selbst nach kräftigem Klopfen regte sich nichts. Alles still. Die Emmausjünger nannten ihre Namen. Da wurde der Riegel vorsichtig zurückgeschoben. Sie traten ein, und mit ihnen unbemerkt auch ein anderer. Dann wurde die Tür wieder verschlossen, damit ja kein Spitzel eindringen konnte.

Über dem Raum lag eine seltsame Stimmung aus Spannung und Erregung, „... die Elf waren mit allen übrigen versammelt und riefen ihnen zu: ‚Der Herr ist wirklich auferweckt worden! Simon hat ihn gesehen!'"

Nun berichteten Kleopas und sein Gefährte, was sie erlebt hatten und wie Jesus ihnen begegnet war. „Während die beiden noch erzählten, stand plötzlich der Herr selbst mitten unter ihnen. Er grüßte sie: ‚Ich bringe euch Frieden!' Sie erschraken, denn sie meinten einen Geist zu sehen. Aber er sagte: ‚Warum seid ihr so erschrocken? Warum kommen euch solche Zweifel? Schaut mich doch an, meine Hände, meine Füße, und überzeugt euch; ein Geist hat doch nicht Fleisch und Knochen wie ich!' Während er das sagte, zeigte er ihnen seine Hände und Füße." (Lk 24,33-39 GN) („Jesus von Nazareth", S. 551)

Als der Auferstandene zum erstenmal mit seinen Jüngern zusammentraf, war Thomas nicht dabei. Er hatte zwar von den anderen die Auferstehungsbotschaft gehört, war aber trotzdem niedergeschlagen und traurig ...
„Eine Woche später waren die Jünger wieder im Haus versammelt, und Thomas war bei ihnen. Die Türen waren abgeschlossen. Jesus kam, trat in ihre Mitte und sagte: ,Ich bringe euch Frieden!' Dann wandte er sich an Thomas: ,Leg deinen Finger hierher und sieh dir meine Hände an! Streck deine Hand aus und lege sie in meine Seitenwunde! Hör auf zu zweifeln und glaube, daß ich es bin!' Da antwortete Thomas: ,Mein Herr und mein Gott.'" (Jo 20,26-28 GN) („Jesus von Nazareth", S. 553.554)

Jesus hatte wiederholt davon gesprochen, daß er seine Jünger in Galiläa wiedersehen wollte ...
Nun aber war Passa vorüber, und die Jünger wanderten heimwärts in der frohen Erwartung, ihrem Erlöser zu begegnen. Das hatte er ihnen ja versprochen.
Sieben Jünger waren es noch. Sie waren arm an Geld und Gut, aber reich durch die Erkenntnis der Wahrheit ...
Sie fuhren also hinaus und mühten sich ab die ganze Nacht – aber sie hatten keinen Erfolg! Endlos zogen sich die Stunden hin. Dabei redeten sie von ihrem Herrn, machten sich Gedanken über ihre Existenz und waren niedergeschlagen angesichts ihrer ungewissen Zukunft.
Endlich dämmerte der Morgen. Das Boot war nicht mehr weit vom Ufer entfernt. Da sahen die Jünger einen Fremden am Strand. Er fragte: „Kinder, habt ihr nicht ein paar Fische?" ... Der Jünger, den Jesus liebte, sagte zu Petrus: „Es ist der Herr!" („Jesus von Nazareth", S. 556.557)

Gläubige aus der ganzen Umgebung waren auf einem Berg in Galiläa zusammengekommen, hatte doch ein Engel am Grab Jesu die Jünger daran erinnert, daß der Herr in Galiläa mit ihnen zusammentreffen wollte. Viele, die den Tod des Herrn beklagt hatten, sahen nun in gespannter Erwartung diesem Ereignis entgegen. Aus allen Richtungen kamen sie herbei. Schließlich hatten sich um die fünfhundert Gläubige eingefunden. Da stand auf einmal Jesus mitten unter ihnen. Keiner konnte sagen, woher er gekommen war ...

Andere waren beeindruckt von dem was Jesus zu sagen hatte, war es doch für viele das erste Gespräch mit dem Herrn nach seiner Auferstehung. „Unbeschränkte Vollmacht" hatte ihm der Vater gegeben! Die Hörer ahnten etwas von Jesu göttlicher Herrlichkeit. („Jesus von Nazareth", S. 562)

Vierzig Tage lang weilte Christus noch auf der Erde, um die Jünger auf ihr künftiges Werk vorzubereiten und ihnen das zu erklären, was sie bislang nicht hatten begreifen können. Er sprach über die Prophezeiungen, die sein Kommen, seine Verwerfung durch die Juden und seinen Tod betrafen, und zeigte, daß sich diese Voraussagen bis in alle Einzelheiten erfüllt hatten. Diese Erfüllung der Prophezeiungen, so sagte er ihnen, sollten sie als eine Bestätigung jener Kraft erkennen, die ihr künftiges Wirken begleiten würde. („Das Wirken der Apostel", S. 26)

Christi letzte Erscheinung
bei seiner Himmelfahrt

Die Zeit war gekommen, daß Christus als Sieger zu seinem Vater im Himmel auffahren sollte ... Ausgangsort seiner Himmelfahrt sollte der Ölberg sein, denn dort war Jesus häufig mit seinen Jüngern gewesen. Die Hügel mit den lichten Wäldern und Hainen hatten auch seine Tränen gesehen. Und im Garten Gethsemane hatte Jesus allein seinen Todeskampf durchgestanden ...

Vom Ölberg aus schlug Jesus den Weg ein, der in die Nähe von Bethanien führt. Dort blieb er stehen, und die Jünger sammelten sich um ihn. Liebevoll sah er sie an. Von irgendwelchen Vorwürfen ihres Versagens wegen war nichts zu hören; nur Zuneigung und Mitgefühl brachte ihnen der Herr entgegen. Während er so mit ihnen sprach,

„wurde er vor ihren Augen emporgehoben. Eine Wolke nahm ihn auf, so daß sie ihn nicht mehr sehen konnten." (Apg 1,9 GN)

Staunend schauten die Jünger ihrem Herrn nach; denn sie wollten ihn ja möglichst lange noch sehen ... („Jesus von Nazareth", S. 568.569)

Als Jesus ... vom Ölberg aus in den Himmel aufgenommen wurde, waren die Jünger nicht die alleinigen Zuschauer, sondern es waren viele Zeugen da. Eine große Menge Engel, tausendmal Tausend, waren bei dem Sohn Gottes, als er in den Himmel fuhr. („The Ellen G. White 1888 Materials", Bd. 1, S. 127)

„Als sie (die Jünger) noch nach oben starrten, standen plötzlich zwei weißgekleidete Männer neben ihnen. ‚Ihr Galiläer', sagten sie, ‚warum steht ihr hier und schaut nach oben?' Dieser Jesus, der von euch weg in den Himmel aufgenommen wurde, wird auf dieselbe Weise wiederkommen, wie ihr ihn habt weggehen sehen.'" (Apg 1,10.11 GN)

Diese Engel von höchster himmlischer Würde waren dieselben, die am Auferstehungsmorgen zu Christi Grab gekommen waren. Nun war es ihr Wunsch, Jesus mit in den Himmel zu begleiten und zugleich die auf der Erde Verbliebenen zu trösten. („Jesus von Nazareth", S. 569)

Christus wurde in einer lebendigen Wolke von Engeln in den Himmel aufgenommen. („Manuscript Releases", Bd. 17, S. 2)

Als der Triumphwagen der Engel ihn aufnahm, vernahmen sie (die Jünger) seine Worte: „Siehe ich bin bei euch alle Tage bis an der Welt Ende." (Mt 28,20) („Das Wirken der Apostel", S. 66)

Viele tausend Engel gaben Christus das Ehrengeleit zur Stadt Gottes. Sie sangen: „Machet die Tore weit und die Türen in der Welt hoch, daß der König der Ehre einziehe!" Und die Engelabordnung an den Toren antwortete: „Wer ist der König der Ehre?" (Ps 24,9.10) („Review and Herald", 29. Juli 1890)

Als Christus sich der Stadt Gottes näherte, ... erhoben Tausende von Engeln ihre Stimmen, und der höchste Engel sang: „Machet die Tore weit und die Türen in der Welt hoch, daß der König der Ehre einziehe!" („Ellen G. White 1888 Materials", Bd. 1, S. 127)

Und noch einmal erklingt die Frage: „Wer ist der König der Ehren?" Und die begleitenden Engel antworten: „Es ist der Herr Zebaoth; er ist der König der Ehre." Und dann zieht der himmlische Geleitzug durch das Tor ein. („Review and Herald", 29. Juli 1890)

Als Christus an der Spitze einer großen Zahl auferstandener Menschen („Gefangenen") in Begleitung eines Engelheeres in den Himmel aufgenommen wurde, zog er ein durch die Tore der heiligen Stadt ... Er hatte wieder die gleiche wunderbare Gestalt, die er besaß, bevor er auf die Erde kam, um für die Menschen zu sterben. („Spiritual Gifts", Bd. 4a, S. 119)

Christus wird zu seinem Vater geleitet

Dort steht der Thron, umgeben vom Regenbogen der Verheißung. Dort befinden sich die Seraphim und Cherubim. Die Engel scharen sich um ihn, doch Christus läßt sie zurücktreten. Er begibt sich zu seinem Vater. In Erfüllung des alttestamentlichen Erntefestes verweist er als Trophäe auf die mit ihm Auferstandenen, die Stellvertreter der gefangenen Toten, die beim Schall der Posaune aus ihren Gräbern hervorgehen werden. Er nähert sich seinem Vater ... und sagt: Vater, es ist vollbracht ... Ich habe das Werk der Erlösung vollendet. Wenn deiner Gerechtigkeit Genüge getan ist, will ich „daß wo ich bin, auch die bei mir seien, die du mir gegeben hast" (Jo 17,24). („Für die Gemeinde geschrieben", Bd. 1, S. 322)

Die Arme des Vaters umfangen den Sohn und seine Stimme erschallt: „Es sollen ihn alle Engel Gottes anbeten." (Hbr 1,6) („Für die Gemeinde geschrieben", Bd. 1, S. 323)

Das Engelheer ... verbeugte sich voll Bewunderung vor ihm, und sie sprachen mit großer Stimme: „Würdig, würdig ist das Lamm, das geschlachtet und als siegreicher Herrscher wieder zum Leben erweckt wurde." („Signs of the Times", 17. Juni 1889)

Als Christus zu den Toren des Himmels eingegangen war, wurde ihm der Thron übergeben, wobei ihn die Engel anbeteten. Sobald diese feierliche Handlung beendet war, kam der Heilige Geist in reicher Fülle auf die Jünger herab. So wurde Christus in der Tat mit jener Klarheit verklärt, die er von Ewigkeit her beim Vater gehabt hatte. Durch die Ausgießung des Heiligen Geistes zu Pfingsten teilte der Himmel mit, daß die Einsetzung des Erlösers geschehen war. Er hatte den Heiligen Geist vom Himmel gesandt zum Zeichen, daß er nun als Priester und König alle Gewalt im Himmel und auf Erden erhalten habe und der Gesalbte über sein Volk sei. („Das Wirken der Apostel", S. 40)

Kapitel 18

Engel in der Zeit von Pfingsten bis zu den letzten Tagen

Engel bewachen die lebenswichtige Wahrheit

Ich sah, daß die Engel Gottes beauftragt waren, die heiligen, wichtigen Wahrheiten, die den Jüngern Christi durch alle Generationen hindurch als Anker dienen sollten, sorgfältig zu bewahren.

Der Heilige Geist ruhte in besonderem Maße auf den Aposteln, die Zeugen der Kreuzigung, Auferstehung und Himmelfahrt unseres Herrn gewesen waren – wichtige Wahrheiten, die die Hoffnung Israels sein sollten. Alle sollten auf den Heiland der Welt als ihre einzige Hoffnung blicken und auf dem Wege wandeln, den er durch das Opfer seines eigenen Lebens gebahnt hatte. Sie sollten Gottes Gesetz halten und leben. Ich sah die Weisheit und die Güte Jesu, daß er den Jüngern Kraft verlieh, dasselbe Werk fortzusetzen, für das er von den Juden gehaßt und getötet worden war. In seinem Namen hatten sie Macht über die Werke Satans. Strahlen des Lichts und der Herrlichkeit waren über die Zeit des Todes und der Auferstehung Jesu ausgegossen, wodurch die heilige Wahrheit, daß Jesus der Heiland der Welt ist, unsterblich gemacht wurde. („Frühe Schriften von Ellen G. White", S. 182.183)

Petrus und Johannes werden aus dem Gefängnis befreit

Kurze Zeit nach der Ausgießung des Heiligen Geistes und unmittelbar nach einer Zeit intensiven Gebets gingen Petrus und Johannes hinauf in den Tempel, um dort anzubeten. Dort begegneten sie einem Gelähmten, der qualvolle Schmerzen und große Not litt ... Die Jünger hatten Mitleid mit ihm. „Petrus aber sprach: Silber und Gold habe ich nicht; was ich aber habe, das gebe ich dir: Im Namen Jesu Christi von Nazareth steh auf und geh umher!" (Apg 3,6) („The Spirit of Prophecy", Bd. 3, S. 275.276)

Als die Sadduzäer, die nicht an eine Auferstehung glaubten, die Apostel erklären hörten, daß Christus vom Tode auferstanden sei, wurden sie wütend. Sie erkannten nämlich, daß ihre Lehre verworfen und die Sekte der Sadduzäer nicht mehr lange bestehen würde, wenn den Aposteln erlaubt würde, weiterhin den auferstandenen Heiland zu predigen und in seinem Namen Wunder zu wirken. („Das Wirken der Apostel", S. 80)

Einige der Tempelbeamten und ihr Vorgesetzter waren Sadduzäer. Miteinander nahmen sie die Apostel gefangen und sperrten sie ins Gefängnis, weil es an diesem Abend für ein Untersuchungsgericht bereits zu spät war. („The Spirit of Prophecy", Bd. 3, S. 278)

Satan triumphierte und seine Engel jubelten! Aber Gott sandte seine Engel, die das Gefängnistor öffneten und sie, im Widerspruch zu dem Verkündigungsverbot des Hohenpriesters und der Ältesten, aufforderten, in den Tempel zurückzukehren und alle die Worte des Lebens zu reden. („Spiritual Gifts", S. 83.84)

Unterdessen riefen der Hohepriester und „die mit ihm waren ... den Hohen Rat und alle Ältesten in Israel" zusammen (Apg 5,21). Die Priester und Obersten hatten beschlossen, die Jünger des Aufruhrs zu bezichtigen, sie des Mordes an Ananias und Saphira zu beschuldigen und ihnen eine Verschwörung gegen die Autorität der Priester anzulasten. Damit hofften sie den Pöbel so zu erregen, daß er die Sache selbst in die Hand nähme und mit den Jüngern so verführe wie mit Jesus.

Sie wußten aber auch, daß viele, die die Lehre Christi nicht annahmen, der willkürlichen Herrschaft der jüdischen Obrigkeit jedoch überdrüssig waren und eine Veränderung herbeisehnten. Wenn diese Unzufriedenen, so befürchteten die Priester, die von den Aposteln verkündigten Wahrheiten annehmen und Jesus als Messias anerkennen würden, könnte sich der Unwille des ganzen Volkes gegen die religiösen Führer richten und sie für den Mord an Christus verantwortlich machen. Um dies zu verhindern, wollten sie scharf durchgreifen.

Als sie nach den Gefangenen schickten, um sie vorführen zu lassen, erschraken sie sehr über den Bericht, daß man die Gefängnistüren zwar fest verriegelt vorgefunden habe und die Wachen davorgestanden hätten, daß aber die Gefangenen nirgends zu finden seien.

Bald traf die aufregende Kunde ein: „Siehe, die Männer, die ihr ins Gefängnis geworfen habt, stehen im Tempel und lehren das Volk. Da ging hin der Hauptmann mit den Dienern und holten sie, nicht mit Gewalt; denn sie fürchteten sich vor dem Volk, daß sie gesteinigt würden." (Apg 5,25.26) ...

Als sie zum zweitenmal vor den Männern standen, die es auf ihre Vernichtung abgesehen zu haben schienen, war weder Furcht noch Angst in ihren Worten und in ihrem Auftreten zu erkennen. Und als der Hohepriester sagte: „Wir haben euch doch mit Ernst geboten, daß ihr nicht solltet lehren in diesem Namen. Und seht, ihr habt Jerusalem erfüllt mit eurer Lehre und wollt dieses Menschen Blut über uns bringen", antwortete Petrus: „Man muß Gott mehr gehorchen als den Menschen." (Apg 5,28.29) („Das Wirken der Apostel", S. 82.83)

Da wurden diese Mörder wütend. Sie hätten sich gerne noch einmal die Hände mit Blut befleckt und die Apostel umgebracht. Sie schmiedeten Pläne, wie ihnen dies gelingen könnte, als Engel von Gott zu Gamaliel gesandt wurden, damit sie sein Herz dazu bewegten, dem Hohen Rat und dem Hohenpriester einen Rat zu geben.

Gamaliel sagte: „Laßt ab von diesen Männern und laßt sie gehen! Ist dies Vorhaben oder dies Werk von Menschen, so wird's untergehen; ist es aber von Gott, so könnt ihr sie nicht vernichten –

damit ihr nicht dasteht als solche, die gegen Gott streiten wollen."
(Apg 5,38.39)

Die bösen Engel versuchten die Priester und Ältesten dazu zu
bewegen, die Apostel umzubringen, aber Gott sandte seine Engel,
um das zu verhüten, indem er jemanden aus ihren eigenen Reihen
dazu veranlaßte, sich für die Jünger einzusetzen. („Spiritual Gifts",
S. 85)

Philippus und der Kämmerer

Himmlische Engel achten auf die Menschen, die nach Erkenntnis
suchen. Sie arbeiten mit ihnen zusammen, wenn sie versuchen, Seelen für Christus zu gewinnen. Engel dienen den zukünftigen Erben
der Erlösung. Das zeigt sich auch in der Erfahrung von Philippus
und dem Kämmerer. („Bible Echo and Signs of the Times", 10. Dezember 1900)

Dieser äthiopische Kämmerer war von hohem Stand und sehr
einflußreich. Gott wußte, wenn er sich bekehrte, würde er das Licht,
das er empfangen hatte, weitergeben und seinen großen Einfluß
zum Vorteil des Evangeliums ausüben.

Engel Gottes begleiteten diesen nach dem Licht der Wahrheit
suchenden Menschen, und führten ihn zum Erlöser. Durch das
Wirken des Heiligen Geistes brachte ihn der Herr mit jemanden in
Kontakt, der ihn zum Licht des Evangeliums führen konnte. („Con-
flict and Courage", S. 332)

Als Gott Philippus mit seiner Aufgabe vertraut machte, ... lernte
dieser, daß in den Augen Gottes jede Menschenseele wertvoll ist,
und daß Engel den erwählten Werkzeugen genau die Einsicht und
Erkenntnis vermitteln, die für diese (Seele) notwendig ist.

Die himmlischen Engel haben nicht die Aufgabe, das Evangelium zu verkündigen. Durch den Dienst der Engel schickt Gott seinem Volk das Licht der Erkenntnis, und durch sein Volk wird dieses Licht weitergegeben an die Welt. („Bible Echo and Signs of the
Times", 10. Dezember 1900)

Die Bekehrung des Paulus

Als Saulus sich mit Briefen auf der Reise nach Damaskus befand, die ihm die Macht gaben, Männer und Frauen, die Jesus predigten, gebunden nach Jerusalem zu führen, umgaben ihn frohlockend böse Engel. Aber plötzlich umleuchtete ihn ein Licht vom Himmel, das die bösen Engel in die Flucht schlug und ihn sofort zur Erde warf. („Frühe Schriften von Ellen G. White", S. 185)

Der Bericht von der Bekehrung des Saulus vermittelt uns bedeutsame Grundsätze, an die wir immer denken sollten. Saulus wurde in die unmittelbare Gegenwart Christi versetzt, ihn hatte Christus zu einem überaus wichtigen Werk ausersehen, nämlich ein „auserwähltes Rüstzeug" zu sein (Apg 9,15). Doch der Herr sagte ihm nicht sogleich, welche Aufgabe ihm übertragen war. Er stellte sich ihm in den Weg und überführte ihn der Sünde; als Saulus aber fragte: „Herr, was soll ich tun?" (Apg 22,10), brachte der Heiland den suchenden Juden in Verbindung mit seiner Gemeinde. Dort sollte er Gottes Wirken und Absichten für sich erfahren ...

Während Saulus allein im Hause des Judas betete und demütig flehte, erschien der Herr einem „Jünger zu Damaskus mit Namen Ananias ... in einem Gesicht" und eröffnete ihm, daß Saulus aus Tarsus bete und der Hilfe bedürfe. „Der Herr sprach zu ihm: Stehe auf und gehe hin in die Gasse, die da heißt die Gerade, und frage in dem Hause des Judas nach einem Mann namens Saul von Tarsus. Denn siehe, er betet." (Apg 9,10.11) ...

Ananias konnte den Worten des Engels kaum Glauben schenken; denn die Berichte über die schwere Verfolgung der Heiligen in Jerusalem durch Saulus waren weit herum verbreitet worden ...

Gehorsam der Weisung des Engels, suchte Ananias den Mann auf, der noch vor kurzem alle bedroht hatte, die an den Namen Jesu glaubten. Er legte seine Hände auf das Haupt des reuigen Leidenden und sagte: „Lieber Bruder Saul, der Herr hat mich gesandt, Jesus, der dir erschienen ist auf dem Wege, da du herkamst; du sollst wieder sehend und mit dem Heiligen Geist erfüllt werden. Und alsbald fiel es von seinen Augen wie Schuppen, und er ward wieder sehend und stand auf, ließ sich taufen." (Apg 9,17.18) („Das Wirken der Apostel", S. 122-124)

Paulus verläßt Damaskus

Als Paulus in Damaskus predigte, „entsetzten sich aber alle, die es hörten." (Apg 9,21) ... Ihr Widerstand wurde derart heftig, daß es für Paulus nicht ratsam war, seine Arbeit in Damaskus fortzusetzen. Ein Bote vom Himmel hieß ihn deshalb, vorübergehend den Ort zu verlassen. Daraufhin zog er „nach Arabien" (Gal 1,17), wo er sichere Zuflucht fand ... Hier in der Einsamkeit der Wüste fand Paulus reichlich Gelegenheit zu ungestörtem Forschen und Nachdenken ... Jesus pflegte Gemeinschaft mit ihm, gründete ihn im Glauben und schenkte ihm in reichem Maße Weisheit und Gnade. („Das Wirken der Apostel", S. 126.127)

Die Arbeit, die Paulus gemeinsam mit Barnabas in Antiochien tat, bestärkte ihn in der Überzeugung, daß der Herr ihn zu einem besonderen Werk in der Heidenwelt berufen hatte. Als Paulus sich bekehrte, hatte der Herr gesagt, daß er ihn zu seinem Diener unter den Heiden machen wolle, „aufzutun ihre Augen, daß sie sich bekehren von der Finsternis zu dem Licht und von der Gewalt Satans zu Gott, um zu empfangen Vergebung der Sünden und das Erbteil samt denen, die geheiligt sind durch den Glauben an mich" (Apg 26,18). Der Engel, der Ananias erschienen war, hatte von Paulus gesagt: „Dieser ist mir ein auserwähltes Rüstzeug, daß er meinen Namen trage vor Heiden und vor Könige und vor das Volk Israel." (Apg 9,15) Und später hörte der Apostel selbst während des Gebetes im Tempel zu Jerusalem die Worte eines Engels: „Gehe hin; denn ich will dich ferne unter die Heiden senden." (Apg 22,21) („Das Wirken der Apostel", S. 158.159)

Kornelius und Petrus

Doch der heilige Wächter, der von Abraham sagte: „Ich habe ihn erkoren", hatte auch Kornelius erwählt und sandte ihm eine Botschaft vom Himmel (1 Mo 18,19). Während Kornelius betete, erschien ihm ein Engel des Herrn. Als er mit Namen angesprochen wurde, fürchtete sich der Hauptmann; trotzdem wußte er, daß der Bote von Gott kam, und so fragte er: „Herr, was ist's?" („Das Wirken der Apostel", S. 135)

„Sende deine Männer zu Simon, der mit Nachnamen Petrus genannt wird und bei einem Zeltmacher namens Simon wohnt!" Und er sagte ihm genau, wo Petrus wohnte, und dann ging der Engel des Herrn und bereitete ihn gedanklich darauf vor, diese Männer zu empfangen. („Ellen G. White 1888 Materials", S. 1746)

Kornelius gehorchte diesem Gesicht mit Freude. Als der Engel weg war, rief er zwei seiner Hausdiener und einen frommen Soldaten, der beständig in seinem Dienst stand; und als er ihnen alles erklärt hatte, sandte er sie nach Joppe ... Der Engel hatte nicht den Auftrag, Kornelius die Geschichte des Kreuzes zu erzählen. Ein Mensch, der genau wie er den Gebrechlichkeiten und Versuchungen dieses Lebens unterworfen war, sollte ihm vom gekreuzigten und auferstandenen Erlöser berichten. In seiner Weisheit sorgt Gott dafür, daß die Menschen, die nach der Wahrheit suchen, mit Mitmenschen in Kontakt kommen, die diese Wahrheit kennen. („Review and Herald", 13. April 1911)

Unmittelbar nach seinem Gespräch mit Kornelius ging der Engel zu Petrus, der zu dieser Zeit auf dem Dach seiner Unterkunft in Joppe betete. („Review and Herald", 13. April 1911)

Petrus tat jeden Schritt bezüglich der Aufgabe, die ihm durch den Befehl Gottes auferlegt worden war, nur sehr zögerlich. Als er später von seiner Erfahrung berichtet, verteidigt er seine Handlungsweise nicht als eine Möglichkeit der Veränderung allgemeiner Grundsätze, sondern stellt den Vorfall als Ausnahme dar, die nur geschah, weil Gott es ausdrücklich forderte. Und die Antwort war für ihn überraschend. Nachdem Kornelius ihm von seiner Erfahrung mit dem Engel berichtete, sagte Petrus: „Diese Wahrheit habe ich erkannt; bei Gott gibt es kein Ansehen der Person, sondern er nimmt aus allen Völkern jeden an, der ihn fürchtet und nach Gerechtigkeit strebt." („Manuscript Releases", Bd. 6, S. 328.329)

Petrus wird aus dem Gefängnis befreit

Schließlich wurde der Tag der Hinrichtung des Petrus festgelegt, aber die Gläubigen hörten nicht auf, ihre Gebete gen Himmel zu richten. Sie verwendeten alle ihre Kraft und ihr Mitgefühl darauf, und so schickte Gott aufgrund ihrer eindringlichen Gebete Engel, die die Apostel im Gefängnis bewahrten ...

Petrus wurde zwischen zwei Soldaten angekettet. Die Ketten wurden an den Handgelenken seiner Bewacher befestigt, so daß er nicht in der Lage war, sich zu bewegen, ohne daß sie es bemerkten. Die Gefängnistüren wurden ausbruchssicher verschlossen, und eine starke Wache wurde davor aufgestellt. Jede menschliche Möglichkeit, ihn zu befreien, war ausgeschlossen. („Redemption: or the Ministry of Peter and the Conversion of Saul", S. 70)

Er lag im Gefängnis und erwartete, am nächsten Tage hingerichtet zu werden. „In derselben Nacht schlief Petrus zwischen zwei Kriegsknechten, gebunden mit zwei Ketten, und die Hüter vor der Tür hüteten das Gefängnis. Und siehe, der Engel des Herrn kam daher, und ein Licht schien in dem Gemach; und er schlug Petrus an die Seite und weckte ihn und sprach: Stehe behende auf! Und die Ketten fielen ihm von seinen Händen." (Apg 12,6.7) Der so plötzlich erwachende Petrus war erstaunt über die Lichtfülle, die sein Kerkerverlies durchflutete, und über die himmlische Schönheit des Gottesboten. Er verstand nicht, was das bedeuten sollte, aber er wußte, daß er nun frei war. In seiner Bestürzung und Freude wäre er ohne Schutz gegen die kalte Nachtluft aus dem Gefängnis fortgeeilt. Der Engel Gottes sah das alles und sprach voller Sorge um das Wohl des Apostels: „Gürte dich und tu deine Schuhe an!" (Vers 8) Petrus gehorchte mechanisch, war jedoch von der Offenbarung der himmlischen Herrlichkeit so benommen, daß er nicht daran dachte, seinen Mantel zu nehmen. Darauf gebot der Engel ihm: „Wirf deinen Mantel um dich und folge mir nach! Und er ging hinaus und folgte ihm und wußte nicht, daß ihm wahrhaftig solches geschähe durch den Engel; sondern es deuchte ihn, er sähe ein Gesicht. Sie gingen aber durch die erste und andere Hut und kamen zu der eisernen Tür, welche zur Stadt führt; die tat sich ihnen von selber auf. Und sie traten hinaus und gingen hin eine Gasse lang; und alsobald schied der Engel von ihm." (Verse 8-10) („Aus der Schatzkammer der Zeugnisse, Bd. 2, S. 312.313)

Kein Wort wird gesprochen; kein Fußtritt ist zu hören. Der Engel geht voran, umgeben von strahlendem Lichtglanz, und Petrus, verwirrt und noch immer in der Vorstellung, er träume, folgt seinem Befreier. So ziehen sie durch eine Straße. Plötzlich verschwindet der Engel, denn sein Auftrag ist erfüllt.

Das himmlische Licht erlosch, und Petrus sah sich von tiefer Dunkelheit umgeben. Aber als sich seine Augen daran gewöhnten, schien sie sich aufzuhellen. Der Apostel fand sich allein in der stillen Straße. Die kühle Nachtluft strich um seine Stirn. Nun wurde ihm bewußt, daß er frei war und sich in einem ihm bekannten Stadtteil befand. Er erkannte die Stätte wieder, an der er so oft geweilt hatte und über die man ihn, wie er meinte, am folgenden Morgen zum letztenmal führen würde ...

Der Apostel begab sich sofort zu dem Haus, in dem sich seine Brüder gerade zu dieser Zeit in ernstem Gebet für ihn vereinigt hatten. „Als er aber an die Tür des Tores klopfte, trat hervor eine Magd, zu horchen, mit Namen Rhode. Und als sie des Petrus Stimme erkannte, tat sie das Tor nicht auf vor Freuden, sondern lief hinein und verkündete ihnen, Petrus stünde vor dem Tor. Sie aber sprachen zu ihr: Du bist von Sinnen. Sie aber bestand darauf, es wäre so. Sie sprachen: Es ist sein Engel ..." (Apg 12,13-15) („Das Wirken der Apostel", S. 147.148)

Derselbe Engel, der die herrschaftlichen Höfe des Himmels verlassen hatte, um Petrus aus der Gewalt seiner Verfolger zu erretten, war für Herodes ein Bote des Zorns und des Gerichts. Der Engel, der Petrus geschlagen hatte, um ihn aus dem Schlaf zu wecken, schlug auch diesen bösen König, jedoch in einer ganz anderen Art. Er brachte eine tödliche Krankheit über ihn. („The Spirit of Prophecy", Bd. 3, S. 344)

Die Steinigung des Stephanus

Als er (Stephanus) zum Himmel aufblickte, hatte er eine Vision der Herrlichkeit Gottes, und Engel umgaben ihn. Er rief aus: „Ich sehe den Himmel offen und den Menschensohn stehen zur Rechten Gottes! („Spiritual Gifts", Bd. 1, S. 89)

Engel zur Zeit des Aposteldienstes von Paulus

In Ephesus hatte sich durch die Herstellung und den Verkauf kleiner Altäre und Götzenbilder, die nach dem Tempel und dem Standbild der Göttin Diana gefertigt wurden, ein schwunghafter, einträglicher Handel entwickelt. Alle, die an diesem Gewerbe beteiligt waren, stellten nun aber fest, daß ihre Einnahmen schwanden. Diesen unerfreulichen Wandel schrieben sie dem Wirken des Paulus zu ...

„Die ganze Stadt war voll Getümmel." (Apg 19,29a) Man suchte Paulus, konnte ihn aber nicht finden. Seine Brüder hatten gemerkt, daß ihm Gefahr drohte, und hatten ihn eiligst von diesem Ort fortgebracht. Gott hatte seine Engel gesandt, den Apostel zu bewahren. Seine Zeit, den Märtyrertod zu erleiden, war noch nicht gekommen. („Das Wirken der Apostel", S. 292.293)

Tagtäglich, wenn sie (Paulus und Silas) zur Andacht gingen (in Philippi), folgte ihnen eine Frau, die einen Wahrsagegeist hatte und hinter ihnen herrief: „Diese Männer sind Diener des höchsten Gottes und weisen uns den Weg zur Erlösung!" Diese Frau war ein besonderes Werkzeug des Teufels, und weil sich die Teufel in der Gegenwart Christi nicht wohl fühlen, war auch der böse Geist, von dem sie besessen war, in Gegenwart der Apostel verunsichert. Satan wußte, daß sein Herrschaftsbereich angegriffen wurde, und wählte diese Möglichkeit, um sich gegen die Arbeit der Diener Gottes zu wehren. Die anpreisenden Worte dieser Frau waren für das Werk Gottes von Schaden, denn sie lenkten die Menschen von den Wahrheiten ab, die ihnen nahegebracht werden sollten, und brachten das Werk Gottes in Mißkredit, weil die Leute dadurch glaubten, daß die Männer, die durch den Geist und die Macht Gottes sprachen, von dem selben Geist gelenkt wurden wie dieses Medium Satans.

Die Apostel ertrugen diesen Widerstand einige Tage lang, aber dann gebot Paulus unter dem Einfluß des Geistes Gottes dem bösen Geist, die Frau zu verlassen. So wurde Satan zurechtgewiesen und seine Angriffe abgewehrt. Das unmittelbare und beständige Schweigen dieser Frau bezeugte, daß die Apostel Gottes Diener waren, und daß der Dämon sie als solche anerkannte und ihrem Befehl gehorchte.

Als der teuflische Geist die Frau verlassen hatte und sie wieder zu sich selbst fand, waren ihre Herren besorgt um ihr Geschäft. Sie sahen, daß nun durch ihre Wahrsagerei kein Geld mehr zu verdienen war, und sie erkannten, daß, wenn die Apostel ihre Verkündigung fortsetzten, ihre Einkommensquelle bald ganz versiegen würde. („Sketches of the Life of Paul", S. 74.75)

Nachdem die Frau von dem bösen Geist befreit worden war, wurde sie zur Nachfolgerin Christi. Ihre Besitzer sahen, daß sie mit ihr kein Geschäft mehr machen konnten, und sie ergriffen Paulus und Silas, brachten sie vor ihre Richter und beschuldigten sie, in der Stadt Unruhe zu verursachen. Dadurch entstand ein Aufruhr, und die Menge war gegen die Apostel aufgebracht. Der Magistrat befahl, daß die Gefangenen ausgepeitscht werden sollten. („Review and Herald", 29. Juni 1905)

Der Magistrat ließ ihnen viele Schläge verabreichen, warf sie dann ins Gefängnis und ermahnte den Gefängniswärter, sie sicher zu verwahren. Der sperrte sie aufgrund dieser Maßgabe in den innersten Bereich des Gefängnisses und legte ihre Füße in den Block. Aber die Engel Gottes begleiteten sie hinter die Gefängnismauern. („Spiritual Gifts", Bd. 1, S. 95.96)

In dieser Lage, in die man die Apostel gebracht hatte, erlitten sie außerordentliche Schmerzen; doch sie murrten nicht. Im Gegenteil, in der äußersten Finsternis und Trostlosigkeit der Zelle ermutigten sie einander durch Worte des Gebets, ja, sie sangen Loblieder und priesen Gott, daß er sie für würdig befunden hatte, um seinetwillen Schmach zu erleiden ... Mit Erstaunen hörten die andern Gefangenen das Beten und Singen aus dem innersten Teil des Gefängnisses. („Das Wirken der Apostel", S. 213)

Die Menschen waren grausam und rachsüchtig, und sie vernachlässigten die Verantwortung, die auf ihnen ruhte, aber in seiner Barmherzigkeit vergaß Gott seine leidenden Diener nicht. Er sandte einen Engel vom Himmel, der die Apostel befreien sollte. Als er sich dem römischen Gefängnis näherte, erzitterte die Erde unter seinen Füßen, die ganze Stadt wurde durch ein Erdbeben erschüttert und die Gefängnismauern bebten wie ein Rohr im Wind. Die schwer verbarrikadierten Gefängnistore sprangen auf. Die Ketten und Fesseln fielen von den Händen und Füßen eines jeden Gefangenen ab. („The Spirit of Prophecy", Bd. 3, S. 382.383)

Dem Apostel Paulus wurden bei seiner Arbeit in Ephesus besondere Beweise göttlicher Gunst zuteil. Gottes Kraft begleitete seine Bemühungen, und viele wurden von körperlichen Krankheiten geheilt. „Gott wirkte nicht geringe Taten durch die Hand des Paulus, so daß sie auch von seiner Haut berührte Schweißtüchlein oder Binden über die Kranken hielten und die Krankheiten von ihnen wichen und die bösen Geister von ihnen ausfuhren." (Apg 19,11.12) Diese Bekundung übernatürlicher Kraft war viel mächtiger als alles, was man bis dahin in Ephesus gesehen hatte. Weder die Geschicklichkeit der Taschenspieler noch die Machenschaften der Zauberer vermochten sie nachzuahmen. Da diese Wunder im Namen von Jesus von Nazareth gewirkt wurden, hatten die Leute Gelegenheit zu sehen, daß der Gott des Himmels mächtiger war als die Zauberer, die die Göttin Diana anbeteten. So erhöhte Gott seine Diener vor den Götzenanbetern weit über die mächtigsten und beliebtesten Zauberer jener Zeit.

Aber Gott, dem alle bösen Geister untertan sind und der seinen Dienern Macht über sie gegeben hatte, schickte sich an, eine noch größere Schmach und Niederlage denen zu bereiten, die seinen heiligen Namen verachtet und entehrt hatten. Zauberei war durch das mosaische Gesetz bei Todesstrafe verboten; dennoch wurde sie zeitweise heimlich von abgefallenen Juden geübt. Als Paulus Ephesus besuchte, weilten in der Stadt auch „etliche der umherziehenden Juden, die da Beschwörer waren" (Apg 19,13a). Angesichts der durch ihn gewirkten Wunder unterstanden sie sich, „den Namen des Herrn Jesu zu nennen über denen, die böse Geister hatten" (Apg 19,13b). Es waren die „sieben Söhne eines jüdischen Hohenpriesters mit Namen Skevas", die derartiges wagten. Als sie einen von einem bösen Geist besessenen Mann fanden, riefen sie ihm zu: „Ich beschwöre euch bei dem Jesus, den Paulus predigt ... Aber der böse Geist antwortete und sprach: Jesus kenne ich wohl, und von Paulus weiß ich wohl; wer seid ihr aber? Und der Mensch, in dem der böse Geist war, sprang auf sie und ward ihrer aller mächtig und warf sie unter sich, so daß sie nackt und verwundet aus dem Hause entflohen." (Apg 19,13-16) ...

Tatsachen, die bis dahin verborgen waren, wurden nun ans Licht gebracht. Einige Gläubige hatten, als sie das Christentum annahmen, nicht völlig mit dem Aberglauben gebrochen. Bis zu einem gewissen Grad hatten sie noch Magie ausgeübt. Nachdem sie nun von ihrem Irrtum überzeugt waren, kamen „viele derer, die gläubig waren geworden, und bekannten und verkündeten, was sie getrieben hatten." Selbst einige Zauberer wurden davon ergriffen, und viele, „die da Zauberei getrieben hatten, brachten die Bücher zusammen und verbrannten sie öffentlich ..." (Apg 19,18.19)

Diese Abhandlungen über Wahrsagerei enthielten Regeln und Methoden über den Verkehr mit bösen Geistern. Da gab es Vorschriften über die Verehrung Satans – Anleitungen darüber, wie man ihn um Hilfe anruft und Auskunft von ihm erhält. („Das Wirken der Apostel", S. 286-288)

Die Nachricht von der Ansprache des Demetrius verbreitete sich äußerst schnell. Es gab einen großen Aufruhr, die ganze Stadt

(Ephesus) schien in Bewegung geraten zu sein. Es versammelte sich schnell eine große Menschenmenge, die sich eiligst auf den Weg zur Werkstatt des Aquila im Judenviertel machte. Sie hatten die Absicht, Paulus dort abzuholen. In ihrer Rage hätten sie ihn wohl in Stücke zerrissen, aber sie fanden ihn nicht. Seine Glaubensbrüder, die heimlich über die Gefahr informiert worden waren, hatten ihn weggebracht. Gott sandte seine Engel, um den treuen Apostel zu bewahren. („Sketches from the Life of Paul", S. 143)

Als die Hohenpriester und Obersten die Auswirkung der Verkündigung der Erfahrungen des Paulus sahen, wurden sie mit Haß gegen ihn erfüllt. Sie bemerkten, daß er mutig Jesus verkündigte und in seinem Namen Wunder wirkte; daß große Mengen ihm zuhörten, sich von ihren Traditionen abwandten und die jüdischen Obersten als die Mörder des Sohnes Gottes betrachteten. Ihr Ärger wurde aufs äußerste erregt, und sie versammelten sich, um zu beraten, was wohl am besten zu tun sei, diese Aufregung unter dem Volk zu dämpfen. Sie kamen überein, daß der sicherste Weg der sei, Paulus zu töten. Aber Gott kannte ihre Absichten, und Engel wurden beauftragt, Paulus zu beschützen, daß er leben möchte, um seine Mission zu vollenden. („Frühe Schriften von Ellen G. White", S. 187.188)

Dieser Teil der Geschichte wurde für uns, die wir in der Zeit des Endes der Welt leben, zur Warnung aufgeschrieben. Die Epheser gaben vor, Kontakte zu unsichtbaren Wesen zu haben, die ihnen angeblich Wissen über die Zukunft vermittelten. In unserer Zeit nennt man diese Art Kontakt mit Geistern Spiritismus, und was da mit Hilfe von Medien getrieben wird, kann man nicht einfach als Scharlatanerie oder simplen Betrug von der Hand weisen. Zwischen der sichtbaren und der unsichtbaren Welt besteht eine enge Verbindung. Satan ist der Meisterbetrüger, und seine Bündnispartner werden von ihm ausgebildet, um in der gleichen üblen Weise zu arbeiten wie er.

Der Apostel sagt: „Wir haben nicht mit Fleisch und Blut zu kämpfen, sondern mit Mächtigen und Gewaltigen, nämlich mit den

Herren der Welt, die in dieser Finsternis herrschen, mit den bösen Geistern unter dem Himmel." (Eph 6,12) („The Youth's Instructor", 16. November 1893)

An dem altgewordenen Gefangenen (Paulus), der an seinen Wachsoldaten gekettet dastand, war nichts Beeindruckendes oder Ansprechendes. Weder seine Kleidung noch sein äußeres Erscheinungsbild hätte die Welt veranlaßt, ihn zu bewundern. Trotzdem hatte dieser Mann, der offensichtlich keine Freunde, keinen Reichtum und keine hohe Position besaß, eine Eskorte, die die Weltmenschen nicht sehen konnten.

Engel des Himmels standen ihm bei, und wäre die Herrlichkeit dieser leuchtenden Himmelsboten auch nur ein wenig sichtbar geworden, wäre der ganze Pomp und der Stolz der weltlichen Herrscher verblaßt, und der König und seine Höflinge wären zu Boden gefallen ... Der ganze Himmel war an diesem einen Menschen interessiert, der gefangengehalten wurde wegen seines Glaubens an den Sohn Gottes. („Sketches from the Life of Paul", S. 245)

Die Belagerung Jerusalems

Die Geduld, die Gott Jerusalem entgegenbrachte, zeigte nur noch deutlicher, wie stur und unbußfertig die Juden waren. In ihrem Haß und ihrer Grausamkeit gegenüber den Jüngern wiesen sie das letzte Gnadenangebot zurück. Dann entzog ihnen Gott seinen Schutz. Er hielt Satan und seine Engel nicht mehr durch seine einschränkende Macht zurück, sondern überließ das Volk den Führern, die es sich selbst gewählt hatte. Ihre Kinder hatten die Gnade Christi, die sie befähigt hätte, ihre schlechten Neigungen zu beherrschen, verächtlich zurückgewiesen, und jetzt wurden sie von ihnen beherrscht.

Satan erregte die niedrigsten und widerwärtigsten Leidenschaften in ihren Seelen. Es gab keine menschliche Vernunft mehr. Sie handelten impulsiv und waren beherrscht von blinder Wut. Sie wurden satanisch in ihrer Grausamkeit ... Satan war der Anführer des Volkes, und die höchsten bürgerlichen und religiösen Anführer standen völlig unter seinem Einfluß. („The Spirit of Prophecy", Bd. 4, S. 29.30)

Engel Gottes wurden gesandt, um zu zerstören, so daß vom Tempel nicht ein Stein auf dem anderen blieb und schließlich alles einstürzte. („Manuskript Releases", Bd. 21, S. 66)

Johannes in der Offenbarung

Von Gabriel spricht der Heiland in der Offenbarung, indem er sagt: „Er [Christus] hat sie durch seinen Engel gesandt und gedeutet seinem Knecht Johannes." (Offb 1,1) Und Johannes gegenüber erklärte der Engel: „Ich bin dein Mitknecht und deiner Brüder, der Propheten." (Offb 22,9) Welch ein wunderbarer Gedanke – der Engel, der dem Sohn Gottes an Ansehen am nächsten steht, ist es, der berufen wurde, Gottes Absichten sündhaften Menschen zu offenbaren! („Das Leben Jesu", S. 81)

Gott hatte eine besondere Aufgabe für Johannes vorgesehen, doch Satan beabsichtigte, dieses Werk zu verhindern, und wollte seine Diener dazu veranlassen, Johannes umzubringen. Gott aber sandte seine Engel, die ihn auf wunderbare Weise bewahrten. Alle, die Zeugen des Eingreifens der Macht Gottes bei der Befreiung des Johannes wurden, waren sehr beeindruckt, und viele waren davon überzeugt, daß Gott mit ihm und daß sein Zeugnis, das er für Jesus ablegte, wahr war. Die ihn umbringen wollten, trauten sich nun nicht mehr, ihm nach dem Leben zu trachten, und es wurde stillschweigend geduldet, daß er weiter für Jesus wirkte.

Er wurde von seinen Feinden fälschlicherweise beschuldigt und kurzerhand auf eine einsame Insel verbannt. Dorthin schickte der Herr seinen Engel, der ihm offenbarte, was noch auf dieser Erde geschehen sollte und welchen Verlauf die Kirchengeschichte bis zu ihrem Ende nehmen würde. Es wurden ihm die Rückfälle der Gemeinde gezeigt, aber auch, welche Position sie beziehen solle, um Gott zu gefallen und am Ende zu überwinden.

Der Engel vom Himmel kam zu Johannes in himmlischer Majestät, eine strahlende Erscheinung. Er offenbarte dem Johannes Bilder, die für die Gemeinde Gottes von großer Bedeutung sind, und zeigte ihm die fürchterlichen Auseinandersetzungen, die die Gläubigen auszufechten haben würden. Johannes sah sie einen feurigen Pfad gehen, und er sah sie in weißen Kleidern, versucht, aber zuletzt doch als siegreiche Überwinder, die auf wunderbare Weise errettet wurden für das Reich Gottes. Das Gesicht des Engels strahlte vor Freude und seine Schönheit nahm noch zu, als er Johannes den endgültigen Triumph der Gemeinde Gottes zeigte.

Johannes war total begeistert, als er begriff, daß die Gemeinde am Ende erlöst würde, und die Herrlichkeit dieser Bilder beeindruckte ihn so sehr, daß er in seinem großen Erstaunen voll Bewunderung vor dem Engel niederfiel und ihn anbeten wollte. Der Engel richtete ihn sofort auf, wies ihn in freundlicher Weise darauf hin, daß er dies nicht tun dürfe und sagte zu ihm: „Ich bin dein Mitknecht und der Mitknecht deiner Brüder, die das Zeugnis Jesus haben und Gott anbeten, denn das Zeugnis Jesu ist der Geist der Weissagung."

Dann zeigte der Engel dem Johannes die himmlische Stadt mit all ihrer Schönheit und Pracht. Johannes war überwältigt von der Herrlichkeit dieser Stadt. Er vergaß die Belehrung, die er gerade erhalten hatte, und warf sich noch einmal vor dem Engel nieder, um ihn anzubeten. Noch einmal wurde er milde zurechtgewiesen: „Tu das nicht, denn ich bin nur dein Mitknecht und der Mitknecht deiner Brüder, der Propheten, und von allen, die halten, was in diesem Buch geschrieben steht. Bete Gott an!" („Spiritual Gifts", Bd. 1, S. 130.131)

Christus, der königliche Bote, kam selbst zu Johannes, als er sich auf der von der See umgebenen Insel befand und offenbarte sich ihm auf wunderbare Weise. („The Signs of the Times", 3. März 1890)

Der mächtige Engel, der Johannes unterwies (in Offenbarung 10), war kein anderer als Jesus Christus selbst. Indem er seinen rechten Fuß auf das Meer und seinen linken auf das trockene Land setzte, zeigte er, welche Rolle er bei den letzten Geschehnissen der großen Auseinandersetzung mit Satan spielen wird.

Diese Position zeigt seine große Macht und seine Herrschaft über die ganze Erde. Die Auseinandersetzung wurde im Verlauf der

Zeitalter immer schärfer und entschiedener, und das wird so weitergehen bis zum Ende der Zeit, wenn die ausgeklügelten Machenschaften der Mächte der Finsternis ihren Höhepunkt erreichen werden.

Vereint mit üblen Menschen wird Satan die ganze Welt betrügen, auch die Kirchen, die die Liebe zur Wahrheit nicht annehmen. Aber der mächtige Engel fordert Aufmerksamkeit; er ruft mit lauter Stimme und demonstriert mit seiner Stimme seine Macht und Autorität gegenüber denen, die sich mit Satan vereint haben, um der Wahrheit zu widerstehen. („The Bible Commentary", Bd. 7, S. 917)

Engel im Mittelalter

In 13. Jahrhundert wurde jenes schrecklichste Mittel des Papsttums eingeführt: die Inquisition. Der Fürst der Finsternis wirkte mit den Würdenträgern der päpstlichen Hierarchie zusammen. In ihren geheimen Beratungen beherrschten Satan und seine Engel die Gemüter von schlechten Menschen, während ein Engel Gottes unsichtbar in ihrer Mitte stand und den furchtbaren Bericht ihrer ungerechten, gottlosen Verordnungen aufnahm und die Geschichte ihrer Taten niederschrieb, die zu scheußlich sind, um menschlichen Augen unterbreitet zu werden. („Der große Kampf", S. 59)

Luther

Eines Tages, als Luther die Bücher der Universitätsbibliothek überprüfte, entdeckte er eine lateinische Bibel ... Mit gemischten Gefühlen blätterte er in ihren Seiten. Sein Herz klopfte stark und sein Puls beschleunigte sich, während er selbst die Worte des Lebens las, und immer wieder rief er aus: „Ach wenn mir Gott doch eine eigene Bibel geben würde!" Engel des Himmels waren bei ihm und himmlisches Licht offenbarte ihm die Schätze der Wahrheit und half ihm, sie zu verstehen. („The Spirit of Prophecy", Bd. 4, S. 96)

Wenn seine Feinde sich auf die Überlieferung und die Tradition beriefen oder auf die Behauptungen und die Autorität des Papstes, entgegnete ihnen Luther immer wieder mit der Bibel, und nur mit der Bibel. Er hatte Argumente, gegen die sie nichts einwenden konnten, und so trachteten ihm diese Sklaven des Formalismus und des Aberglaubens nach dem Leben ... Aber Luther wurde nicht zur Beute ihres Zorns. Gott hatte eine Aufgabe für ihn und sandte seine Engel, ihn zu beschützen. („The Spirit of Prophecy", Bd. 4, S. 108.109)

Hier stand ein Mann ganz allein vor den Priestern und dem Volk, deren Zorn er erregt hatte. Er wurde nach Augsburg beordert, um sich dort für seinen Glauben zu verantworten. Er folgte dieser Vorladung und stand nun fest und unerschrocken vor Menschen, vor denen die Welt erzitterte – wie ein sanftes Lamm, umgeben von brüllenden Löwen. Aber um der Wahrheit und um Christi willen stand er aufrecht und begründete seine Glaubensüberzeugung mit einer geistlich orientierten Redegewandtheit, die nur die Wahrheit möglich macht.

Sie versuchten auf verschiedene Weise, diesen mutigen Vertreter der Wahrheit zum Schweigen zu bringen. Sie schmeichelten ihm, machten im verlockende Angebote; versprachen ihm hohe Positionen und Ehre; aber weltliche Ehre und selbst das Leben waren für ihn wertlos, wenn er sie sich um den Preis der Wahrheit erkaufen sollte.

Seine Erkenntnis des Wortes Gottes wurde nur noch klarer, und er erkannte die Fehler, die Korruption und die Scheinheiligkeit des Papsttums in einem noch helleren Licht. Seine Feinde versuchten es auch mit Einschüchterung, um ihn dazu zu bewegen, seinen Glauben zu widerrufen, er aber bekannte sich unerschrocken dazu und verteidigte die Wahrheit. Wenn es Gott gewollt hätte, wäre er bereit gewesen, für seinen Glauben zu sterben, aber nachgegeben hätte er niemals. Gott bewahrte sein Leben, und sandte Engel, die ihm zur Seite standen und ihn sicher durch diesen Kampf führten, unverletzt; und er vereitelte die wütenden Absichten seiner Feinde. („Spiritual Gifts", S. 118.119)

Wären der Versammlung in Worms die Augen geöffnet worden, hätten sie Engel in ihrer Mitte gesehen, die Strahlen des Lichts in die Dunkelheit des Irrtums schickten und die Herzen und den Verstand (eines Teils der Zuhörer) für die Wahrheit zubereiteten. („The Spirit of Prophecy", Bd. 4, S. 124)

Melanchthon

(Der Reformator) Simon Grynaeus war gut bekannt mit einem führenden papistischen Gelehrten, aber betroffen von einer seiner Predigten, ging er zu ihm und erklärte ihm, daß er sich nicht mehr länger gegen die Wahrheit stellen werde. Der Papstanhänger unterdrückte zunächst seine Wut, wandte sich aber sofort an den König, um die Erlaubnis zu erhalten, diesen Protestanten einsperren zu lassen. Als Melanchthon nach Hause kam, erfuhr er, daß unmittelbar nach seinem Weggang Beamte, auf der Suche nach Grynaeus, sein Haus von unten bis oben durchsucht hatten. Er war immer davon überzeugt, daß der Herr seinen Freund durch einen Engel errettet hatte, den er gesandt hatte, um ihn zu warnen. („The Spirit of Prophecy", Bd. 4, S. 164.165)

Die Pilgerväter

In Verbannung und Ungemach erstarkten ihre Liebe und ihr Glaube. Sie vertrauten auf die Verheißung Gottes, und er verließ sie in Zeiten der Not nicht. Seine Engel standen ihnen zur Seite, um sie zu ermutigen und zu unterstützen. Und als Gottes Hand sie übers Meer nach einem Land zu weisen schien, in dem sie für sich selbst einen Staat gründen und ihren Kindern das kostbare Erbe religiöser Freiheit hinterlassen konnten, folgten sie ohne Zagen willig dem Pfad der Vorsehung. („Der Große Kampf", S. 295)

Die drei Engel in Offenbarung 14

Das zweite Mal kommt Christus in der Macht des Erlösers. Um die Menschen auf dieses Ereignis vorzubereiten, sandte er die erste, zweite und dritte Engelsbotschaft. Diese Engel vertreten die Sache derer, die die Wahrheit annehmen und mit Vollmacht der Welt das Evangelium verkündigen. („Bible Commentary", Bd. 7, S. 978.979)

William Miller

Ich sah, daß Gott einen Engel sandte, um das Herz eines Farmers, der vorher nicht an die Bibel glaubte, zu berühren und ihn dazu zu bewegen, die Prophetie zu studieren. Die Engel besuchten diesen von Gott auserwählten Mann wiederholt, lenkten seine Gedanken und öffneten ihm das Verständnis für Prophezeiungen, die für das Volk Gottes bis dahin im Dunklen lagen. Sie vermittelten ihm die Folgerichtigkeit der Wahrheit, und er wurde von einem Bindeglied zum nächsten geführt, bis er nur noch mit Erstaunen und Bewunderung auf das Wort Gottes blicken konnte ...

Engel Gottes begleiteten William Miller in seiner Verkündigungsaufgabe. Er war standhaft und unerschrocken und verkündigte seine Botschaft furchtlos ... Obwohl er von bekennenden Christen und von der Welt abgelehnt und von Satan und seinen Engeln bedrängt wurde, hörte er nicht auf, das ewige Evangelium zu predigen, wenn er zu Versammlungen eingeladen wurde, und den Menschen zuzurufen: „Fürchtet Gott, und gebet ihm die Ehre, denn die Stunde seines Gerichts ist gekommen!" („Spiritual Gifts", Bd. 1, S. 128.132)

Der Anstifter alles Übels versuchte nicht nur der Wirkung der Adventbotschaft entgegenzuarbeiten, sondern auch den Botschafter selbst zu vernichten. Miller wandte die biblische Wahrheit praktisch auf die Herzen seiner Zuhörer an, rügte ihre Sünden und beunruhigte ihre Selbstzufriedenheit; seine einfachen, treffenden Worte erregten ihre Feindschaft. Durch den offenen Widerstand der Kirchenglieder wurden die unteren Volksschichten ermutigt, noch weiterzugehen. Feinde schmiedeten Pläne, um ihn beim Verlassen der Versammlung zu töten. Doch heilige Engel befanden sich unter der Menge, und einer von ihnen nahm in Gestalt eines Mannes diesen Knecht Gottes beim Arm und geleitete ihn durch den zornigen Pöbel hindurch in Sicherheit. („Der große Kampf", S. 339.340)

Viele Pastoren waren selbst nicht bereit, diese erlösende Botschaft anzunehmen, und hinderten auch Gemeindeglieder, die sie annehmen wollten, daran. Sie sind verantwortlich für das Blut dieser

Seelen. Prediger und ihre Gemeinden vereinigten sich im Widerstand gegen diese Botschaft vom Himmel. Sie verfolgten William Miller und seine Anhänger. Falsche Gerüchte wurden in Umlauf gebracht, um seinen Einfluß zu verringern. Verschiedentlich erregte er mit seiner Verkündigung, in der er klar und deutlich Gottes Anweisungen und Wahrheit, die die Zuhörer im Herzen traf, predigte, den Zorn der Leute, und wenn er den Versammlungsort verließ, trachteten ihm Wegelagerer nach dem Leben. Aber Gott sandte seine Engel, die ihn beschützten und unversehrt von der aufgebrachten Menge wegführten. („Spiritual Gifts", Bd. 1, S. 136)

Kapitel 19

Ellen G. Whites Erfahrungen mit Engeln

Ellen G. Whites Berufung

Während ich am Familienaltar betete, kam der Heilige Geist über mich, und ich schien immer höher zu steigen, weit über die dunkle Welt. Ich sah mich nach den Adventisten in der Welt um, konnte sie aber nicht finden. Da sagte eine Stimme zu mir: „Sieh noch einmal hin, aber schau ein wenig höher."

Jetzt erhob ich meine Augen und sah einen geraden, schmalen Pfad, der hoch über der Welt aufgeworfen war. Auf diesem pilgerten die Adventisten nach der heiligen Stadt, die am andern Ende des Pfades lag. Hinter ihnen, am Anfang des Weges, war ein helles Licht, das der „Mitternachtsruf" war, wie mir ein Engel sagte. Dieses Licht schien den ganzen Pfad entlang und war ein Licht für ihre Füße, damit sie nicht straucheln möchten. Jesus selbst ging seinem Volk voran, um es zu leiten. Solange die Adventgläubigen ihre Augen auf ihn gerichtet hielten, waren sie sicher. („Frühe Schriften von Ellen G. White", S. 12.13)

Als ich siebzehn Jahre alt war ... kam ein himmlischer Bote zu mir, der sagte: „Ich habe eine Botschaft für dich, die du weitergeben sollst." Ich dachte: „Also, das ist ganz bestimmt ein großes Mißverständnis." Aber noch einmal sagte die Stimme: „Ich habe eine Botschaft für dich, die du weitergeben sollst! Schreibe auf, was ich dir sagen werde!" („Sermons and Talks", S. 252)

219

Die Bundeslade im Himmel

Der Herr zeigte mir das himmlische Heiligtum. Der Tempel Gottes im Himmel wurde geöffnet und es wurde mir die Lade Gottes, die vom Gnadenstuhl bedeckt war, gezeigt. An beiden Enden standen zwei Engel, die ihre Flügel über den Gnadenstuhl gebreitet und ihre Gesichter ihr zugewandt hatten. Der Engel, der mich begleitete, machte mich darauf aufmerksam, daß dies ein Symbol dafür sei, daß alle himmlischen Engel mit Ehrfurcht auf das Gesetz Gottes blicken, das der Herr mit seinem eigenen Finger geschrieben hat. („Life Sketches", 1880, S. 237)

Die Bundeslade im irdischen Heiligtum war ein Abbild der Bundeslade im Himmel. Dort stehen an jeder Seite lebendige Engel, deren einer Flügel nach oben zeigt und den Gnadenthron bedeckt, während sie mit dem anderen Flügel ihren Körper verhüllen, als Zeichen der Ehrerbietung und Demut. („The Signs of the Times", 24. Juni 1880)

Ach, wenn doch nur alle unseren wunderbaren Erlöser erkennen könnten als das, was er ist, ein wahrhaftiger Retter! Möge seine Hand den Vorhang beiseite ziehen, der seine Herrlichkeit vor uns verbirgt, damit wir ihn an seinem erhöhten, heiligen Aufenthaltsort sehen können. Und was sehen wir dort? Unseren Heiland, aber nicht in einer stillen, unbeweglichen Haltung, sondern umgeben von klugen himmlischen Wesen, Cherubim und Seraphim, zehntausendmal zehntausend Engel.

Alle diese Wesen haben ein gemeinsames Interesse, etwas, das ihnen ganz besonders am Herzen liegt: Seine Gemeinde inmitten einer verdorbenen Welt ... Sie arbeiten für Christus, um unter seiner Leitung alle zu erretten, die auf ihn schauen und an ihn glauben. Diese klugen himmlischen Wesen beeilen sich, ihre Aufgabe zu erfüllen ... Sie sind vereinigt in einem heiligen Bündnis, arbeiten gemeinsam an ihrer großartigen, erhabenen Aufgabe und stellen somit die Macht, das Mitgefühl, die Liebe und die Herrlichkeit des gekreuzigten und auferstandenen Erlösers unter Beweis.

Durch ihren Dienst zeigen uns diese himmlischen Heerscharen, was die Gemeinde Gottes sein soll. Christus arbeitet um ihretwillen in den himmlischen Höfen und sendet seine Boten aus in alle Teile der Welt, um jedem Leidenden, der auf ihn schaut, beizustehen, und um geistliches Leben und Erkenntnis zu vermitteln. („The Bible Commentary", Bd. 7, S. 967.968)

Satan vor seinem Fall und wie er jetzt ist

Satan war einst im Himmel ein geehrter Engel, der nächste nach Christus. Sein Antlitz war sanft wie das der anderen Engel und trug den Ausdruck des Glücks. Seine Stirn war hoch und breit, was auf große Verstandeskräfte hinwies. Seine Gestalt war vollkommen, sein Betragen edel und majestätisch. („Frühe Schriften von Ellen G. White", S. 130)

Satan wurde mir gezeigt, wie er einst war: ein glücklicher, erhabener Engel. Dann wurde er mir gezeigt, wie er jetzt ist. Er hat noch eine königliche Gestalt. Seine Züge sind noch edel, denn er ist, obwohl gefallen, doch ein Engel. Aber der Ausdruck seines Gesichts ist voller Angst, Sorge, Unzufriedenheit, Bosheit, Haß, Unheil, Betrug, voll alles Bösen. Diese Stirn, die einst so edel war, betrachtete ich besonders. Sie trat von den Augen an zurück.

Ich sah, daß er sich so lange mit dem Bösen beschäftigt hatte, bis jede gute Eigenschaft verdorben und jeder böse Charakterzug entfaltet war. Seine Augen waren listig und verschlagen, er hatte einen durchdringenden Blick. Seine Gestalt war groß, aber das Fleisch hing schlaff an seinen Händen und an seinem Gesicht. Als ich ihn betrachtete, ruhte sein Kinn auf seiner linken Hand. Er schien tief in Gedanken versunken zu sein. Ein Lächeln lag auf seinem Gesicht, das mich erzittern ließ, so voller Bosheit war es und voll satanischer List.

So lächelt er, kurz bevor er sich seines Opfers sicher ist, und wenn er dann seine Schlingen immer fester um das Opfer schnürt, wird dieses Lächeln abscheulich. („Frühe Schriften von Ellen G. White", S. 138.139)

Engel, die Ellen White
in Träumen und Gesichten sah

Ich träumte, daß einige Brüder in Kalifornien beieinander saßen, um über die Arbeitspläne für die nächste Zeit zu beraten. Manche dachten, daß es vernünftig wäre, die großen Städte zu meiden und lieber in kleineren Orten zu arbeiten. Mein Mann drängte sie sehr ernsthaft, umfassendere Pläne zu legen und an die Ausweitung des Werkes zu denken, was dem Wesen unserer Botschaft entspräche.

Dann kam ein junger Mann in den Ausschuß, den ich schon häufig in meinen Träumen gesehen hatte. Er hörte der Beratung mit großem Interesse zu und sagte dann mit Besonnenheit und selbstsicherem Auftreten: „Sowohl die Städte als auch die Dörfer sind ein Teil des Weinbergs des Herrn. Alle müssen die Warnung hören. Der Feind der Wahrheit strengt sich außerordentlich an, um die Menschen von der Wahrheit Gottes abzulenken, hin zu falschen Lehren ... Ihr sollt an allen Wassern säen." („Life Sketches", S. 208)

Während meiner Arbeit stehe ich mit meinen Helfern in Verbindung, und ich stehe auch mit meinem Engel, der mich leitet, und anderen klugen himmlischen Wesen in Kontakt. Es ist eine sehr enge Beziehung. Wer von Gott berufen wird, muß mit ihm in Verbindung sein durch das Wirken des Heiligen Geistes, damit er von ihm belehrt werden kann. („Spaulding and Magan Collection", S. 462)

Während unserer Reise war ich nicht in der Lage, in der Kabine aufrecht zu sitzen. Mein Mann machte mir auf der Sitzbank ein Lager zurecht, und ich legte mich hin, mit wehem Kopf und wehem Herzen ...

In diesem Zustand schlief ich ein und träumte, daß ein großer Engel neben mir stand und mich fragte, warum ich traurig sei. Ich erläuterte ihm die Gedanken, die mir solchen Kummer bereiteten und sagte: „Ich kann so wenig Gutes bewirken, warum dürfen wir dann nicht bei unseren Kindern bleiben und uns an ihnen freuen?" Er antwortete: „Du hast dem Herrn zwei wunderbare Blumen geschenkt, deren Duft wie angenehmer Weihrauch vor ihm ist, wesentlich wertvoller als Gold und Silber, denn sie sind ein Geschenk deines Herzens. Es handelt sich um ein Opfer, an dem du mit jeder Faser deines Herzens hängst. Du darfst nicht auf das Zeitliche schauen. Konzentriere dich auf deine Pflicht und nur darauf, zur Ehre Gottes. Folge seiner Vorsehung, und dein Weg wird hell erleuchtet werden. Jede Selbstverleugnung, jedes Opfer, das du bringst, wird genau aufgezeichnet, und du wirst dafür belohnt werden. („Spiritual Gifts", Bd. 2, S. 129.130)

Ich träumte, daß unmittelbar, nachdem ich gesprochen hatte, ein vornehm aussehender junger Mann in das Zimmer kam, in dem ich mich aufhielt. Die gleiche Gestalt ist mir auch schon früher während der vergangenen sechsundzwanzig Jahre von Zeit zu Zeit in wichtigen Träumen erschienen, wenn ich eine Botschaft erhielt. Er sagte zu mir: „Du hast die Aufmerksamkeit der Leute auf wichtige Dinge gelenkt. Für einige sind sie von sehr großem Interesse. Die Mitarbeiter, die Wort und Lehre verkündigen, haben immer getan, was sie konnten, um die Wahrheit so darzustellen, daß die Menschen zum Nachdenken angeregt und ihr Interesse geweckt wurde. Wenn ihr euch aber nicht eingehend darum bemüht, daß ein nachhaltiger Eindruck entsteht und gefestigt wird, werden alle eure Bemühungen fast erfolglos bleiben." („Review and Herald", 4. November 1875)

Da ich immer wieder gefragt werde, in welchem Zustand ich mich während einer Vision und danach befinde, wenn ich wieder herauskomme, möchte ich sagen: Wenn es der Herr für richtig befindet, mir eine Vision zu geben, werde ich in die Gegenwart Jesu und der Engel entrückt und habe keinerlei Berührung mehr mit irdischen Dingen. Ich kann nicht weiter sehen, als mir der Engel gestattet. („Spiritual Gifts", Bd. 2, S. 292)

Die Schlacht von Manassas

Ich hatte ein Gesicht über die katastrophale Schlacht bei Manassas. Es war ein fürchterlicher Anblick, der mich sehr aufregte. Die Armee der Südstaaten hatte den Vorteil auf ihrer Seite und war be-

stens für den schrecklichen Kampf gerüstet. Die Armee der Nordstaaten zog ebenso mit Siegesgewißheit in den Kampf. Viele mar-
schierten völlig unbekümmert und prahlten, so als hätten sie den
Sieg bereits in der Tasche. Als sie sich dem Schlachtfeld näherten,
waren viele völlig entkräftet und erholungsbedürftig. Sie hatten keinen so schweren Kampf erwartet. Sie warfen sich ins Kampfge-
tümmel und kämpften mutig und verzweifelt. Es gab auf jeder Seite
Tote und Verletzte. Beide, der Norden und der Süden, hatten
schwere Verluste. Die Männer der Südstaaten erkannten ihre Situation und wären in kurzer Zeit noch weiter zurückgedrängt worden.
Die Nordstaatler drängten trotz ihrer großen Verluste vorwärts.

Da griff ein Engel ein. Er machte eine Handbewegung nach
rückwärts, und sofort herrschte ein großes Durcheinander unter den
Soldaten. Die Männer der Nordstaaten hatten den Eindruck, daß
ihre Truppen auf dem Rückzug waren, obwohl dies keineswegs der
Fall war, und so zogen sie sich zurück, als wären sie geschlagen.
(„Testimonies", Bd. 1, S. 266.267)

An den Leiter eines Sanatoriums

In meinem Traum befand ich mich in der Kurklinik, und mein Begleiter forderte mich auf, auf alles, was ich sehen und hören würde,
genau zu achten. Ich hielt mich in einer stillen Ecke auf, wo ich
nicht gesehen wurde, aber alles, was im Zimmer geschah, überblik-
ken konnte. Einige Leute kamen, um ihre Rechnungen bei Dir zu
bezahlen, und ich hörte, wie sie sich wegen der Höhe der Kosten
für Zimmer, Verpflegung und Heilbehandlung beschwerten. Ich
hörte, wie Du entschieden ablehntest, den Preis zu senken. Ich war
erstaunt, daß die Kosten so hoch waren, und es schien, als habest
Du diese Dinge bestimmt.

Ich sah, daß die hohen Rechnungen bei den Gästen keinen guten Eindruck hinterließen. Das ist nicht vorteilhaft für die Klinik. Ich
hörte auch, daß einige Deiner Glaubensbrüder mit Dir sprachen
und versuchten, Dich davon zu überzeugen, daß Dein Vorgehen
unklug und ungerecht sei, aber Du beharrtest hart wie ein Stein auf
deiner Meinung. Du nahmst für Dich in Anspruch, daß alles, was

Du tust, dem Wohl der Klinik dient. Aber ich sah, daß die Leute, die die Kurklinik verließen, alles andere als zufrieden waren ...

Abends sah ich Dich in der Gesellschaft der Wirtschafterin des Instituts. So wie ihr miteinander umgegangen seid, hättet ihr Mann und Frau sein können. Die Beziehung, die ihr miteinander habt, ist in den Augen Gottes nicht in Ordnung, und so wie die Dinge liegen, machen sie mir das Herz schwer. Ich fragte: „Wer hat dich verhext, daß du der Wahrheit nicht mehr gehorchst?" Das gefällt Gott nicht! Du hast den Heiligen Geist betrübt. Schwester H. wird niemals wieder die sein, die sie einmal war. Ihr habt euch beide vor Gott schuldig gemacht ...

Die Dinge, die in ... (der Kurklinik) abliefen, wurden mir gezeigt. Eine Stimme sagte zu mir: „Folge mir, und ich werde dir die Sünden zeigen, die dort von den Leuten in verantwortlichen Positionen begangen werden."

Ich ging durch die Zimmer und sah Dich, einen Wächter auf den Mauern Zions, sehr intim mit der Frau eines anderen Mannes. Dadurch hast du heilige Wahrheiten verraten und Christus erneut gekreuzigt. Hast Du nicht bedacht, daß es einen heiligen Beobachter gibt, der Zeuge Deiner üblen Machenschaften war, der gesehen hat, was Du getan hast, und gehört hat, was du gesprochen hast, und daß dies alles in den himmlischen Büchern aufgeschrieben wurde? („Manuscript Releases", Bd. 8, S. 315-317)

Familie Brown

Der Engel Gottes sagte: „Folge mir!" Ich schien mich in einem Zimmer eines heruntergekommenen Gebäudes zu befinden. Dort spielten mehrere junge Männer Karten. Sie waren so versessen auf dieses Vergnügen und dermaßen darin vertieft, daß sie nicht bemerkten, daß jemand ins Zimmer gekommen war. Es waren auch einige junge Mädchen anwesend, die den Spielern zusahen, und die Unterhaltung, die dabei stattfand, war nicht besonders fein. Es herrschte eine Atmosphäre in diesem Raum, die spürbar nicht für die Bildung eines reinen, feinen Charakters und eines klaren Verstands geeignet war ...

Ich fragte: „Wer sind diese Leute, und was hat das alles zu bedeuten?"

Die Antwort lautete: „Warte ab!"

Dann wurde mir etwas anderes gezeigt. Es wurde dort auch dem „flüssigen Gift" zugesprochen, und was unter Alkoholeinfluß geredet und getan wurde, war alles andere als förderlich für klare Gedanken, eine ordentliche Abwicklung von Geschäften, moralisch einwandfreies Verhalten und eine Aufwertung der Anwesenden ...

Ich fragte noch einmal: „Was sind das für Leute?"

Und dann erhielt ich die Antwort: „Es ist ein Teil der Leute, bei denen du zu Besuch bist. Der Widersacher der Seelen, der große Feind Gottes und der Menschen, der oberste Fürst der Finsternis und Anführer der dunklen Mächte dieser Erde ist heute Nacht hier anwesend. Satan und seine Engel führen diese armen Seelen mit ihren Versuchungen ins Verderben. („Selected Messages", Bd. 3, S. 41.42)

N. D. Faulkhead und das geheimnisvolle Zeichen

Bruder Faulkhead ließ mich zu sich rufen. Seine Angelegenheit lag mir auf der Seele. Ich sagte ihm, daß ich für ihn und seine Frau eine Botschaft habe, die ich schon verschiedentlich schicken wollte, aber ich hatte jedesmal den Eindruck, der Geist Gottes hindere mich daran. Ich bat um einen Termin, an dem wir uns treffen könnten. Er antwortete mir: „Ich bin froh, daß du mir nicht geschrieben hast; es ist mir lieber, die Botschaft direkt aus deinem Munde zu hören, denn andernfalls hätte sie wahrscheinlich keinen großen Eindruck auf mich gemacht." Ich fragte ihn: „Kannst du bleiben, um sie zu hören?" Er antwortete, daß er bleiben würde.

Ich war schon sehr müde, denn ich hatte an diesem Tag an der Abschlußfeier der Schule teilgenommen, aber ich stand wieder auf, nachdem ich mich auf dem Bett niedergelegt hatte und las ihm drei Stunden lang vor. Sein Herz wurde berührt, er hatte Tränen in den Augen, und als ich aufhörte zu lesen sagte er: „Ich nehme jedes Wort an, es betrifft mich alles." Vieles von dem, was ich las, bezog sich auf das Büro des „Echo" und auf die Leitung, von Anfang an. Der Herr offenbarte mir aber auch Bruder Faulkheads Verbindung zu den Freimaurern, und er wies ihn ganz deutlich darauf hin, daß er jede Verbindung zu dieser Gesellschaft abbrechen müsse, wenn er nicht seine Seele verlieren wolle.

Er sagte: „Ich nehme das Licht, das Gott mir durch dich gesandt hat, an und werde mich danach richten. Ich bin Mitglied von fünf Logen und es unterstehen mir drei andere. Ich erledige all ihre wirtschaftlichen Transaktionen. Ab jetzt werde ich an keiner ihrer Versammlungen mehr teilnehmen und meine geschäftlichen Beziehungen zu ihnen so schnell wie möglich beenden." Ich erläuterte ihm alles, was mir mein Begleiter über solche Gesellschaften gesagt hatte. Dann machte ich eine bestimmte Bewegung, zu der mich mein Führer veranlaßte, und sagte: „Alles, was mir dazu mitgeteilt wurde, kann ich im Augenblick nicht wiedergeben."

Bruder Faulkhead berichtete Bruder Daniels und anderen, daß ich ein bestimmtes Zeichen gemacht habe, das nur den höchsten Rängen der Freimaurer, deren Mitglied er gerade geworden war, bekannt ist. Er sagte, daß ich dieses Zeichen nicht kannte, und daß mir nicht bewußt war, daß ich ihm dieses Zeichen gegeben hatte. Das verstand er als besonderen Hinweis darauf, daß der Herr durch mich wirkte, um seine Seele zu retten. („Manuscript Releases", Bd. 5, S. 148.149)

Die Gegenwart von Engeln, während Ellen White wach war

Als ich aufwachte und aus dem Fenster blickte, sah ich zwei weiße Wolken. Dann schlief ich wieder ein, und in meinen Träumen hörte ich folgende Worte: „Sieh dir diese Wolken an. Genau solche Wolken waren es, die die himmlischen Engel verhüllten, als sie den Hirten die Geburt des Erlösers der Welt verkündigten." Ich wachte auf und sah erneut aus dem Wagenfenster, und da waren zwei große weiße Wolken, so weiß wie Schnee. Es waren zwei einzelne Wolken, die sich von den anderen unterschieden, aber sie bewegten sich aufeinander zu, berührten sich und verschmolzen für einen Augenblick miteinander. Dann trennten sie sich wieder und wurden wieder zwei einzelne Wolken. Sie verschwanden nicht, sondern blieben den ganzen Vormittag in Sichtweite. Um zwölf Uhr wechselten wir den Wagen, und danach konnte ich die Wolken nicht mehr sehen.

Während des ganzen Tages war ich sehr beschäftigt mit dem Gedanken, daß Engel Gottes, die durch diese Wolken verhüllt waren, vor uns her gingen, daß wir die frohe Gewißheit haben konnten, beschützt zu werden, und daß bei den Versammlungen in Brisbane die Erlösung Gottes wirksam sein würde.

Und jetzt, nachdem die Versammlungen vorüber sind und wir erlebt haben, wie wunderbar viel Interesse die Menschen gezeigt haben, bin ich mehr denn je davon überzeugt, daß in diesen Wolken Engel verborgen waren – Engel, die vom Himmel gesandt wurden, um die Herzen der Menschen zu bewegen und solche Einflüsse abzuwehren, die manchmal auf unseren Zeltplätzen zu finden sind, durch die die Leute von der lebendigen Wahrheit, die täglich verkündigt wird, abgelenkt werden.

Auf diesen Versammlungen hörten Tausende die Einladung des Evangeliums und Wahrheiten, von denen sie noch nie zuvor etwas gehört hatten. Während der gesamten Veranstaltung gab es keinerlei lautstarken Protest und auch keine Wortgefechte mit Leuten, deren Herzen sich den Geboten Gottes widersetzten. Und in der ganzen Stadt hören wir keinerlei öffentliche Angriffe. Das ist eine ungewöhnliche Erfahrung, und wir glauben daß die Engel Gottes anwesend waren, um die Mächte der Finsternis zurückzuhalten. („Review and Herald", 21. März 1899)

Ich litt an Rheumatismus an meiner linken Körperseite und konnte vor Schmerzen nicht schlafen. Ich wälzte mich von einer Seite auf die andere, in der Hoffnung ein wenig Erleichterung zu finden. Ich hatte Schmerzen in meinem Herzen, die mich nichts Gutes ahnen ließen. Endlich schlief ich dann doch noch ein.

Etwa um halb zehn versuchte ich wieder, mich zu drehen, und dabei bemerkte ich, daß ich völlig schmerzfrei war. Ich drehte und wendete mich und bewegte meine Hände. Dabei empfand ich eine Leichtigkeit und ein Gefühl der Freiheit, das ich nicht beschreiben kann. Das Zimmer war durchflutet von einem wunderschönen, sanften, azurblauen Licht, und ich fühlte mich, als läge ich in den Armen eines himmlischen Wesens.

Dieses seltsame Licht habe ich in der Vergangenheit in Zeiten besonderen Segens schon öfter erlebt, aber diesmal war es deutlicher, eindrucksvoller, und ich empfand einen solch vollkommenen, wunderbaren Frieden, wie ich ihn mit Worten nicht beschreiben kann. Ich setzte mich auf und sah, daß ich von einer hellen Wolke umgeben war, einer Wolke, so weiß wie Schnee, deren Ränder eingefaßt waren von einem dunklen Rosa. Die Atmosphäre war erfüllt von wunderbaren Klängen und ich erkannte diese Musik als den Gesang von Engeln. Dann sprach eine Stimme zu mir: „Fürchte dich nicht; ich bin dein Erlöser. Überall um dich her sind heilige Engel." („Testimonies", Bd. 9, S. 65.66)

Kapitel 20

Engel in der letzen Auseinandersetzung zwischen Gut und Böse

Gute und böse Engel werden erscheinen

Bei der letzten großen Auseinandersetzung um das Reich Gottes werden satanische Engel als Menschen erscheinen, und auch himmlische Engel in Menschengestalt werden daran beteiligt sein. Diese beiden gegeneinander kämpfenden Parteien wird es bis zum Ende des letzen Kapitels der Weltgeschichte geben. („Review and Herald", 5. August 1909)

Satan wird jede Gelegenheit nutzen, um die Menschen von ihrer Treue zu Gott abzubringen. Er und seine bösen Engel, die mit ihm gefallen sind, werden als Menschen erscheinen, um uns zu verführen. Gottes Engel werden ebenfalls in Menschengestalt erscheinen und alles in ihrer Kraft stehende tun, um die Machenschaften des Feindes zu besiegen. Auch wir haben eine Rolle zu spielen. („Manuscript Releases", Bd. 8, S. 399)

Satan wird seinen letzten Angriff vor dem Ende der Zeit mit all seiner Kraft durchführen, und das Durchhaltevermögen der Nachfolger Christi wird bis aufs Äußerste gefordert. Manchmal sieht es so aus, als müßten sie aufgeben, aber ein Gebet zum Herrn erreicht mit Pfeilgeschwindigkeit den Thron Gottes, und Gott schickt seine Engel in den Kampf. Das Blatt wendet sich. („In Heavenly Places", S. 297)

Wie in den Tagen Schadrachs, Meschachs und Abed-Negos wird der Herr auch vor Abschluß der Weltgeschichte mächtig für die wirken, die fest für das Recht eintreten ... Engel, starke Helden, werden sie schützen ... („Propheten und Könige", S. 359)

Dem Kommen des Herrn muß die „Wirkung des Satans mit allerlei lügenhaften Kräften und Zeichen und Wundern und mit allerlei Verführung zur Ungerechtigkeit" (2 Th 2,9.10) vorausgehen. Der Apostel Johannes beschreibt die Wunder wirkende Macht, die in den letzten Tagen offenbart werden wird, mit folgenden Worten: „Und tut große Zeichen, daß es auch macht Feuer vom Himmel fallen vor den Menschen; und verführt, die auf Erden wohnen, um der Zeichen willen, die ihm gegeben sind zu tun." (Offb 13,13.14) Keine bloßen Betrügereien sind hier vorhergesagt. Die Menschen werden verführt durch die Wunder, die Satans Helfer ausüben können und nicht etwa nur vorgeben auszuüben. („Der große Kampf", S. 555)

Satan ist ein listiger Verführer. Und es ist nicht schwierig für die üblen Engel, sowohl verstorbene Gläubige als auch Sünder erscheinen zu lassen, und zwar gut sichtbar für die Menschen. Je mehr wir uns dem Ende der Zeit nähern, desto häufiger werden solche Erscheinungen vorkommen, und sie werden sich zu immer größerer Vollkommenheit entwickeln. („Review and Herald", 1. April 1875)

Er (Satan) hat die Macht, den Menschen die Erscheinung ihrer abgeschiedenen Freunde vor Augen zu führen. Die Nachahmung ist vollkommen; das bekannte Aussehen, die Worte, die Stimme werden mit unglaublicher Deutlichkeit wiedergegeben ...
Viele werden Geistern der Teufel gegenübergestellt, die in Gestalt lieber Verwandter oder Freunde erscheinen und die gefährlichsten Irrlehren verkünden. Diese Besucher werden unsere zärtlichsten Gefühle berühren und Wunder wirken, um ihren Behauptungen Nachdruck zu verleihen. Wir müssen bereit sein, ihnen mit der Bibelwahrheit entgegenzutreten, daß die Toten nichts wissen und daß alle, die auf diese Weise erscheinen, Geister der Teufel sind.

Die „Stunde der Versuchung, die kommen wird über den ganzen Weltkreis" (Offb 3,10), steht unmittelbar bevor. Alle, deren Glaube nicht fest auf das Wort Gottes gegründet ist, werden hintergangen werden. („Der große Kampf", S. 554.561.562)

In ihren Mitteilungen werden Geister erklären, daß Gott sie gesandt habe, um die Verwerfer des Sonntags ihres Irrtums zu überführen und zu bestätigen, daß die Gesetze des Landes als Gottes Gesetze beachtet werden sollten. Sie werden die große Gottlosigkeit in der Welt beklagen und die Zeugnisse religiöser Lehrer unterstützen, daß die gesunkene Moral durch die Entheiligung des Sonntags verursacht werde. Tiefe Entrüstung wird sich gegen alle jene erheben, die sich weigern, ihr Zeugnis anzunehmen. („Der große Kampf", S. 591.592)

Wunder am Ende der Zeit

Vor dem Ende der Zeit wird Satan noch größere Wunder wirken. Soweit es in seiner Macht steht, werden es tatsächliche Wunder sein. Wie die Schrift sagt: „Er ... wird verführen, die auf Erden wohnen durch die Wunder, zu denen ihm Macht gegeben wurde, sie zu tun." Es handelt sich nicht um Betrug, sondern hier ist von mehr als nur scheinbaren Wundern die Rede. („Testimonies", Bd. 5, S. 698)

Niemand kann gezwungen werden, an solche Täuschungen zu glauben. Gottes Wort sagt eindeutig, daß auch Satan Wunder wirken wird. Er wird Menschen krank machen, um anschließend die Krankheit auf spektakuläre Weise wieder von ihnen zu nehmen. Weil die Leute die Zusammenhänge nicht kennen, werden sie die Heilungen dem Wirken des Heiligen Geistes zuschreiben. Auch vor der Gemeinschaft der Siebenten-Tags-Adventisten werden solche Geschehnisse nicht Halt machen. („Für die Gemeinde geschrieben", Bd. 2, S. 52)

Manche werden versucht sein, diese Wunder als von Gott gewirkt anzunehmen. Vor unseren Augen werden Kranke geheilt und

Wunder geschehen. Sind wir auf die Versuchung vorbereitet, die uns erwartet, wenn Satan seine Verführungskünste noch vollendeter ausführen wird? Werden nicht viele Seelen in seine Schlingen treten und gefangen werden? Durch das Abweichen von den klaren Vorschriften und Geboten Gottes und durch die Vorliebe für Fabeln und Erzählungen werde die Sinne vieler Menschen dahin geführt, Satans Lügenwunder anzuerkennen. Wir alle müssen uns jetzt wappnen für den Kampf, in dem wir uns dann zu behaupten haben. Vertrauen zum Worte Gottes, das unter Gebet durchforscht und ausgelebt werden muß, wird unser Schild gegen Satans Macht sein. Es wird uns durch das Blut Christi zum Sieg verhelfen. („Aus der Schatzkammer der Zeugnisse", Bd. 1, S. 89)

Böse Geister werden unter den Übrigen aktiv sein

Durch die betrügerischen Machenschaften Satans werden Tote erscheinen, und viele werden sich mit dem „Freund der Lüge" verbünden ... Mitten unter uns werden sich manche vom Glauben abwenden und sich den verführerischen Geistern und den Lehren der Teufel hingeben. („The Upward Look", S. 317)

Spiritisten werden versuchen, Prediger, die die Wahrheit verkündigen, unter Druck zu setzen und zu Streitgesprächen herauszufordern. Wenn jene dann davon Abstand nehmen, werden sie ihnen unterstellen, feige zu sein. Wie Satan es Christus gegenüber tat, werden auch sie Schriftstellen zitieren. „Prüfet alles", werden sie sagen. Aber ihre Vorstellung von Prüfung ist, sich ihre verführerischen Argumente anzuhören und an ihren Sitzungen teilzunehmen. Aber bei ihren Zusammenkünften nehmen die Engel der Finsternis die Gestalt ihrer toten Freunde an und geben sich als Engel des Lichts aus.

Ihre geliebten Angehörigen werden in Lichtgewändern gekleidet erscheinen und so echt aussehen, als wären sie noch auf der Erde. Sie werden sie belehren und sich mit ihnen unterhalten. Und viele lassen sich betrügen von dieser wunderbaren Darstellung der Macht

Satans. Der einzige Schutz für das Volk Gottes ist eine gründliche Vertrautheit mir ihrer Bibel und ein klares Verständnis unserer Glaubensüberzeugung über den Schlaf der Toten. („The Signs of the Times", 12. April 1883)

Böse Engel werden in Gestalt von scheinbar gläubigen Menschen unter uns arbeiten, um den Geist des Unglaubens zu verbreiten. Laßt euch aber davon nicht entmutigen, sondern arbeitet ehrlichen Herzens mit dem Herrn zusammen gegen diese satanischen Kräfte. Diese dunklen Mächte werden an unseren Versammlungen teilnehmen, jedoch nicht, um Segen zu erhalten, sondern um dem Einfluß des Geistes Gottes entgegenzuwirken ...

Wir dürfen niemals in ihrer Sprache sprechen und sie dadurch in ihrer Arbeit bestärken, sondern sollen uns an die Worte Christi halten und sie wiederholen. Christus war der Lehrer in den Versammlungen dieser Engel, bevor sie aus ihrem hohen Rang gefallen sind. („Selected Messages", Bd. 3, S. 410)

Satan und seine Engel werden in Menschengestalt auf dieser Erde erscheinen und sich unter jene mischen, von denen die Schrift sagt: „Manche werden vom Glauben abfallen, indem sie auf betrügerische Geister und Lehren von Dämonen achten, durch die Heuchelei von Lügenrednern." (1 Tim 4,1 EB) („Manuscript Releases", Bd. 8, S. 345)

Wenn diese spiritistischen Betrügereien als das offenbar werden, was sie sind – nämlich das heimliche Wirken böser Geister –, dann werden die Menschen, die daran mitgewirkt haben, so reagieren als hätten sie den Verstand verloren. („Manuscript Releases", Bd. 8, S. 345)

Ich sah unser Glaubensvolk in großer Not. Sie weinten und beteten und beriefen sich auf die sicheren Verheißungen Gottes, während die Bösen überall um uns her waren, uns verspotteten und damit drohten, uns zu zerstören. Sie machten uns lächerlich wegen unserer Schwachheit, spotteten über unsere geringe Zahl und verhöhnten uns mit Worten, die uns tief treffen sollten. Sie klagten uns an, eine andere Meinung zu vertreten als der Rest der Welt. Sie hatten sich unserer Geldmittel bemächtigt, so daß wir nicht mehr kaufen noch verkaufen konnten, und wiesen uns auf unseren armseligen Zustand hin. Sie konnten nicht begreifen, daß wir auch ohne die Welt leben konnten. Sie gingen davon aus, daß wir von der Welt abhängig waren und uns deshalb ihren üblichen Praktiken anpassen und ihren Gesetzen unterwerfen oder sie verlassen müßten. Und wenn wir die einzige Gemeinde dieser Welt wären, an der Gott Gefallen hätte, dann spräche unser trauriges Erscheinungsbild gewaltig gegen uns. Sie behaupteten, daß sie es seien, die die Wahrheit hätten, weil unter ihnen Wunder geschähen, daß himmlische Engel mit ihnen sprächen und sie begleiteten. Sie sagten, daß es unter ihnen eine große Machtentfaltung gäbe und Zeichen und Wunder, und daß dies die lang erwarteten „tausend Jahre" seien.

Durch die Sonntagsgesetze sei die ganze Welt vereinigt und bekehrt, und nur dieses kleine schwache Volk maße sich an, sich gegen die Gesetze des Landes und gegen die Gebote Gottes zu stellen und zu behaupten, sie seien die einzig richtig Denkenden auf der ganzen Erde. („Maranatha", S. 209)

Engel werden die von den Menschen vernachlässigte Aufgabe erfüllen

Wenn sich göttliche Kraft mit menschlichem Bemühen verbindet, wird sich das Werk verbreiten wie Feuer auf einem Stoppelfeld. Gott wird Helfer hinzuziehen, deren Herkunft den Menschen nicht bekannt ist; Engel werden die Arbeit tun, die den Menschen zum Segen geworden wäre, wenn sie die Forderungen Gottes nicht so vernachlässigt hätten. („Review and Herald", 15. Dezember 1885)

Engel werden für die Bedürfnisse von Gottes Volk sorgen

Ich sah die Heiligen die Städte und Dörfer verlassen und sich scharenweise zusammentun; sie wohnten an den einsamsten Orten. Engel Gottes versahen sie mit Nahrung und Wasser, während die Gottlosen Hunger und Durst litten. („Frühe Schriften von Ellen G. White", S. 269)

In der Zeit der Angst unmittelbar vor der Wiederkunft Christi werden auch die Gerechten durch himmlische Engel behütet. Aber die Übertreter des Gesetzes können nicht mit Schutz rechnen. Wenn sie auch nur eine göttliche Verordnung unbeachtet lassen, können nicht einmal Engel sie beschützen. („Patriarchen und Propheten", S. 233)

Mitten in der Zeit der Not – einer Not wie nie zuvor, seitdem es Völker gibt – werden seine Auserwählten unerschütterlich standhalten. Mit all seinem bösen Heer kann Satan nicht einmal die Schwächsten der Heiligen Gottes verderben. Engel, starke Helden, werden sie schützen, und um ihretwillen wird sich der Herr als „Gott aller Götter" (Da 11,36) offenbaren, der diejenigen, die sich ihm anvertraut haben, wirklich retten kann. („Propheten und Könige", S. 359)

Satans Täuschungsmanöver

Zu dieser Zeit wird der Antichrist als der wahre Christus erscheinen, und das Gesetz Gottes wird von den Völkern dieser Erde vollkommen außer Kraft gesetzt werden. Die Rebellion gegen Gottes heiliges Gesetz wird voll zur Entfaltung kommen. Aber der wirkliche Anführer dieser Rebellion ist Satan selbst, verkleidet als Engel des Lichts.

Die Menschen werden irregeführt werden, ihn an die Stelle Gottes setzen und ihn vergöttern. Aber der allmächtige Gott wird eingreifen, und über die abgefallenen Kirchen, die sich in der Erhöhung Satans einig waren, wird das Urteil gesprochen: „Darum werden ihre Plagen an einem Tag kommen: Tod, Trauer und Hunger, und mit Feuer wird sie verbrannt werden; denn stark ist der Herr, Gott, der sie gerichtet hat." (Offb 18,8) („Testimonies to Ministers and Gospel Workers", S. 62)

Verkleidet als Engel des Lichts, wird er (Satan) auf der Erde als Wundertäter auftreten. Mit einer sehr schönen Sprache wird er hochtrabende Gefühlsregungen bewirken. Er wird Gottes Worte reden und gute Werke tun. Er wird Christus fast perfekt darstellen, aber es gibt einen auffälligen Unterschied. Satan wird die Menschen von den Geboten Gottes abwenden. Aber trotzdem wird er die Gerechtigkeit so hervorragend nachmachen, daß er, wenn es zugelassen würde, sogar die Auserwählten, verführen könnte. Gekrönte Häupter, Präsidenten und andere führende Persönlichkeiten werden sich seinen falschen Theorien beugen. („Review and Herald", 17. August 1897)

Man kann sich die Erfahrung der Kinder Gottes unmöglich vorstellen, die erleben, wie die himmlische Herrlichkeit mit der Wiederholung früherer Verfolgungen zusammentreffen wird. Sie werden in dem Licht wandeln, das vom Throne Gottes ausgeht. Durch die Engel Gottes wird eine beständige Verbindung zwischen Himmel und Erde unterhalten werden. Satan wiederum, von bösen Engeln umgeben, wird behaupten, Gott zu sein, und Wunder aller Arten wirken, um, wo es möglich wäre, auch die Auserwählten zu verführen. Gottes Kinder werden dann ihre Sicherheit nicht im Wunderwirken finden, da Satan alle Wunder, die geschehen werden, nachahmen wird. („Aus der Schatzkammer der Zeugnisse", Bd. 3, S. 243)

Satan bereitet seine Täuschung so gut vor, daß bei seinem letzten Angriff auf sie selbst die Kinder Gottes nicht erkennen könnten, daß er es ist. „Und das ist auch kein Wunder, denn Satan verwandelt sich in einen Engel des Lichts." ... Satan wird seine ganze Kraft einsetzen, um das Volk Gottes zu quälen, zu versuchen und zu verführen. („Review and Herald", 13. Mai 1862)

Satan ... wird in der Gestalt von Jesus Christus erscheinen und erstaunliche Wunder wirken; und die Menschen werden niederfallen und ihn als Christus anbeten. Man wird uns dann dazu auffordern, dieses Wesen, das die Welt als Jesus Christus bejubeln wird, anzubeten. Was sollen wir tun? – Wir müssen ihnen sagen, daß uns der Herr vor einem solchen Widersacher gewarnt hat, der der Menschen schlimmster Feind ist, auch wenn er sich als Gott ausgibt. („Review and Herald", 18. Dezember 1888)

Es kommt eine Zeit, in der Satan vor euren Augen Wunder wirken und behaupten wird, er sei Christus; und wenn ihr dann nicht fest in der Wahrheit Gottes gegründet seid, werdet ihr den Boden unter den Füßen verlieren. („Review and Herald", 3. April 1888)

In den letzten Tagen wird er (Satan) auf eine solche Weise erscheinen, die den Menschen glauben machen soll, es handle sich um die Wiederkunft Christi. Er wird sich tatsächlich in einen Engel des Lichts verwandeln, aber auch wenn er Christus genau nachmacht, soweit es das äußere Erscheinungsbild betrifft, wird er, abgesehen von den Menschen, die der Wahrheit widerstehen, niemanden betrügen können. („Testimonies", Bd. 5, S. 698)

Böse Engel sind die Anstifter der Verfolgung

Satan arbeitet unterschwellig daran, die höllischen Mächte seiner Verschwörung des Bösen gegen die Gerechten aufzuwiegeln. Er stattet seine menschlichen Hilfskräfte mit seinen eigenen Eigenschaften aus. Böse Engel werden mit schlechten Menschen zusammenwirken, um zu quälen, zu verfolgen und zu zerstören. („The Upward Look", S. 262)

Mit jeder Verwerfung der Wahrheit werden die Gemüter des Volkes finsterer und die Herzen hartnäckiger werden, bis sie hinter einer ungläubigen Dreistigkeit verschanzt sind. Den von Gott gegebenen Warnungen zum Trotz verhöhnen sie weiterhin eines der Zehn Gebote, bis sie dahin kommen, die zu verfolgen, die es heilighalten. Christus wird durch die Geringschätzung, mit der man sein Wort und sein Volk behandelt, für nichts geachtet. Wenn die Lehren des Spiritismus von den Kirchen angenommen werden, fällt die dem fleischlichen Herzen auferlegte Schranke, und das etwaige Religionsbekenntnis wird zum Deckmantel der niedrigsten Sünde.

Der Glaube an spiritistische Offenbarungen öffnet verführerischen Geistern und Lehrern der Teufel die Tür, und auf diese Weise wird der Einfluß der bösen Engel in den Kirchen spürbar. („Der große Kampf", S. 604.605)

Diese Szenen von Verrat, Ablehnung und Kreuzigung wurden in der Vergangenheit schon oft wiederholt und werden sich in vielfältiger Weise erneut wiederholen. Die Menschen werden erfüllt sein mit den Eigenschaften Satans. Die Verführungen des Erzfeindes von Gott und Menschen werden große Macht haben. („Selected Messages", Bd. 3, S. 415)

Ein dämonischer Geist wird von den Menschen in unserer Welt Besitz ergreifen ... Dämonische Intelligenz ... wird von den Menschen Besitz ergreifen und das Ebenbild Gottes im Menschen zerstören, denn ... (Menschen) sind nicht in der Lage das Gewissen ihres Bruders zu beherrschen und ihn zur Untreue gegenüber Gottes Geboten zu zwingen. („The Upward Look", S. 285)

Als die Heiligen die Städte und Dörfer verließen, wurden sie von den Gottlosen verfolgt, die danach trachteten, sie zu töten. Aber die Schwerter, die gegen das Volk Gottes erhoben wurden, brachen und fielen machtlos wie ein Strohhalm nieder. Engel Gottes beschützten die Heiligen. („Frühe Schriften von Ellen G. White", S. 272)

In den Tagen der heftigsten Prüfung wird Christus sagen: „Kommt mein Volk, zieht euch zurück in eure Kammern und schließt hinter euch die Tür; versteckt euch, wenn es auch nur für eine kurze Zeit ist, bis die Empörung vorbei ist." Was sind diese Kammern, in denen sie sich verstecken sollen? Sie sind der Schutz, den uns Christus und seine heiligen Engel gewähren. Die Gläubigen werden sich zu dieser Zeit nicht alle an einem Ort aufhalten. Sie werden sich in verschiedenen Gruppen in allen Teilen der Welt befinden. („Historical Sketches of SDA Foreign Missions", S. 158)

Während der letzten Ereignisse der Weltgeschichte, wenn die Gewalt in allen Bereichen dieser Erde zunimmt, erwartet der Herr von uns eine ganz besondere Wachsamkeit, die nie nachlassen darf. Aber wir müssen nicht alleine kämpfen. Inmitten der zunehmenden Gefahren werden die Menschen, die sich demütig an Gott halten und sich nicht auf ihre eigene Klugheit verlassen, Engel um sich haben, die ihnen helfen und sie beschützen. In Zeiten besonderer Bedrängnis dürfen sie sich auf den Beistand der Macht Gottes verlassen. („Review and Herald", 25. April 1907)

Während der Nacht wurde mir ein beeindruckendes Bild gezeigt: Es schien ein großes Durcheinander zu herrschen und Armeen bekämpften sich. Ein Bote Gottes stand vor mir und sagte: „Rufe deine Hausbewohner zusammen. Ich werde euch führen, folgt mir!" Er führte uns dann einen dunklen Weg entlang, durch einen Wald, dann durch zerklüftete Berge, und sagte dann zu uns: „Hier seid ihr sicher."

Da waren noch andere, die man zu diesem Versteck gebracht hatte. Der himmlische Bote sagte: „Die Zeit der Trübsal ist gekommen wie ein Dieb in der Nacht, genauso wie es der Herr euch vorhergesagt hat." („Maranatha", S. 270)

Satans Erscheinung nach dem Ende der Gnadenzeit

Je kürzer die Zeit wird, desto größer wird Satans Zorn, und in der Zeit der Trübsal erreichen sein Betrug und seine Zerstörungswut ihren Höhepunkt. Gottes Geduld ist zu Ende. Die Welt hat sein Gnadenangebot und seine Liebe abgelehnt und sein Gesetz mit Füßen getreten. Die Gottlosen haben es zu weit getrieben, ihre Bewährungsfrist ist vorüber. Der Herr zieht seinen Schutz von ihnen zurück und überläßt sie auf Gedeih und Verderb dem Anführer, den sie sich selbst erwählt haben ...

Als krönenden Abschluß des großen Täuschungsschauspiels, wird Satan versuchen, als Christus zu erscheinen. Die (christliche) Kirche hat sich lange dazu bekannt, daß die Wiederkunft des Erlösers der Inbegriff ihrer Hoffnung ist. Nun wird der große Betrüger so tun, als sei Christus wiedergekommen. In verschiedenen Teilen der Erde wird Satan den Menschen als majestätisches Wesen erscheinen, umgeben von blendendem Glanz, ähnlich der Beschreibung des Sohnes Gottes in der Offenbarung des Johannes. Eine solche Herrlichkeit, wie sie Satan umgibt, haben menschliche Augen noch nie gesehen, und dann erklingt der Siegesruf: „Christus ist gekommen! Christus ist gekommen!"

Die Menschen werfen sich voll Bewunderung vor ihm nieder, und er hebt seine Hand und spricht einen Segen über sie, genauso wie Christus seine Anhänger segnete, als er auf dieser Erde war. Seine Stimme ist sanft und ruhig, und doch sehr melodisch. In sanftem, liebevollem Ton benutzt er Worte unseres Erlösers. Er heilt Kranke, und dann behauptet er als vorgeblicher Christus, daß er den Sabbat auf den Sonntag verlegt habe und befiehlt, daß der Tag gehalten werden soll, auf den er seinen Segen gelegt habe. Er erklärt, daß diejenigen, die darauf beharrten, den siebten Tag heilig zu halten, Lästerung begingen, weil sie nicht auf die Engel hörten, die mit Wahrheit und Erkenntnis zu ihnen gesandt wurden. Das ist ein starker, nahezu überwältigender Betrug. („The Spirit of Prophecy", Bd. 4, S. 441.442)

Satan erkennt, daß er im Begriff ist, seine Sache zu verlieren. Er vermag nicht die ganze Welt unter seine Herrschaft zu bringen. So unternimmt er einen letzten verzweifelten Versuch, die Gläubigen durch Betrug zu besiegen, indem er fälschlich die Gestalt Christi annimmt. Zu diesem Zweck kleidet er sich mit den königlichen Gewändern, wie sie in der Vision des Johannes beschrieben sind. Er hat die Macht, dies zu tun. Dann erscheint er als der wiederkommende Christus seinen irregeführten Nachfolgern, der christlichen Welt, die nicht die Liebe zur Wahrheit hegt, sondern an Ungerechtigkeit (Übertretung des Gesetzes) Gefallen hat.

Er gibt sich als Christus aus, und man glaubt, er sei es tatsächlich, ein herrliches, majestätisches Wesen, angetan mit Würde und durch seine sanfte Stimme und seine angenehmen Worte herrlicher als irgend etwas, was ihre sterblichen Augen je gesehen haben. Dann stimmen seine getäuschten und irregeführten Nachfolger in einen Siegesschrei ein: „Christus ist zum zweiten Mal gekommen!

Christus ist gekommen! Er hat genau so seine Hände erhoben, wie er es tat, als er auf der Erde lebte, und uns gesegnet." ... Die Gläubigen sehen dies mit Verwunderung. Werden sie sich auch täuschen lassen? Werden sie Satan anbeten? Engel Gottes umgeben sie. Eine feste, wohlklingende Stimme ist zu hören: „Erhebt eure Häupter."

Die Betenden hatten nur eines vor Augen gehabt – die endgültige und ewige Rettung ihrer Seelen. Daran hatten sie immer gedacht – daß denen unsterbliches Leben zugesagt ist, die bis zum Ende beharren. Ernsthaft und innig war ihr Sehnen danach gewesen. Das Weltgericht und die Ewigkeit standen nun unmittelbar bevor. Ihre Augen waren durch ihren Glauben an den leuchtenden Thron geheftet gewesen, vor dem die weißgekleideten Erlösten stehen sollten. Dies hatte sie davon abgehalten, Schuld auf sich zu laden ...

Ein weiterer Schritt, dann kommt es zur letzten Täuschung durch Satan. Er hört den unablässigen Ruf nach Christus, der kommen und die Gläubigen retten soll. In seinem letzten Versuch gibt er sich selbst als Christus aus und will sie glauben machen, ihre Gebete wären erhört. („Christus kommt bald", S. 117.118)

Die Engel und das Todesurteil

Würden den Menschen die Augen geöffnet, sie erblickten Scharen von starken Engeln, die um jene lagern, welche das Wort der Geduld Christi bewahrt haben. In mitfühlender Besorgnis haben die Engel ihren Jammer gesehen und ihre Gebete gehört. Sie hoffen auf das Wort ihres Gebieters, um sie aus der Gefahr herauszureißen. Sie müssen jedoch noch ein wenig warten. Die Kinder Gottes müssen den Kelch trinken und mit der Taufe getauft werden. Gerade die für sie so quälende Verzögerung ist die beste Antwort auf ihre Bitten. Indem sie vertrauensvoll auf den Herrn warten, daß er wirke, kommen sie dahin, Glauben, Hoffnung und Geduld zu üben, die sie in ihrem religiösen Leben zu wenig geübt haben ...

Der ihnen anvertrauten Aufgabe getreu, wachen die himmlischen Wächter auch in Zukunft. Obwohl ein allgemeines Gebot die Zeit bestimmt hat, da diejenigen, die Gottes Gebote halten, umgebracht werden sollen, so werden doch ihre Feinde in manchen Fällen dem Erlaß zuvorkommen wollen und versuchen, sie zu töten. Aber niemand kann an den mächtigen Wächtern vorbeikommen, die jede Seele bewahren. („Der große Kampf", S. 631)

Gott greift ein, wenn die Gottlosen versuchen, Gottes Volk umzubringen

Gottes Kinder, deren etliche in Gefängniszellen leben, etliche in den einsamen Schlupfwinkeln der Wälder und Berge verborgen sind, erflehen noch immer göttlichen Schutz, während überall bewaffnete Männer, angetrieben von Scharen böser Engel, Vorkehrungen für das Werk des Todes treffen. Jetzt, in der Stunde äußerster Gefahr, wird der Gott Israels einschreiten, um seine Auserwählten zu erretten ...

Es ist mitten in der Nacht, da Gott seine Macht zur Befreiung seines Volkes offenbart. Die Sonne wird sichtbar und leuchtet in voller Kraft. Zeichen und Wunder folgen rasch aufeinander. Die Gottlosen schauen erschreckt und bestürzt auf diese Vorgänge, während die Gerechten mit feierlicher Freude die Zeichen ihrer Befreiung betrachten ...

Dunkle, schwere Wolken steigen auf und stoßen gegeneinander. Mitten an dem aufgewühlten Himmel ist eine Stelle von unbeschreiblicher Herrlichkeit, von wo aus die Stimme Gottes dem gewaltigen Rauschen vieler Wasser gleich ertönt ...

Jene Stimme erschüttert die Himmel und die Erde. Es erhebt sich „ein großes Erdbeben, wie solches nicht gewesen ist, seit Menschen auf Erden gewesen sind, solch Erdbeben also groß" (Offb 16,17.18). Der Himmel scheint sich zu öffnen und zu schließen. Die Herrlichkeit vom Thron Gottes blitzt hindurch. Die Berge erbeben gleich einem Rohr im Winde, und zerrissene Felsen werden überallhin zerstreut. Es erhebt sich ein Geheul wie von einem heranziehenden Sturm. Das Meer wird aufgewühlt. Man hört das Brüllen des Orkans, dem Schrei der Dämonen gleich, wenn sie sich zur Zerstörung aufmachen. Die ganze Erde hebt und senkt sich wie die Wogen des Meeres; ihre Oberfläche bricht auf; selbst ihre Grundfesten scheinen zu weichen. Bergketten versinken. Bewohnte Inseln verschwinden ...

Wütende Blitze zucken vom Himmel und hüllen die Erde in ein Flammenmeer. Lauter als das schreckliche Grollen des Donners ertönen geheimnisvolle, furchterregende Stimmen und verkünden das Schicksal der Gottlosen ...

Seelen, die kurz zuvor noch so sorglos, so prahlerisch und herausfordernd waren, so frohlockend in ihrer Grausamkeit gegen das die Gebote haltende Volk Gottes, sind jetzt vor Bestürzung überwältigt und beben vor Furcht. Ihre Wehrufe übertönen das Getöse der Elemente. Dämonen anerkennen die Gottheit Christi und zittern vor seiner Macht, während die Menschen um Gnade flehen und vor Schrecken im Staube kriechen. („Der große Kampf", S. 635-638)

Die Wiederkunft Christi

Christus kommt mit großer Macht und Herrlichkeit: mit seiner eigenen Herrlichkeit und der seines Vaters. Alle heiligen Engel werden ihn begleiten. Auch wenn die ganze Welt in Finsternis versunken ist, wird es doch in der Umgebung der Heiligen licht sein. Auf sie werden die ersten Strahlen der Wiederkunft fallen ... („Bilder vom Reiche Gottes", S. 365)

Bald wurden unsere Augen nach Osten gerichtet, wo eine kleine schwarze Wolke erschien, etwa halb so groß wie eines Menschen Hand. Wir alle wußten, daß dies das Zeichen des Menschensohnes war. In feierlichem Schweigen schauten wir alle nach der Wolke, wie sie näher kam und immer heller, strahlender und herrlicher wurde, bis sie eine große, weiße Wolke war. Der Grund erschien wie Feuer. Über der Wolke war ein Regenbogen, und sie war umgeben von zehntausend Engeln, die ein sehr liebliches Lied sangen. Auf der Wolke saß des Menschen Sohn. („Frühe Schriften von Ellen G. White", S. 14)

Es gibt keine menschliche Sprache, die ausreichen würde, um die Wiederkunft Christi in den Wolken des Himmel richtig zu beschreiben ... Er wird in ein Gewand aus Licht gekleidet sein, das er seit den Tagen der Ewigkeit getragen hat. („Review and Herald", 5. September 1899)

Ein Gefolge von heiligen Engeln mit glitzernden Kronen auf ihren Köpfen begleitetet ihn auf seinem Weg. („Spiritual Gifts", Bd. 1, S. 206.207)

Während die Erde schwankt, die Blitze zucken und der Donner grollt, ruft die Stimme des Sohnes Gottes die schlafenden Heiligen hervor. Er blickt auf die Gräber der Gerechten und ruft, seine Hand zum Himmel erhebend: „Erwachet, erwachet, erwachet! die ihr im Staube schlaft, stehet auf!" ...
Alle kommen in derselben Größe aus ihren Gräbern, wie sie hineingelegt wurden. Adam, der mitten unter der auferstandenen Schar steht, ist von erhabener Höhe und majestätischer Gestalt, nur wenig kleiner als der Sohn Gottes. An ihm wird ein auffallender Gegensatz zu den späteren Geschlechtern deutlich; in dieser einen Beziehung sieht man die tiefgehende Entartung des Menschengeschlechts. Alle aber stehen auf in der Frische und Kraft ewiger Jugend ... Die sterbliche, vergängliche, anmutlose, einst mit Sünde befleckte Gestalt wird vollkommen, schön und unsterblich. Aller Fehler und Gebrechen bleiben im Grabe. („Der große Kampf", S. 643.644)

Er (Christus) starb für uns und wurde für uns auferweckt, damit wir aus dem Grabe auferstehen können, um uns mit himmlischen Engeln zu vereinen und unsere Lieben wiederzusehen. Wir werden sie wiedererkennen, denn die Christusähnlichkeit verändert nicht ihr Aussehen, sondern verwandelt nur ihre Gestalt in sein wunderbares Ebenbild. Alle Gläubigen werden dort ihre Familienangehörigen wiedererkennen. („Selected Messages", Bd. 3, S. 316)

Die lebenden Gerechten werden „plötzlich, in einem Augenblick", verwandelt. Beim Ertönen der Stimme Gottes wurden sie verherrlicht; nun empfangen sie Unsterblichkeit und werden mit den auferstandenen Heiligen dem Herrn in der Luft entgegengerückt. Die Engel werden „versammeln seine Auserwählten von den vier Winden, von dem Ende der Erde bis zum Ende des Himmels." (Mk 13,27) Kleine Kinder werden von den heiligen Engeln in die Arme der Mütter getragen. („Der große Kampf", S. 644.645)

Wenn die kleinen Kinder unsterblich aus ihren staubigen Betten auferstehen, werden sie sofort in die Arme ihrer Mütter fliegen. Sie werden sich wiedersehen, um sich nie wieder zu trennen. Aber viele von den Kleinen haben dort keine Mutter mehr, und wir werden vergeblich auf den Freudengesang ihrer Mütter warten. Die Engel nehmen sich solcher Kinder an und bringen sie zum Baum des Lebens. („The Youth's Instructor", 1. April 1858)

Freunde, die der Tod lange Zeit getrennt hatte, werden wieder zusammengeführt, um nie mehr scheiden zu müssen, und gemeinsam steigen sie unter Freudengesängen auf zu der Stadt Gottes.

Auf jeder Seite des Wolkenwagens befinden sich Flügel, und unter ihm lebendige Räder. Wenn der Wagen aufwärts rollt, rufen die Räder: „Heilig!", und die Flügel rufen bei ihren Bewegungen: „Heilig!", und das Gefolge der Engel ruft: „Heilig, heilig, heilig ist Gott der Herr, der Allmächtige!" Und die Erlösten rufen: „Halleluja!", während sich der Wagen aufwärts nach dem neuen Jerusalem hin bewegt. („Der große Kampf", S. 645)

Wir traten alle gemeinsam auf die Wolke und wurden sieben Tage aufwärts getragen zum gläsernen Meer, wo Jesus die Kronen brachte und sie mit seiner Rechten eigenhändig auf unsere Häupter setzte. Er gab uns goldene Harfen und Siegespalmen. („Frühe Schriften von Ellen G. White", S. 15)

Reihen von Engeln stehen auf beiden Seiten, und die Erretteten Gottes gehen vorbei an den Cherubim und Seraphim. Christus heißt sie willkommen und segnet sie: „Kommt ihr frommen und getreuen Knechte, geht ein zu eures Herrn Freude." („The Bible Commentary", Bd. 6, S. 1093)

Satan und seine bösen Engel werden auf diese Erde verbannt

Die ganze Erde sieht aus wie eine verlassene Wildnis. Die Ruinen der Städte und Dörfer, die durch Erdbeben zerstört wurden, entwurzelte Bäume, grobe Felsbrocken, die von der See an Land gespült wurden oder aus der Erde hervorgebrochen waren, sind überall über das Land verstreut und dort, wo die Berge aus ihrer Verankerung gerissen worden waren, klaffen große Krater. Hier wird Satan mit seinen Engeln tausend Jahre lang wohnen. Hier wird er dazu verurteilt, über den Boden der verwüsteten Erde zu wandern, immer vor Augen, was er mit seiner Rebellion gegen das Gesetz Gottes angerichtet hat. Tausend Jahre lang kann er die Früchte des Fluches, den er verursacht hat, genießen. Er wird an die Erde gebunden sein und nicht mehr das Recht haben, andere Planeten aufzusuchen, jemanden zu versuchen oder die Menschen, die nicht gefallen sind, anzugreifen. („The Spirit of Prophecy", Bd. 4, S. 474.475)

Durch sein eigenes Handeln hat sich Satan selbst eine Kette geschmiedet, durch die er nun gebunden wird ... Alle nicht in Sünde gefallenen Wesen sind sich darin einig, daß das Gesetz Gottes unveränderlich ist. Sie unterstellen sich der Herrschaft dessen, der seinen eigenen Sohn nicht verschont hat, um die Sünder zu retten. Sein Gesetz hat sich als einwandfrei erwiesen und seine Herrschaft ist für immer gesichert. („The Signs of the Times", 27. August 1902)

Diese Einöde soll tausend Jahre lang die Heimat Satans mit seinen bösen Engeln sein. Auf die Erde beschränkt, wird er keinen Zugang zu anderen Welten haben, um die zu versuchen und zu belästigen, die nie gefallen sind. In diesem Sinne ist er gebunden. („Der große Kampf", S. 657)

Ich hörte Triumphgesänge der Engel und der erlösten Heiligen, die wie zehntausend Musikinstrumente klangen, denn nie wieder sollten sie von Satan geplagt oder versucht werden. Auch die Bewohner anderer Welten waren von seiner Gegenwart und seinen Versuchungen befreit. („Frühe Schriften von Ellen G. White", S. 277.278)

Kapitel 21

Engel in der Ewigkeit

Wie es im Himmel sein wird

Danach sah ich eine große Anzahl Engel, die aus der Stadt herrliche Kronen brachten, für jeden Heiligen eine Krone, mit seinem Namen darauf geschrieben. Als Jesus nach den Kronen verlangte, überreichten sie ihm die Engel. Mit seiner eigenen rechten Hand setzte der teure Jesus die Kronen auf die Häupter der Heiligen. Die Engel brachten auch Harfen hervor. Jesus überreichte sie ebenfalls den Heiligen. Der befehlende Engel schlug zuerst den Ton an. Dann erhoben sich alle Stimmen in dankerfülltem, freudigem Lobgesang. Jede Hand strich geschickt über die Saiten der Harfe und spielte melodische Musik in herrlichen, vollkommenen Tönen. Dann sah ich, wie Jesus die erlöste Schar zum Tor der Stadt führte. Er nahm das Tor, schwang es in seinen glänzenden Angeln zurück und bat die Völker, die die Wahrheit gehalten hatten, einzutreten. („Frühe Schriften von Ellen G. White", S. 275)

Aus dem Munde des Königs der Herrlichkeit werden sie den Segen hören, und es wird wie Musik in ihren Ohren klingen: „Kommt her zu mir, ihr Gesegneten meines Vaters, ererbt das Reich, das für euch bereit ist seit Anbeginn der Welt." So werden die Erlösten willkommen geheißen in den Wohnungen, die Jesus für sie vorbereitet. Sie werden sich nicht mehr in schlechter, weltlicher Gesellschaft befinden, sondern umgeben sein von Menschen, die mit göttlicher Hilfe einen vollkommenen Charakter entwickelt haben. Jede sündhafte Neigung, jede Unvollkommenheit wurde von ihnen genommen durch das Blut Christi, und seine Vollkommenheit und der Glanz seiner Herrlichkeit, die heller leuchtet als die Sonne zur Mittagszeit, wird ihnen dafür gegeben. Die Reinheit und Vollkommenheit seines Wesens wird durch sie erstrahlen, und das alles ist viel mehr Wert als äußerliche Pracht. Sie stehen ohne Sünde vor dem großen weißen Thron und haben nun den gleichen Rang und die gleichen Vorzüge wie die Engel. („The Watchman", 31. März 1908)

Die Erlösten werden dann auch jene treffen und kennenlernen, deren Aufmerksamkeit sie auf den Erlöser gerichtet haben. Das werden gesegnete Gespräche sein! Einer wird sagen: „Ich war ein Sünder ohne Gott und ohne Hoffnung in der Welt, und dann kamst du und hast in mir das Interesse für unseren wunderbaren Heiland geweckt, der meine einzige Hoffnung wurde ..." Andere werden sagen: „Ich war ein Heide in einem heidnischen Land. Du hast dein bequemes Zuhause verlassen, bist gekommen und hast mich gelehrt, Jesus zu finden und an ihn zu glauben als den einzig wahren Gott. Ich habe meine Götzen vernichtet und Gott angebetet, und jetzt darf ich ihn sehen von Angesicht zu Angesicht, für immer, denn ich bin errettet, errettet für die Ewigkeit und darf hier sein, wo der ist, den ich liebe ...

Wieder andere werden denen danken, die den Hungernden zu Essen gaben und die Nackten kleideten. „Als die Verzweiflung meine Seele in Unglauben gefangen hielt, sandte dich der Herr zu mir," werden sie sagen, „und du hast mich getröstet und mir Hoffnung gegeben. Du hast dich um meine körperlichen Bedürfnisse gekümmert und mir Essen gebracht; und du hast mir den Zugang zum Wort Gottes ermöglicht, hast mein geistliches Interesse geweckt. Du bist mir wie ein Bruder begegnet. Du hast mir in meinem Elend Mitgefühl gezeigt und meine verletzte Seele geheilt, so daß ich die Hand Christi, die er mir entgegenstreckte, um mich zu erlösen, ergreifen konnte. Ich wußte nichts, aber du hast mich geduldig gelehrt, daß ich einen Vater im Himmel hatte, der sich um mich sorgte. Du hast mir die wunderbaren Hoffnungsangebote des Wortes Gottes vorgelesen. Du hast mir den Glauben vermittelt, daß er mich erlösen werde. Mein Herz wurde besänftigt, demütig und unendlich traurig, als ich begriff, welches Opfer Christus für mich gebracht hatte ... Jetzt bin ich hier, gerettet für alle Ewigkeit. Ich darf für immer in seiner Gegenwart leben und den loben und preisen, der sein Leben für mich gab."

Welch eine Freude wird da herrschen, wenn die Erlösten jene Menschen wiedersehen und begrüßen, die sich so um sie bemüht haben! („Review and Herald", 5. Januar 1905)

Wenn sie [die Jugendlichen] Christus annehmen und an ihn glauben, werden sie in eine enge Beziehung zu ihm geführt. Er gibt ihnen Macht, Söhne (Kinder) Gottes zu werden und Kontakt zu haben mit den höchsten Würdenträgern des Himmels, mit Gabriel, mit Cherubim und Seraphim, mit Engeln und Erzengeln. „Und er zeigte mir einen Strom lebendigen Wassers, klar wie Kristall, der ausgeht von dem Thron Gottes und des Lammes; mitten auf dem Platz und auf beiden Seiten des Stromes Bäume des Lebens, die tragen zwölfmal Früchte, jeden Monat bringen sie ihre Frucht, und die Blätter der Bäume dienen zur Heilung der Völker. Und es wird nichts Verfluchtes mehr sein. Und der Thron Gottes und des Lammes wird in der Stadt sein, und seine Knechte werden ihm dienen und sein Angesicht sehen, und sein Name wird an ihren Stirnen sein. Und es wird keine Nacht mehr sein, und sie bedürfen keiner Leuchte und nicht des Lichts der Sonne; denn Gott der Herr wird sie erleuchten, und sie werden regieren von Ewigkeit zu Ewigkeit." (Offb 22,1-5) („Spaulding and Magan Collection", S. 52)

Erst wenn wir das Walten Gottes im Lichte der Ewigkeit betrachten, werden wir begreifen, was wir der Fürsorge und dem Eingreifen seiner Engel zu verdanken haben. Himmlische Wesen haben tätigen Anteil an den Angelegenheiten der Menschen genommen. („Erziehung", S. 278)

In unserem zukünftigen Leben werden wir Dinge begreifen, die uns hier aufs Äußerste verwunderten. Dort werden wir erfahren, welch einen starken Helfer wir hatten, und wie oft Gott uns seine Engel sandte, wenn wir uns an die Empfehlungen des Wortes Gottes hielten. („The Signs of the Times", 3. Januar 1908)

In der zukünftigen Welt wird Christus die Erlösten an den Strom des Leben führen und ihnen wunderbare Erkenntnisse vermitteln. Er wird ihnen die Geheimnisse der Natur öffnen. Sie werden erkennen, daß es seine Herrscherhand ist, die die Welten in ihrer Position hält. Sie werden sehen, wie begabt der große Maler den Blumen des Feldes ihre Farben gibt, und sie werden die guten Absichten des gnädigen Vaters begreifen, von dem alles Licht ausgeht. Gemeinsam mit den Engeln werden die Erlösten einstimmen in dankbare Lobgesänge für die unendliche Liebe, die Gott einer undankbaren Welt entgegengebracht hat.

Dann wird man verstehen, was es bedeutet, daß Gott die Welt so geliebt hat, „daß er seinen einzigen Sohn gab, damit alle, die an ihn glauben nicht verloren werden, sondern das ewige Leben haben". („Review an Herald", 3. Januar 1907)

Wenn der Sohn Gottes auf die Erben der Gnade schaut, „schämt er sich auch nicht, sie Brüder zu heißen" (Hbr 2,11). Ihr Verhältnis zu Gott ist geheiligter als das der Engel, die nie gefallen sind. („Aus der Schatzkammer der Zeugnisse", Bd. 2, S. 304)

Durch die Macht seiner Liebe und durch Gehorsam wird der gefallene Mensch, der vorher wie ein Wurm im Staub war, umgewandelt, damit er ein Mitglied der himmlischen Familie werden und ewige Zeiten mit Gott, Christus und den heiligen Engeln leben kann. Der Himmel triumphiert, weil die Lücken, die durch Satan und seine gefallenen Engel entstanden sind, wieder gefüllt werden durch die Erlösten des Herrn. („The Upward Look", S. 61)

Gott erschuf den Menschen zu seiner eigenen Verherrlichung, damit das Menschengeschlecht nach Prüfung und Versuchung sich mit der himmlischen Familie vereinen kann. Es war die Absicht Gottes, den Himmel mit den Menschen, die sein Wort genau befolgen, wieder zu bevölkern. Adam wurde daraufhin geprüft, ob er gehorsam sein würde wie die heiligen Engel oder ungehorsam. („The Bible Commentary", Bd. 1, S. 1082)

Die Gefühle der Liebe und der Teilnahme, die Gott selbst in die Seele gepflanzt hat, werden sich dort in der edelsten und lieblichsten Weise betätigen. Der reine Umgang mit heiligen Wesen, das ungetrübte gesellige Leben mit den erhabenen Engeln und den Gottgetreuen aller Zeitalter, die ihre Kleider gewaschen und hell gemacht haben im Blut des Lammes, das heilige Band, das „alles, was da Kinder heißt im Himmel und auf Erden" (Eph 3,15), miteinander verbindet, wird zum Glück der Erlösten beitragen. („Der große Kampf", S. 676)

Das Gericht während des tausendjährigen Reichs

Während der tausend Jahre zwischen der ersten und der zweiten Auferstehung findet das Gericht über die Gottlosen statt. Daniel berichtet: „Bis der, der alt an Tagen war, kam und das Gericht den Heiligen des Höchsten gegeben wurde ..." (Da 7,22). Zu dieser Zeit regieren die Gerechten als Könige und Priester vor Gott. Johannes sagt in der Offenbarung: „Und ich sah Throne, und sie setzten sich darauf, und das Gericht wurde ihnen übergeben ... Sie werden Priester Gottes und Christi sein und mit ihm regieren tausend Jahre." (Offb 20,4.6)

Das ist die Zeit von der Paulus vorhersagte, daß die Gerechten die Welt regieren werden. Gemeinsam mit Christus werden sie über die Gottlosen zu Gericht sitzen, ihre Lebensweise mit dem Gesetzbuch, der Bibel, vergleichen und dann über jeden Fall entscheiden, entsprechend der Taten, die zu Lebzeiten begangen wurden. Auch über Satan und seine Engel wird Christus gemeinsam mit seinem Volk richten. („The Southern Watchman", 14. März 1905)

Das dritte Kommen Jesu

Am Ende der tausend Jahre kommt Christus wiederum auf die Erde. Die Schar der Erlösten und ein Gefolge von Engeln begleiten ihn. Während er in schreckenerregender Majestät herniedersteigt, befiehlt er den gottlosen Toten, aufzuerstehen, um ihr Urteil zu empfangen. Sie kommen hervor, eine mächtige Schar, zahllos wie der Sand am Meer. Welch ein Gegensatz zu denen, die bei der ersten Auferstehung erweckt wurden! Die Gerechten waren mit unsterblicher Jugend und Schönheit bekleidet; die Gottlosen aber tragen die Spuren der Krankheit und des Todes.

Jedes Auge in dieser ungeheuer großen Menge erblickt die Herrlichkeit des Sohnes Gottes, und einstimmig rufen diese gottlosen Scharen aus: „Gesegnet ist, der da kommt im Namen des Herrn!" Es ist nicht die Liebe zu Jesus, die sie diese Worte ausrufen läßt; die Kraft der Wahrheit nötigt die Worte ihren unwilligen Lippen ab. Wie die Gottlosen in ihre Gräber gingen, so kommen sie heraus, mit derselben Feindseligkeit gegen Christus, mit demselben Geist der Empörung. Ihnen wird keine neue Gnadenzeit zuteil, in der sie die Fehler ihres vergangenen Lebens wiedergutmachen können. Dadurch würde nichts gewonnen werden. Ein Leben voll Übertretungen hat ihre Herzen nicht gelöst, und sie brächten eine zweite Gnadenzeit, falls sie ihnen gewährt würde, wie die erste zu, indem sie Gottes Gebote mißachteten und zur Empörung gegen ihn anstifteten.

Christus kommt auf den Ölberg hernieder, von wo er nach seiner Auferstehung gen Himmel fuhr, und wo die Engel die Verheißung seiner Rückkehr wiederholten. Der Prophet sagt: „Da wird dann kommen der Herr, mein Gott, und alle Heiligen mir dir." „Und seine Füße werden stehen zu der Zeit auf dem Ölberge, der vor Jerusalem liegt gegen Morgen. Und der Ölberg wird sich mitten entzwei spalten ... sehr weit voneinander ... Und der Herr wird König sein über alle Lande. Zu der Zeit wird der Herr nur einer sein und sein Name nur einer." (Sach 14,5.4.9) („Der große Kampf", S. 661.662)

Als wir nach oben blickten, sahen wir eine große, schöne Stadt auf zwölf Grundmauern und mit zwölf Toren, auf jeder Seite drei. An jedem Tor befand sich ein Engel. Wir riefen aus: „Die Stadt, die herrliche Stadt! Die Stadt Gottes kommt aus dem Himmel!" Und sie kam herab in all ihrer Pracht und Herrlichkeit und ließ sich nieder auf der großen Fläche, die Jesus für sie vorbereitet hatte. („Spiritual Gifts", Bd. 1, S. 213)

Nun bereitet sich Satan auf den letzten mächtigen Kampf um die Oberherrschaft vor. Seiner Macht beraubt und von seinem Werk der Täuschung abgeschnitten, war der Fürst des Bösen elend und niedergeschlagen; sind jedoch die gottlosen Toten auferweckt und sieht er die ungeheuer große Schar auf seiner Seite, kehrt seine Hoffnung zurück, und er ist entschlossen, den großen Kampf nicht aufzugeben ... Die Gottlosen sind Satans Gefangene ... Sie sind bereit, seinen Vorschlägen zu folgen und seine Befehle auszuführen. Seiner früheren Arglist getreu, gibt er sich jedoch nicht für Satan aus. Er behauptet, der Fürst, der rechtmäßige Eigentümer der Welt zu sein, dem das Erbe auf unrechtmäßige Weise entrissen wurde. Er stellt sich seinen betörten Untertanen als Erlöser vor und versichert ihnen, seine Macht habe sie aus ihren Gräbern hervorgebracht und er sei jetzt im Begriff, sie von der grausamsten Gewaltherrschaft zu befreien ... Er schlägt vor, sie gegen das Lager der Heiligen zu führen und die Stadt Gottes einzunehmen ...

Unter jener großen Menge befinden sich viele von dem langlebigen Geschlecht aus den Tagen vor der Sintflut ... Darunter sind Könige und Feldherrn, die Völker besiegten, tapfere Männer, die nie eine Schlacht verloren haben ...

Satan berät sich mit seinen Engeln und dann mit diesen Königen, Eroberern und mächtigen Männern. Sie betrachten die zahlenmäßige Stärke ihrer Seite und erklären, daß das Heer innerhalb der Stadt, verglichen mit dem ihren, klein sei und daß es überwunden werden könne. Sie arbeiten Pläne aus, um die Reichtümer und Herrlichkeiten des neuen Jerusalem zu gewinnen. Sofort beginnen alle, sich auf den Kampf vorzubereiten. Geschickte Handwerker stellen Kriegsgeräte her. Militärische Führer, einst berühmt wegen ihres Erfolges, ordnen die Scharen kriegstüchtiger Männer in Bataillone und Regimenter ...

Schließlich wird der Befehl zum Vorrücken gegeben, und die gewaltige Schar bewegt sich vorwärts ... Satan, der mächtigste der

Krieger, führt die Vorhut, und seine Engel sammeln ihre Heere zu diesem letzten Kampf. („Der große Kampf", S. 662.663)

Nun erscheint Christus wiederum angesichts der Feinde. Hoch über der Stadt auf einem Fundament aus schimmerndem Gold ist ein hehrer und erhabener Thron zu sehen. Auf diesem Thron sitzt der Sohn Gottes, umgeben von den Untertanen seines Reiches. („Der große Kampf", S. 663)

In Gegenwart der versammelten Bewohner der Erde und des Himmels findet die endgültige Krönung des Sohnes Gottes statt ... Er (Satan) hat gesehen, daß die Hand eines Engels von erhabener Gestalt und majestätischem Aussehen die Krone auf das Haupt Christi setzte, und er weiß, daß das hohe Amt dieses Engels sein Amt hätte sein können. („Der große Kampf", S. 664.668)

Das letzte Gericht

Mit höchster Majestät und Macht angetan, spricht dann der König der Könige das Urteil über die Empörer gegen seine Regierung und übt Gerechtigkeit an denen, die sein Gesetz übertreten und sein Volk unterdrückt haben ...

Sobald die Bücher geöffnet werden und Jesu Auge auf die Gottlosen schaut, sind sie sich jeder Sünde bewußt, die sie jemals begangen haben. Sie sehen dann, wo ihr Fuß vom Pfade der Reinheit und Heiligkeit abwich, wie weit Stolz und Empörung sie zur Übertretung des Gesetzes Gottes geführt haben ...

Über dem Thron wird das Kreuz sichtbar; und wie in einem Panorama erscheinen die Szenen der Versuchung und des Sündenfalls Adams sowie die aufeinanderfolgenden Schritte in dem großen Erlösungsplan. Des Heilands Geburt in Niedrigkeit, die Einfachheit und der Gehorsam seiner Jugend; seine Taufe im Jordan; ... sein öffentliches Lehramt; ... sein Verratenwerden in die Hände des mörderischen Haufens; ... der Sohn Gottes, von frohlockenden Menschen vor Hannas geführt, im Palast des Hohenpriesters vor Gericht gestellt, im Richthause des Pilatus und vor dem feigen und grausamen

Herodes verhöhnt, geschmäht, gegeißelt, und schließlich zum Tode verurteilt – alles ist lebendig dargestellt ... Und dann werden der zitternden Menge die letzten Ereignisse offenbart: der stille Dulder auf dem Weg nach Golgatha, der Fürst des Himmels am Kreuz ...

Das schreckliche Schauspiel erscheint vor ihren Augen, wie es einst geschah. Satan, seine Engel und seine Untertanen haben keine Macht, sich von der Darstellung ihres eigenen Wirkens abzuwenden. Jeder Beteiligte erinnert sich dessen, was er ausgeführt hat. („Der große Kampf", S. 664-666)

Es wird die Zeit kommen, in der sich alle verantworten müssen, vor den Engeln und vor ihren Mitmenschen. Es wird offenbar werden, wie sie wirklich waren. So wie ein Künstler ein menschliches Gesicht auf eine polierte Platte gravieren kann, wird ihr Charakter in den himmlischen Büchern festgehalten ... Im Gericht wird jeder genau so gesehen werden, wie er ist – entweder als Gottes Ebenbild oder gezeichnet von Abgötterei, Selbstsucht und Begehrlichkeit. („Manuscript Releases", Bd. 17, S. 288)

An dem Tag, an dem jeder das erhält, was ihm nach seinen Werken zusteht, werden auch die Übertreter einen kurzen Abriß ihres Lebens zu sehen bekommen. Es wird so sein, wie sie es selbst wollten. Was werden sie da wohl über sich denken? ...

Am Tage des Gerichts werden die Menschen sehen, was sie durch die Kraft Christi hätten werden können ... Sie kannten die Forderungen Gottes, aber sie weigerten sich die Bedingungen anzunehmen, die er in seinem Wort festgelegt hat. Sie haben sich selbst auf eine Beziehung mit den Dämonen eingelassen ...

Am Tag des Gerichts werden diese unbußfertigen Menschen dies alles erkennen. Eine Szene ihres Lebens nach der anderen wird vor ihnen ablaufen. So deutlich wie in der hellen Mittagssonne werden sie sehen, was aus ihnen hätte werden können, wenn sie sich für Gott statt gegen ihn entschieden hätten. An diesen Bildern kann man nichts mehr ändern. Ihr Fall ist für immer abgeschlossen ...

Und die gefallenen Engel, die über eine höhere Intelligenz verfügen als die Menschen, müssen erkennen, was sie angerichtet haben, indem sie ihre Macht dazu mißbrauchten, Menschen dazu zu verführen, sich für Betrug und Unrecht zu entscheiden. („The Upward Look", S. 203)

Aber nun ist die Zeit gekommen, da der Aufstand endgültig besiegt und die Geschichte und das Wesen Satans enthüllt werden sollen. Bei diesem letzten großen Bemühen, Christus zu entthronen, sein Volk zu vernichten und die Stadt Gottes einzunehmen, ist der Erzbetrüger völlig entlarvt worden. Alle, die sich mit ihm verbunden haben, erkennen das vollständige Mißlingen seiner Sache. Die Nachfolger Jesu Christi und die getreuen Engel begreifen den vollen Umfang seiner teuflischen Anschläge gegen die Herrschaft Gottes, und Satan ist das Ziel allgemeinen Abscheus.

Satan sieht, daß seine freiwillige Empörung ihn für den Himmel untauglich gemacht hat. Er hat seine Kräfte geschult, um Krieg gegen Gott zu führen; die Reinheit, der Friede und die Eintracht des Himmels würden ihm höchste Qual sein. Seine Anklagen gegen die Gnade und Gerechtigkeit Gottes sind verstummt. Der Vorwurf, den er dem Allmächtigen zu machen suchte, fällt völlig auf ihn selbst zurück. Und nun beugt Satan sich vor Gott und bekennt die Gerechtigkeit seiner Verurteilung ...

Jede Frage über Wahrheit und Irrtum in dem lang anhaltenden Kampf ist nun klargestellt worden ...

Obgleich Satan gezwungen worden ist, Gottes Gerechtigkeit anzuerkennen und sich vor der Gewalt Christi zu beugen, bleibt sein Charakter doch unverändert. Der Geist der Empörung bricht abermals gleich einem mächtigen Sturm hervor. Rasend vor Zorn, entschließt er sich, den großen Streit nicht aufzugeben. Die Zeit für das letzte verzweifelte Ringen mit dem König des Himmels ist gekommen. Er stürzt sich mitten unter seine Untertanen, versucht sie mit seiner eigenen Wut zu begeistern und zum sofortigen Kampf anzufeuern. Aber unter all den zahllosen Millionen, die er zur Empörung verführt hat, erkennt jetzt keiner seine Oberherrschaft an. Seine Macht ist zu Ende. Wohl sind die Bösen von dem gleichen Haß gegen Gott erfüllt wie Satan; aber sie sehen, daß ihre Lage hoffnungslos ist, daß sie über Gott nicht die Oberhand gewinnen können. Ihr Zorn entbrennt gegen Satan und alle jene, die bei den Betrügereien seine Werkzeuge gewesen sind, und mit der Wut von Dämonen wenden sie sich gegen diese ...

Feuer fällt vom Himmel hernieder. Die Erde spaltet sich ... Die Oberfläche der Erde scheint eine geschmolzene Masse zu sein ...

Sie werden „Stroh sein, und der künftige Tag wird sie anzünden, spricht der Herr Zebaoth" (Mal 3,19). Manche werden wie in einem Augenblick vertilgt, während andere tagelang leiden. Alle werden „nach ihren Werken" gestraft. Da die Sünden der Gerechten auf Satan gelegt wurden, muß er nicht nur für seine eigene Empörung leiden, sondern für alle Sünden, zu denen er das Volk Gottes verführt hat. Seine Strafe wird weit größer sein als die Strafe derer, die er getäuscht hat. Nachdem alle, die er betört hat, vernichtet sind, muß er noch weiter leben und leiden. In den reinigenden Flammen werden die Gottlosen ausgetilgt. („Der große Kampf", S. 669-672)

Durch ein Leben der Empörung stellten sich Satan und seine Verbündeten so völlig außerhalb der Übereinstimmung mit Gott, daß allein dessen heilige Gegenwart für sie ein verzehrend Feuer ist. („Das Leben Jesu", S. 766)

Das ganze Weltall wird Zeuge des Wesens und der Folgen der Sünde geworden sein, und ihre gänzliche Ausrottung, die, wäre sie gleich am Anfang geschehen, die Engel in Furcht versetzt und Gott Schande gebracht hätte, wird nun seine Liebe rechtfertigen und seine Ehre vor allen Geschöpfen des Weltalls erheben, deren größte Freude es ist, seinen Willen zu tun, und in deren Herzen sein Gesetz geschrieben steht. („Der große Kampf", S. 507)

Das Feuer, das die Gottlosen verzehrt, reinigt die Erde. Jede Spur des Fluches ist beseitigt. Keine ewig brennende Hölle wird den Erlösten die schrecklichen Folgen der Sünde vor Augen führen.

Nur ein Erinnerungszeichen bleibt bestehen: Unser Heiland wird stets die Male seiner Kreuzigung tragen. An seinem verwundeten Haupt, seinen Händen und Füßen zeigen sich die einzigen Spuren des grausamen Werkes, das die Sünde gewirkt hat. („Der große Kampf", S. 672.673)

Die Sünde ist eine geheimnisvolle, unerklärbare Sache. Es gibt keine Begründung für ihre Existenz, und wenn man versuchen wollte, sie zu erklären, käme das einer Rechtfertigung gleich. Die Sünde kam in ein vollkommenes Universum. Und sie erwies sich als äußerst unrecht und unentschuldbar. Ihr Ursprung oder ihre Entstehung ist unerklärlich und wird auch nicht erklärt werden können, nicht einmal am Jüngsten Tag, wenn das Gericht tagt und die Bücher geöffnet werden ... An diesem Tag wird für alle offensichtlich werden, daß es keinen Grund für die Sünde gibt und noch nie gegeben hat. Wenn Satan und seine Engel und alle Menschen, die erwiesenermaßen Übertreter des Gesetzes Gottes sind, endgültig abgeurteilt werden, wird niemand mehr etwas zu sagen wissen. Wenn die Heerscharen der Rebellion, vom ersten und größten Rebellen bis zum letzten Übertreter, gefragt werden, warum sie das Gesetz Gottes gebrochen haben, werden alle sprachlos ein. Es wird keine Antwort geben, keine Begründung, die wirklich Gewicht haben könnte. („The Signs of the Times", 28. April 1890)

Die Bewohner aller Welten werden überzeugt sein von der Gerechtigkeit des Gesetzes, der Beendigung der Rebellion und der endgültigen Abschaffung der Sünde ... Die Art und Weise, wie der Erlösungsplan aufgebaut ist, offenbart nicht nur den Menschen, sondern auch den Engeln das Wesen Gottes; und in alle Ewigkeit wird man den bösartigen Charakter der Sünde verstehen, aufgrund des Preises, den Vater und Sohn für die Erlösung der sündigen Menschheit bezahlt haben. In Christus, dem Lamm Gottes seit der Grundlegung der Welt, werden alle Welten von den Zeichen dieses Fluches wissen, und sowohl die Engel als auch die Menschen werden dem Erlöser Ehre und Anbetung darbringen, denn durch ihn werden sie alle vor (erneuter) Abtrünnigkeit bewahrt.

Die Wirksamkeit des Kreuzes bewahrt die erlösten Menschen vor der Gefahr eines weiteren Sündenfalls. Das Leben Christi und sein Tod entschleiern die Täuschungen Satans auf eine sehr wirkungsvolle Weise und widerlegen seine Ansprüche. Das Opfer, das Christus für eine gefallene Welt gebracht hat, macht ihn nicht nur für die Menschen anziehend, sondern auch für die Engel, und es entsteht eine unauflösliche Bindung. Durch den Erlösungsplan werden die Gerechtigkeit und die Gnade Gottes voll gerechtfertigt, und in alle Ewigkeit wird das Universum Gottes nie wieder angegriffen werden, es wird nie wieder eine Rebellion entstehen. („The Messenger", 7. Juni 1893)

Die neue Erde

Wenn Gott diese Erde reinigt, wird sie wie ein unendlicher Feuersee aussehen. Und so wie Gott die Arche bewahrte, weil sich acht gerechte Menschen in ihr befanden, wird er das neue Jerusalem, in dem sich die treuen Gläubigen aller Zeitalter aufhalten, bewahren ... Obwohl sich die ganze Erde, mit Ausnahme des Teils, auf dem die Stadt steht, in einem Inferno flüssigen Feuers befindet, wird die Stadt, so wie die Arche, durch ein Wunder der Allmacht Gottes bewahrt. Inmitten der tobenden Elemente steht sie unversehrt. („Spiritual Gifts", Bd. 3, S. 87)

Die neue Erde und unser ewiges Erbe

Er [Mose] sah die Erde, gereinigt durch Feuer und frei von jedem Makel der Sünde, jedem Zeichen des Fluches, völlig erneuert und für alle Ewigkeit in den Besitz der Gläubigen übergegangen. („Manuscript Releases", Bd. 10, S. 158)

Der Erlösungsplan wird selbst dann nicht völlig verstanden werden, wenn die Erlösten sehen, wie sie gesehen, und erkennen, wie sie erkannt werden; sondern durch alle Ewigkeit hindurch werden dem staunenden und entzückten Gemüt stets neue Wahrheiten offenbart werden. („Der große Kampf", S. 650)

Im Erlösungsplan gibt es Höhen und Tiefen, die unser Geist in aller Ewigkeit niemals voll durchdringen kann – Wunder, die die Engel zu schauen gelüstet. Von allen erschaffenen Wesen haben nur die Erlösten den Kampf mit der Sünde tatsächlich aus eigener Erfahrung kennengelernt. Sie haben mit Christus vereint gewirkt und sind – was selbst die Engel nicht vermochten – in die Gemeinschaft seiner Leiden eingegangen. Werden sie da etwa nichts über die Urgründe der Erlösung auszusagen haben – nichts, was ungefallenen Wesen von Wert sein könnte? („Erziehung", S. 281)

Im Erlösungsplan gibt es Geheimnisse, über die die Engel im Himmel unablässig staunen ... Als der Apostel Petrus von den Offenbarungen sprach, die den Propheten über „die Leiden" Christi „und die Herrlichkeit darnach" gegeben wurden, sagte er, daß dies Dinge sind, „die auch die Engel gelüstet zu schauen" (1 Pt 1,11.12). („Aus der Schatzkammer der Zeugnisse", Bd. 2, S. 277.278)

Die Erlösten werden eine Welt nach der anderen besuchen und viel Zeit damit verbringen, die Geheimnisse der Erlösung zu erforschen. Und durch alle Ewigkeit hindurch werden sie immer ein wenig mehr Einblick gewinnen. („Review and Herald", 9. März 1886)

Das Wissen um die Erlösung ist die Wissenschaft aller Wissenschaften, die zum Studium der Engel und aller Geisteswesen der ungefallenen Welten wird. Es ist die Wissenschaft, der die Aufmerksamkeit unseres Herrn und Heilandes gilt, die in den Ratschluß eindringt, der dem Geiste des Ewigen entsprang ... Es handelt sich um jene Wissenschaft, die endlose Zeitalter hindurch das Denken der Erlösten Gottes beschäftigen wird. („Erziehung", S. 115.116)

Gottes wunderbares Gnadenziel, das Geheimnis seiner erlösenden Liebe, ist das Thema, „das auch die Engel gelüstet zu schauen" (1 Pt 1,12), und sie werden sich damit die ganze Ewigkeit hindurch beschäftigen. Die Erlösten wie auch die sündlosen Wesen werden in dem Kreuz Christi den Hauptgegenstand ihres Forschens und Preisens sehen. Dann werden sie erkennen, daß die Herrlichkeit, die vom Antlitz Jesu widerstrahlt, der Abglanz seiner aufopfernden Liebe ist. Im Lichte Golgathas wird es deutlich, daß das Gesetz der entsagenden Liebe das auf Erden und im Himmel gültige Lebensgesetz ist; daß die Liebe, die „nicht das Ihre" sucht (1 Ko 13,5) dem Herzen Gottes entspringt, und daß in dem, der „sanftmütig und von

Herzen demütig" war (Mt 11,29), sich das Wesen dessen zeigt, „der da wohnt in einem Licht, da niemand zukommen kann" (1 Tim 6,16). („Das Leben Jesu", S. 9.10)

Und die dahingehenden Jahre der Ewigkeit werden ihnen reichere und immer herrlichere Offenbarungen Gottes und Christi bringen. Mit wachsender Erkenntnis wird auch die Liebe, Ehrfurcht und Glückseligkeit zunehmen. Je mehr die Menschen von Gott lernen, desto größer wird ihre Bewunderung seines Wesens sein. Und wenn Jesus ihnen die Reichtümer der Erlösung und die erstaunlichen Großtaten in dem erbitterten Kampf mit Satan erschließt, werden die Herzen der Erlösten immer mehr in Liebe erglühen; mit stürmischer Wonne greifen sie in ihre goldenen Harfen, und Tausende und aber Tausende von Stimmen vereinigen sich zu einem mächtigen Lobgesang.

„Und alle Kreatur, die im Himmel ist und auf Erden und unter der Erde und im Meer, und alles, was darinnen ist, hörte ich sagen: Dem der auf dem Stuhl sitzt, und dem Lamm sei Lob und Ehre und Preis und Gewalt von Ewigkeit zu Ewigkeit!" (Offb 5,13)

Der große Kampf ist beendet. Sünde und Sünder sind nicht mehr. Das ganze Weltall ist rein. Eintracht und Freude herrschen in der ganzen unermeßlichen Schöpfung. Von dem, der alles erschuf, fließt Leben, Licht und Freude über alle Gebiete des grenzenlosen Raumes. Vom kleinsten Atom bis zum größten Weltenkörper erklärt alle lebende und unbelebte Natur in ungetrübter Schönheit und vollkommener Freude: Gott ist die Liebe. („Der große Kampf", S. 677)

Nachgedanken

Das Thema der Erlösung ist ein Thema, das die Engel ergründen möchten. Es wird das Studium und der Inhalt des Gesangs der Erlösten sein durch alle Zeitalter der Ewigkeit. Sollte es da nicht auch uns wertvoll genug sein, es schon jetzt eingehend und genau zu studieren? („Bible Echo", 1. Januar 1888)

Wenn es (das Menschenkind) die Dinge erforscht und betrachtet, die „auch die Engel gelüstet zu schauen", darf es sich deren

Gemeinschaft erfreuen. Es kann in die Fußstapfen des himmlischen Lehrers treten und seinen Worten lauschen, wie es die Menschen taten, als Jesus auf Bergen, Ebenen, und Seen Unterricht erteilte. Es ist ihm möglich, auf dieser Welt bereits in der Atmosphäre des Himmels zu leben und den Trauernden und Angefochtenen auf Erden Gedanken der Hoffnung und ein Verlangen nach Heiligung einzuflößen. So kommt es selbst in immer innigere Gemeinschaft mit dem Unsichtbaren – gleich dem, der seit alters her mit Gott wandelte und sich dabei der Schwelle des ewigen Reiches näherte, bis die Tore sich auftun werden und es dort eingehen darf. Es wird sich nicht als Fremdling empfinden. Die Stimmen, die es begrüßen, sind die der heiligen Engel, die auf Erden seine unsichtbaren Begleiter waren – Stimmen, die es hier vernehmen und lieben lernte. Wer durch Gottes Wort in Gemeinschaft mit dem Himmel lebte, wird sich in der oberen Welt zu Hause fühlen. („Erziehung", S. 117)

Der Herr möchte, daß wir begreifen, daß die Mächtigen, die mit uns verkehren, immer an der Arbeit, die wir hier leisten, beteiligt sind. Diese himmlischen Wesen sind dienende Engel, und häufig begegnen sie uns in Menschengestalt. Als Fremde nehmen sie Kontakt auf mit den Menschen, die im Werk Gottes arbeiten. An einsamen Orten erscheinen sie als Begleiter von Reisenden, die sich in Gefahr befinden. Auf Schiffen, die sich in Seenot befanden, haben Engel in Menschengestalt den Passagieren Mut zugesprochen, sie von ihrer Angst abgelenkt und ihnen in der Stunde der Gefahr Hoffnung gegeben. Und die Leute dachten, es handle sich um einen Mitreisenden, dem sie vorher noch nie begegnet waren. („The Upward Look", S. 84)

Laßt uns die wunderbaren Verheißungen Gottes im Herzen bewahren, damit wir andern Kraft und Trost zusprechen können. Auf diese Weise lernen wir die Sprache der himmlischen Engel, die, wenn wir treu bleiben, in der Ewigkeit unsere Gefährten sein werden. („The Youth's Instructor", 10. Januar 1901)

In unserem zukünftigen Leben werden wir Dinge begreifen, die uns hier außerordentlich verwundern. Wir werden dann verstehen, wie mächtig unser Helfer war und wie Engel Gottes beauftragt wurden, uns zu beschützen, wenn wir uns nach den Empfehlungen des Wortes Gottes richteten. („In Heavenly Places", S. 257)

Jeder Erlöste wird dann den Dienst der Engel in seinem eigenen Leben erkennen. Wie wird es sein, wenn er mit dem Gottesboten Zwiesprache halten kann, der vom ersten Augenblick an sein Hüter war, der seine Schritte überwachte und der sein Haupt am Tage der Gefahr deckte; wenn er von diesem Engel, der im Tal der Todesschatten bei ihm war, der sich seine Grabstätte merkte und ihn als erster am Auferstehungsmorgen begrüßte, erfährt, wie Gott ins Einzelleben eingriff und bei jeder Tat für die Menschheit mit zu Werke ging! („Erziehung", S. 278.279)

**„Was euch erwartet, ist so unvorstellbar,
daß selbst die Engel gern mehr davon erfahren würden."**
1. Petrus 1,12 Hfa